Ökonometrie
und Unternehmensforschung

Econometrics
and Operations Research

XVI

Herausgegeben von | Edited by

M. Beckmann, München / Providence · R. Henn, Karlsruhe
A. Jaeger, Cincinnati · W. Krelle, Bonn · H. P. Künzi, Zürich
K. Wenke, Zürich · Ph. Wolfe, New York

Geschäftsführende Herausgeber | Managing Editors
W. Krelle · H. P. Künzi

Reinhard Selten

Preispolitik
der
Mehrproduktenunternehmung
in der
statischen Theorie

Springer-Verlag Berlin Heidelberg New York 1970

Professor Dr. Reinhard Selten

Institut für Wirtschaftstheorie der Freien Universität

Berlin

ISBN 978-3-642-48889-4   ISBN 978-3-642-48888-7 (eBook)
DOI 10.1007/978-3-642-48888-7

© by Springer-Verlag Berlin · Heidelberg 1970
Library of Congress Catalog Card Number 76-103019.
Softcover reprint of the hardcover 1st edition 1970

Titel-Nr. 6491

Vorwort

An dieser Stelle möchte ich Herrn Professor Dr. Heinz Sauermann, der mich zu der Abfassung dieser Arbeit ermuntert hat, für die mir erwiesene Förderung herzlich danken. Mein Dank gilt auch der Deutschen Forschungsgemeinschaft, die mich durch die Gewährung eines Habilitationsstipendiums unterstützt hat. Ich bin Herrn Dr. Otwin Becker, Herrn Reinhard Tietz und Herrn Michael Klose dafür zu Dank verpflichtet, daß sie das Manuskript vor seiner Veröffentlichung noch einmal durchgesehen haben. Ihnen und Herrn Professor Dr. Waldemar Wittmann verdanke ich einige wertvolle Hinweise. Nicht zuletzt gilt mein Dank auch meiner Frau, deren technische Hilfe mir unentbehrlich ist.

Berlin, den 12. 1. 1970   REINHARD SELTEN

Inhalt

Einleitung

Es ist nicht leicht, den Modellfall der Einproduktenunternehmung in der Wirklichkeit wiederzufinden. Selbst hochspezialisierte Produktionsunternehmungen stellen im allgemeinen mehrere Artikel her. Andererseits gibt es viele Unternehmungen, die Hunderte oder sogar Tausende von Artikeln anbieten. Derartige Vielproduktenunternehmungen sind in manchen Sparten des Einzelhandels eher die Regel als die Ausnahme[1].

Es ist das Ziel dieser Arbeit, die optimale Preispolitik der Mehrproduktenunternehmung zu untersuchen. Diese Fragestellung ist natürlich nur dann sinnvoll, wenn die Marktbedingungen einen Spielraum für Preisvariationen offenlassen. Wir werden deshalb immer davon ausgehen, daß sich die untersuchte Unternehmung in einer monopolistischen oder oligopolistischen Wettbewerbssituation befindet.

Die für den Mehrproduktenfall spezifischen Probleme ergeben sich aus den Möglichkeiten der Kosten- und Nachfrageverbundenheit. Beide Arten der Verbundenheit müssen bei der Preisfestsetzung berücksichtigt werden. Die optimalen Preise einer Mehrproduktenunternehmung können daher im allgemeinen nicht unabhängig voneinander bestimmt werden. Die Theorie der Mehrproduktenunternehmung muß sich mit diesem Phänomen der Interdependenz der optimalen Preise auseinandersetzen.

Die Behandlung von Mehrproduktenproblemen nimmt im Rahmen der umfangreichen Literatur über den unvollkommenen Wettbewerb einen verhältnismäßig geringen Raum ein. Fast alle wichtigen Arbeiten, die unser Thema unmittelbar betreffen, beschäftigen sich mit der Theorie des Mehrproduktenmonopols. F. Y. Edgeworth ist der eigentliche Begründer dieser Theorie[2]. Das Problem der Preisdifferenzierung, das als ein Grenzfall der Theorie des Mehrproduktenmonopols aufgefaßt werden kann[3], ist allerdings schon wesentlich früher behandelt worden, nämlich von Dupuit[4].

---

[1] Nach Auskunft des Versandhauses Neckermann enthält der Neckermann-Katalog ungefähr 15000 Artikel.

[2] Wir denken hier vor allem an den Artikel „The Pure Theory of Monopoly" aus dem Jahre 1897, der ebenso wie einige andere für uns interessante Arbeiten in den 1925 erschienenen „Papers Relating to Political Economy" wiederabgedruckt worden ist (Edgeworth, 1925, 1, 2, 3 und 4).

[3] Wir verweisen in diesem Zusammenhang auf den Survey-Artikel von Hicks (Hicks, 1952, S. 368).

[4] Dupuit (1844 und 1849).

Die Theorie der Preisdifferenzierung ist im Hinblick auf unsere Fragestellung nur am Rande von Interesse. Eine Unternehmung, die von der Möglichkeit der Preisdifferenzierung Gebrauch macht, indem sie einen bisher einheitlichen Markt für ein von ihr angebotenes Gut in zwei mehr oder weniger unabhängige Teilmärkte aufspaltet, ergreift damit eine Maßnahme, die unserer Auffassung nach eher dem Bereich der Angebotsgestaltung, als dem der Preispolitik zuzurechnen ist. Dieser Standpunkt ist jedenfalls dann gerechtfertigt, wenn man, wie wir es tun wollen, einen absichtlich eng gefaßten Begriff der Preispolitik zugrunde legt: Die Preispolitik der Mehrproduktenunternehmung betrifft nur die Festsetzung eines Preissystems für ein nach Zahl und Art der angebotenen Güter fest vorgegebenes Gütersystem.

Es ist nicht das Ziel dieser Arbeit, die zweifellos wichtigen Fragen der Sortimentsbestimmung, des Werbeaufwands und der Produktgestaltung zu behandeln. Außer den Preisen werden daher keine anderen Aktionsparameter explizit berücksichtigt. Unsere oligopoltheoretischen Untersuchungen in den Kapiteln 8 und 9 sind jedoch von so allgemeiner Natur, daß sie von der Art der Aktionsparameter der Oligopolisten weitgehend unabhängig sind und deshalb auch über die eigentliche Problemstellung dieser Arbeit hinaus von Bedeutung sind.

Die Fülle der möglichen Untersuchungsrichtungen macht eine Beschränkung auf eine eng umrissene Fragestellung notwendig. Die Preispolitik der Mehrproduktenunternehmung wird hier nur im Rahmen der statischen Theorie behandelt. Es kommt uns dabei vor allem darauf an, zu theoretischen Aussagen über die Struktur des Systems der optimalen Preise und über den Einfluß von Veränderungen der Kosten- und Nachfragesituation auf das Optimum zu gelangen. Die Verfahren des linearen und des nichtlinearen Programmierens, denen für die Durchrechnung praktischer Mehrproduktenprobleme eine große Bedeutung zukommt, können vermutlich nur sehr schwer der Beantwortung derartiger Fragen nutzbar gemacht werden und werden deshalb in dieser Arbeit nicht herangezogen[5].

Die ersten sieben Kapitel beschäftigen sich mit der Theorie des Mehrproduktenmonopols, die wir auch unter dem Aspekt ihrer Anwendbarkeit auf den monopolistischen Wettbewerb sehen. Bei der Untersuchung des Mehrproduktenmonopols können wir uns auf eine ganze Reihe von Autoren stützen, die Wichtiges zu dieser Theorie beigetragen haben. Neben den Arbeiten von F. Y. Edgeworth[6] sind vor allem die

---

[5] In diesem Zusammenhang sei auf das Buch von K. Bohr verwiesen, das einige dieser modernen Rechenverfahren darstellt und mit der traditionellen Produktionstheorie in Verbindung bringt (Bohr, 1967).

[6] Edgeworth (1925, 1, 2, 3 und 4).

Beiträge von G. Cassel[7], H. Hotelling[8], Ch. Roos[9], E. Barone[10], E. Clemens[11], M. Bailey[12], J. Niehans[13], B. Holdren[14] und Ch. Ferguson[15] von Bedeutung.

Das erste Kapitel setzt sich mit der Frage nach der Existenz und der Eindeutigkeit des Optimums auseinander. Wir werden hinreichende Bedingungen dafür angeben, daß genau ein lokales Optimum vorhanden ist, und wir werden die wichtigsten dieser Bedingungen auf ihre ökonomische Plausibilität hin untersuchen und zum Teil auf leichter interpretierbare Annahmen zurückführen. Die Bedingung, daß die Kosten als Funktion der Ausbringungsmengen streng konvex nach unten sind, wird mit einer Verallgemeinerung des Gesetzes vom abnehmenden Grenzertrag in Verbindung gebracht werden. Die Bedingung, daß der funktionale Zusammenhang zwischen den Preisen und den Absatzmengen eindeutig umkehrbar ist, wird durch die Annahme „überwiegender unmittelbarer Preiswirkungen" gerechtfertigt werden, die darin besteht, daß die Abhängigkeit der Absatzmengen von den eigenen Preisen die Abhängigkeit von den Preisen der anderen Güter in einem ganz bestimmten Sinne überwiegt.

Das zweite Kapitel beschäftigt sich mit den Begriffen der Substitutionalität und Komplementarität. Diese Begriffe werden in dieser Arbeit nicht nutzentheoretisch oder produktionstheoretisch verstanden; sie beziehen sich unmittelbar auf die Nachfrageverbundenheit und die Kostenverbundenheit. Auf der Nachfrageseite muß zwischen einer direkten, mit Hilfe der partiellen Ableitungen der Mengen nach den Preisen und einer inversen, mit Hilfe der partiellen Ableitungen der Preise nach den Mengen formulierten Definition unterschieden werden.

Die Marginalbedingungen, die für ein nicht am Rande liegendes Optimum erfüllt sein müssen, werden im dritten Kapitel untersucht. In der Literatur findet man häufig Behauptungen, die auf die Marginalbedingungen gestützt werden, ohne daß wirkliche Beweise angegeben werden[16]. Heuristische Argumente können jedoch bei der Interpretation der komplizierten Mehrproduktenzusammenhänge leicht zu Irrtümern

---

[7] Cassel (1900).
[8] Hotelling (1932 und 1933).
[9] Roos (1934).
[10] Barone (1921).
[11] Clemens (1950).
[12] Bailey (1954, 1 und 2).
[13] Niehans (1956).
[14] Holdren (1960).
[15] Ferguson (1960).
[16] So z.B. bei J. Niehans, B. Holdren und K. Borchardt (Niehans, 1956; Holdren, 1960; Borchardt, 1960).

führen[17]. Es ist daher notwendig, sich auf exakte Überlegungen zu beschränken. Auf diese Weise können wir allerdings nur verhältnismäßig wenige Schlüsse aus den Marginalbedingungen ziehen. Unsere Folgerungen sind zwar nicht neu, aber soweit uns bekannt ist, bisher noch nicht wirklich bewiesen worden.

In der Literatur über das Mehrproduktenmonopol spielen zwei Themen eine besonders wichtige Rolle: das Edgeworth-Paradox und das Phänomen des Zugartikels. Ein Zugartikel ist ein Artikel, der zum Zwecke der Steigerung der Nachfrage nach anderen Artikeln besonders billig verkauft wird[18]. Das nach seinem Entdecker F. Y. Edgeworth benannte Edgeworth-Paradox besteht darin, daß die Einführung einer Steuer, die pro Mengeneinheit eines der angebotenen Güter erhoben wird, eine Senkung *aller* optimaler Preise bewirken kann[19, 20].

Die Erfahrungen, die in der Wirtschaftspraxis, insbesondere der des Einzelhandels, über preispolitische Probleme gesammelt wurden, haben zu einer ausgedehnten Literatur geführt, in der das Phänomen des Zugartikels sehr oft beschrieben und erörtert wird[21]. Die erste analytische Behandlung dieses Themas findet sich bei Ch. Roos[22].

Eine extreme Form des Zugartikels liegt dann vor, wenn der optimale Preis unterhalb der Grenzkosten liegt. Wenn man von bestimmten allgemeinen Voraussetzungen über den funktionalen Zusammenhang zwischen den Preisen und den Absatzmengen ausgeht, so läßt sich zeigen, daß dieser Extremfall des Zugartikels unmöglich ist, wenn auf der Nachfrageseite zwischen den angebotenen Gütern ausschließlich

---

[17] Das wird in Abschnitt 3.5 anhand eines der Literatur entnommenen Beispiels gezeigt werden.

[18] Das Wort „Zugartikel" stammt von Humbel (Humbel, 1958, S. 78—79). Dieser Ausdruck ist treffender als andere in der Literatur gebräuchliche Benennungen; im angelsächsischen Sprachgebrauch wird der Zugartikel „loss leader" genannt; zuweilen findet man die deutsche Übersetzung „Verlustführer".

[19] Das Edgeworth-Paradox ist von Edgeworth zuerst in dem Artikel „The Pure Theory of Monopoly" aus dem Jahre 1897 dargestellt worden (Edgeworth, 1925, 1).

[20] Das Edgeworth-Paradox ist nicht nur ein Steuerparadox. Anstelle der Steuer kann ebensogut eine andere, von dem Absatz eines der angebotenen Güter abhängige proportionale Kostenerhöhung betrachtet werden.

[21] Es sei hier nur auf einige der Arbeiten hingewiesen, die sich mit dem Mehrproduktenaspekt der Preisbildung im Einzelhandel auseinandersetzen. Ein kurzer, aber instruktiver Aufsatz stammt von O. Knauth. Eine ausführlichere Darstellung gibt das Buch von P. Humbel. Ein besonders wichtiger Beitrag zu diesem Problem ist das Supermarket-Modell von B. Holdren. Das Einzelhandelsmodell von A. Ott ist für uns weniger interessant, weil es, wie K. Borchardt in seiner kritischen Stellungnahme ausführlich darlegt, das eigentliche Mehrproduktenproblem ausklammert. Schließlich sei noch das Buch von H. Smith erwähnt (Knauth, 1949/50; Humbel, 1958; Holdren, 1960; Ott, 1960; Borchardt, 1960; Smith, 1948).

[22] Roos (1934) S. 128—147.

Substitutionalitätsbeziehungen bestehen. Das ist eine Folgerung, die wir im dritten Kapitel aus den Marginalbedingungen ziehen können.

Im Abschnitt 3.5 wird ein Zahlenbeispiel angegeben, in dem ein Artikel die bemerkenswerte Eigenschaft hat, daß sein optimaler Preis unterhalb der Grenzkosten liegt, obwohl eine Erhöhung des Preises den Absatz aller übrigen Güter erhöhen würde. In einem derartigen Fall ist es wohl kaum angebracht, von einem Zugartikel zu sprechen.

Unter vereinfachenden Annahmen über den Verlauf der Kostenfunktion und über den Zusammenhang zwischen Absatzmengen und Preisen, den wir auch etwas kürzer als den Nachfragezusammenhang bezeichnen, kann untersucht werden, welche Faktoren dazu beitragen, einen Artikel zu einem Zugartikel zu machen. Wir beantworten diese Frage in Abschnitt 6.4 und später noch einmal unter etwas anderen Voraussetzungen im Rahmen des Oligopolmodells des letzten Kapitels.

Dem Edgeworth-Paradox ist ein besonderes Kapitel gewidmet, das die wichtigen Ergebnisse, die H. Hotelling[23] und M. Bailey[24] bei der Untersuchung der Bedingungen erzielt haben, unter denen dieses Paradox auftreten kann, in einigen Punkten durch eigene Resultate ergänzt. Die Voraussetzungen, unter denen die Resultate des fünften Kapitels gewonnen werden, stimmen mit denen von Hotelling und Bailey nicht ganz überein; da wir uns nicht wie diese Autoren auf haushaltstheoretische Überlegungen stützen wollen, deren Relevanz für die Nachfragesituation einer Unternehmung uns zweifelhaft zu sein scheint[25], gehen wir stattdessen von der bereits erwähnten Annahme überwiegender unmittelbarer Preiswirkungen aus.

In der Theorie des Mehrproduktenmonopols kann man leichter zu ökonomisch interessanten Ergebnissen kommen, wenn man für die Kostenfunktion und den Nachfragezusammenhang spezielle Funktionsformen ansetzt. Die einfachste Annahme, die man in dieser Hinsicht machen kann, ohne bestimmte Fälle der Nachfrageverbundenheit und der Kostenverbundenheit von vornherein auszuschließen, besteht darin, daß für die Preis-Absatz-Beziehungen ein linearer und für die Kostenfunktion ein quadratischer Verlauf unterstellt wird. Auf diese Weise entsteht ein Monopolmodell, das wir als das linear-quadratische bezeichnen. Das linear-quadratische Modell wird im vierten Kapitel untersucht.

Der 2-Güter-Fall des Mehrproduktenmonopols ist in der Literatur bereits mehrfach graphisch behandelt worden[26]. Diese Darstellungen sind

---

[23] Hotelling (1932).

[24] Bailey (1954, 1).

[25] Wir verweisen in diesem Zusammenhang auf unsere Ausführungen zu Beginn des Abschnitts 2.1 und auf die Fußnote zu Gl. (143) in Abschnitt 3.4.

[26] Die beiden interessantesten Beiträge auf diesem Gebiet stammen von R. Coase und M. Bailey (Coase, 1946, Bailey, 1954, 2).

aber entweder auf allzu speziellen Voraussetzungen aufgebaut[27], oder
sie sind so schwer überschaubar, daß sie gegenüber einer analytischen
Behandlung kaum noch den Vorteil einer größeren Anschaulichkeit für
sich in Anspruch nehmen können. Die Schwierigkeiten der graphischen
Darstellung beruhen darauf, daß die Nachfragebeziehungen eine Hyperfläche in dem von den beiden Preisen und den beiden Absatzmengen
gebildeten 4dimensionalen Raum beschreiben. Diese Hyperfläche kann
in der Zeichenebene nur schwer dargestellt werden.

Der dritte Abschnitt des siebten Kapitels enthält eine neue Methode
für die graphische Darstellung des linear-quadratischen 2-Güter-Falls.
Die Methode kann auch dazu benutzt werden, die optimalen Preise und
Absatzmengen durch einfache elementargeometrische Konstruktionen
graphisch zu ermitteln. Mit Hilfe dieses Verfahrens kann im siebten
Kapitel ein Beispiel für das Edgeworth-Paradox veranschaulicht werden.

Eine systematische Beschreibung der Ursachen, die zu den weit-
verbreiteten Erscheinungen der Kostenverbundenheit und der Nachfrageverbundenheit führen, wird in dieser Arbeit nicht angestrebt.
Obwohl verbundene Kosten auch durch verbundene Faktormärkte entstehen können, ist es vermutlich gerechtfertigt, davon auszugehen, daß
die Kostenverbundenheit vorwiegend produktionsbedingte Ursachen
hat[28]. Die Nachfrageverbundenheit kann darauf zurückzuführen sein,
daß die angebotenen Güter sich von der Verwendung her gesehen substitutional oder komplementär zueinander verhalten[29]. Die Tendenz der
Kunden, ihre Einkäufe auf wenige Anbieter zu konzentrieren, ist eine
andere mögliche Ursache der Nachfrageverbundenheit. Für den Einzelhandel ist es im Hinblick auf diese Tendenz wichtig, daß das Urteil,
das sich die Kunden über die Preiswürdigkeit des Angebots bilden, möglicherweise von bestimmten Preisen sehr viel stärker beeinflußt wird
als von anderen. (Die betreffenden Güter können dadurch zu Zug-
artikeln werden.)

---

[27] Eine spezielle Voraussetzung, die die graphische Darstellung außerordentlich erleichtert, besteht in der Annahme, daß der Absatz nur eines der beiden
Güter eine Funktion von beiden Preisen ist, während der Absatz des anderen Gutes
nur von dessen eigenem Preis abhängt. Beispiele für graphische Darstellungen,
die auf dieser Annahme aufbauen, findet man bei M. Reder und M. Michel (Reder,
1941; Michel, 1961).

[28] Das nicht nur wegen seiner Wirklichkeitsnähe bemerkenswerte Buch von
P. Riebel über die Kuppelproduktion verschafft einen ausgezeichneten Einblick
in die produktionsbedingten Ursachen der Kostenverbundenheit (Riebel, 1955).

[29] Hierfür ist die Nachfrageverbundenheit zwischen technischen Gütern und
ihren Ersatzteilen ein wichtiges Beispiel. Die Probleme, die bei der Festlegung
von Ersatzteilpreisen auftauchen, sind von J. Dean erörtert worden (Dean, 1959,
S. 494—497). Dieses Buch enthält wichtige Hinweise auf praktische Probleme der
Mehrproduktenpreisbildung.

Im sechsten Kapitel werden zwei vereinfachende Annahmen über die Kostenfunktion und den Nachfragezusammenhang eingeführt und auf ihre theoretischen Konsequenzen hin untersucht. Wir haben für diese Annahmen die Bezeichnungen „einfache Kostenverbundenheit" und „einfache Nachfrageverbundenheit" gewählt. Die einfache Kostenverbundenheit besteht im wesentlichen darin, daß diejenigen Kosten, die nicht den einzelnen Produkten zugerechnet werden können, nur von einem linearen Produktionsmengenindex abhängen [30]. Die Annahme der einfachen Nachfrageverbundenheit verlangt, daß es einen linearen Preisindex gibt, der die Eigenschaft hat, daß jede der Absatzmengen nur von dem eigenen Preis und diesem Preisindex abhängt [31]. In beiden Fällen wird also die Existenz eines linearen Index gefordert, der die Verbundenheitswirkungen sozusagen aggregativ zusammenfaßt.

Die Annahmen der einfachen Kostenverbundenheit und der einfachen Nachfrageverbundenheit bedeuten unter den allgemeinen Voraussetzungen des vierten Kapitels für das linear-quadratische 2-Güter-Modell keine Einschränkung der Allgemeinheit. Die Annahme der einfachen Kostenverbundenheit ist also weit weniger speziell, als der in der Literatur häufig hervorgehobene, aber in dieser Arbeit nur am Rande behandelte extreme Grenzfall der Kuppelproduktion mit starrem Mengenverhältnis [32].

Unter den Voraussetzungen der einfachen Kostenverbundenheit und der einfachen Nachfrageverbundenheit können die optimalen Preise des linear-quadratischen n-Güter-Modells durch lineare Funktionen von zwei nachfrageorientierten und einem kostenorientierten Mengenindex dargestellt werden. Diese drei Mengenindices sind die Lösungen eines Systems von drei linearen Gleichungen in drei Unbekannten. Die Berechnung der optimalen Preise des linear-quadratischen Modells kann also unter den Voraussetzungen der einfachen Kostenverbundenheit und der einfachen Nachfrageverbundenheit ganz unabhängig von der Anzahl der Güter auf die einfache Aufgabe der Auflösung eines Systems von

---

[30] Die einfache Kostenverbundenheit kann als Verallgemeinerung einer bei E. Clemens zugrunde gelegten Annahme über den Verlauf der Kostenfunktion aufgefaßt werden (Clemens, 1950/51). In diesem Artikel von E. Clemens hängen die Gesamtkosten nur von der Summe aller (in geeigneten Mengeneinheiten gemessenen) Produktionsmengen ab. Dieselbe Annahme findet man auch bei Barone (Barone, 1921).

[31] Diese Annahme liegt dem Supermarket-Modell von B. Holdren zugrunde (Holdren, 1960).

[32] M. Colberg hat diesen Fall untersucht (Colberg, 1941). Eine Reihe von weiteren Sonderfällen der Kostenverbundenheit findet man z. B. bei A. Angermann (Angermann, 1952). Sonderfälle der Nachfrageverbundenheit werden in der Literatur kaum behandelt. In vielen Arbeiten über die optimalen Preise des Mehrproduktenmonopols wird unterstellt, daß die Nachfrage unverbunden ist. Das gilt z. B. für E. Clemens, M. Colberg und A. Angermann (Clemens, 1950/51; Colberg, 1941; Angermann, 1952).

drei Gleichungen mit drei Unbekannten zurückgeführt werden. Mit Hilfe der Formeln für die optimalen Preise können im vierten Abschnitt des sechsten Kapitels Struktureigenschaften des Optimums aufgedeckt werden, die im Hinblick auf das Problem des Zugartikels von Interesse sind. Außerdem wird dort der Einfluß der Stärke der Kostenverbundenheit und der Nachfrageverbundenheit auf das Preisniveau untersucht. Unsere Ergebnisse deuten darauf hin, daß sowohl auf der Kostenseite als auch auf der Nachfrageseite eine Verstärkung der Substitutionalität oder eine Abschwächung der Komplementarität eine Erhöhung des Preisniveaus bewirkt.

Die einfache Kostenverbundenheit und die einfache Nachfrageverbundenheit können im Rahmen des linear-quadratischen Modells als Aggregierbarkeitsvoraussetzungen angesehen werden, die die Zurückführung des Problems der Bestimmung vieler optimaler Preise auf die Berechnung weniger optimaler Indices ermöglichen[33]. Im siebten Kapitel werden weit schwächere Aggregierbarkeitsvoraussetzungen angegeben, unter denen diese Art der Aggregation immer noch möglich ist.

Der Grundgedanke der Aggregationstheorie des siebten Kapitels besteht darin, daß die von einer Vielgüterunternehmung angebotene Gütervielfalt als eine statistischen Gesetzmäßigkeiten unterworfene Massenerscheinung aufgefaßt wird. Wir gehen dabei von der Vorstellung aus, daß die Abweichungen von der einfachen Kostenverbundenheit und der einfachen Nachfrageverbundenheit als zufällig angesehen werden können. Aus diesem Ansatz ergeben sich die Aggregierbarkeitsvoraussetzungen des siebten Kapitels. Unter diesen Voraussetzungen können die optimalen Preise des linear-quadratischen Modells in derselben Weise berechnet werden wie bei einfacher Nachfrageverbundenheit und einfacher Kostenverbundenheit.

Die Aggregierbarkeitsvoraussetzungen des siebten Kapitels sind weit weniger einschneidende Annahmen als die einfache Kostenverbundenheit und die einfache Nachfrageverbundenheit. Läßt man die Anzahl der Güter sehr groß werden, so verliert das linear-quadratische Modell unter den Bedingungen der einfachen Kostenverbundenheit und der einfachen Nachfrageverbundenheit fast alle seine Freiheitsgrade, während es unter den schwächeren Aggregierbarkeitsvoraussetzungen des siebten Kapitels fast alle seine Freiheitsgrade behält.

Die letzten drei Kapitel beschäftigen sich mit der statischen Theorie des Mehrproduktenoligopols. Das Oligopolproblem wird dabei vom

---

[33] Soweit dem Verfasser bekannt ist, ist diese aggregationstheoretische Fragestellung bisher noch nicht behandelt worden. In der aggregationstheoretischen Literatur steht im allgemeinen der Zusammenhang zwischen Mikroökonomie und Makroökonomie im Vordergrund. Das hier untersuchte Aggregationsproblem entsteht jedoch innerhalb der Mikrotheorie (vgl. hierzu: Theil, 1954).

Standpunkt der nichtkooperativen Spieltheorie her gesehen. Der Begriff des Gleichgewichtspunkts in reinen Strategien ist das zugrunde gelegte spieltheoretische Lösungskonzept[34].

Die Untersuchungen der Kapitel 8 und 9 sind so allgemein gehalten, daß sie von der Art der Aktionsparameter der Oligopolisten weitgehend unabhängig sind. Die Ergebnisse dieser Untersuchungen beziehen sich nicht auf spezielle Oligopolmodelle, sondern auf eine ganze Klasse von statischen Oligopolmodellen, die durch fünf ökonomisch sinnvolle Annahmen über die strategische Struktur der Konkurrenzbeziehungen gekennzeichnet ist. Die wichtigste dieser fünf Annahmen wird von uns als Gleichmäßigkeitseigenschaft bezeichnet. Wegen der großen Bedeutung, die die Gleichmäßigkeitseigenschaft für unsere oligopoltheoretischen Untersuchungen hat, ist in den Kapitelüberschriften ausdrücklich von gleichmäßigen Mehrproduktenoligopolen die Rede.

Die Gleichmäßigkeitseigenschaft betrifft die Auswirkungen, die eine Änderung der Strategien der Spieler in einer Koalition C auf die Gewinne der nicht zu dieser Koalition gehörenden Spieler hat, wenn die Strategien der nicht zu C gehörenden Spieler unverändert bleiben. Von einer derartigen Änderung wird verlangt, daß sie die Gewinne der nicht zu C gehörenden Spieler entweder alle erhöht oder alle senkt oder alle unbeeinflußt läßt; die Richtung dieser Gewinnänderungen hängt dabei nicht von den festgehaltenen Strategien der nicht zu C gehörenden Spieler ab. Die Auswirkungen der Strategienänderung auf die Gewinne der Spieler in C werden von der Gleichmäßigkeitseigenschaft nicht berührt.

Die Gleichmäßigkeitseigenschaft ist eine sehr starke Annahme. Es ist jedoch nicht unvernünftig, davon auszugehen, daß diese Annahme in vielen Fällen von der Wirklichkeit nicht allzu weit entfernt ist. Zugunsten der Gleichmäßigkeitseigenschaft kann auch gesagt werden, daß das Cournotsche Mengenvariationsmodell, auf das sich viele oligopoltheoretische Untersuchungen beziehen[35], diese Eigenschaft hat.

Die Gleichmäßigkeitseigenschaft hat zur Folge, daß jeder Strategie eines Spielers eine Zahl zugeordnet werden kann, die ein Maß dafür ist, wie ungünstig diese Strategie für die anderen Spieler ist. Diese Zahl

---

[34] Der spieltheoretische Begriff des Gleichgewichtspunkts stammt von J. Nash (Nash, 1950). Dieser Begriff war schon in der Cournotschen Oligopoltheorie in einem gewissen Sinne vorgeformt vorhanden, denn die Cournotsche Oligopollösung kann als Gleichgewichtspunkt in reinen Strategien aufgefaßt werden (Cournot, 1838).

[35] Es sei hier nur auf einige Arbeiten von R. Theocharis, E. Quandt, M. McManus und Ch. Frank hingewiesen, die zeigen, daß das theoretische Interesse an diesem Modell auch in neuerer Zeit immer noch stark ist (Theocharis, 1960; McManus-Quandt, 1961; Frank-Quandt, 1963; McManus, 1966). Im vierten Abschnitt des neunten Kapitels werden die in den Kapiteln 8 und 9 bewiesenen Sätze auf das Cournotsche Mengenoligopol angewandt.

wird als die „Aggressivität" der betreffenden Strategie bezeichnet[36]. In Kapitel 8 wird gezeigt, daß die Aggressivität unter bestimmten Voraussetzungen für gleichmäßige Oligopole mit mehr als drei Anbietern kardinal meßbar ist. Der Beweis der Kardinalität der Aggressivität stützt sich auf den formalen Gehalt eines nutzentheoretischen Ergebnisses von G. Debreu[37], dessen direkte ökonomische Interpretation für die oligopoltheoretischen Untersuchungen dieser Arbeit keine Rolle spielt. Die kardinale Meßbarkeit der Aggressivität setzt eine kardinale Meßbarkeit des Nutzens nicht voraus.

Wie im neunten Kapitel deutlich werden wird, ist es gerechtfertigt, auch bei weniger als vier Anbietern von der Voraussetzung auszugehen, daß die Aggressivitätsmaße die wichtigsten der theoretischen Eigenschaften haben, die sich aus der kardinalen Meßbarkeit ergeben. Hierzu gehört vor allem die interpersonelle Vergleichbarkeit der Aggressivitäten, die eine sinnvolle Addition der Aggressivitäten von Strategien verschiedener Spieler ermöglicht. Auf dieser Grundlage können die Reaktionsfunktionen der Cournotschen Theorie zu Funktionen verallgemeinert werden, in denen die Rolle der Absatzmengen von den Aggressivitäten übernommen wird. Aus den verallgemeinerten Reaktionsfunktionen werden im neunten Kapitel sogenannte Einpassungsfunktionen konstruiert, die uns ein sehr wichtiges theoretisches Instrument zu sein scheinen. Die Einpassungsfunktionen bringen die Reaktion des Oligopolisten nicht wie die Reaktionsfunktionen mit der Aggressivität des Restmarktes, sondern stattdessen mit der Aggressivität des Gesamtmarktes in Verbindung.

Wenn die in den Kapiteln 8 und 9 formulierten Annahmen erfüllt sind, so ist die Existenz eines Gleichgewichtspunkts in reinen Strategien gesichert. Es ist allerdings nicht ausgeschlossen, daß es mehrere Gleichgewichtspunkte in reinen Strategien gibt. Wenn dies der Fall ist, so folgt aus den Annahmen, daß einer dieser Gleichgewichtspunkte in dem Sinne der beste ist, daß er für alle Oligopolisten mit höheren Gewinnen verbunden ist, als jeder der übrigen Gleichgewichtspunkte. Die Existenz eines besten Gleichgewichtspunktes ist das wichtigste Ergebnis der in den Kapiteln 8 und 9 entwickelten Theorie.

Im zehnten Kapitel werden die Ergebnisse der Kapitel 8 und 9 auf ein spezielles Modell eines Mehrproduktenoligopols mit Preisvariation

---

[36] In einem ähnlichen Sinn wird das Wort „Aggressivität" in einer Simulationsuntersuchung von R. Tietz verwendet (Tietz, 1967).

[37] Dieses Ergebnis betrifft die unter schwächeren Voraussetzungen seit langem bekannte Möglichkeit, von der in der Literatur als „Unabhängigkeit" bekannten Eigenschaft einer Präferenzrelation zu einem kardinal meßbaren Nutzen zu gelangen (Debreu, 1960). Die ökonomischen Konsequenzen der Unabhängigkeitsannahme sind von Samuelson untersucht worden (Samuelson, 1961, S. 174—183).

angewandt. Das Modell stellt einen Markt mit einfacher Nachfrage-verbundenheit dar, auf dem sich mehrere Anbieter befinden, die alle mit unverbundenen Kosten arbeiten. Jedes Gut wird nur von einem Oligopolisten angeboten. Mit Hilfe der Theorie der Kapitel 8 und 9 kann gezeigt werden, daß dieses Modell einen eindeutig bestimmten Gleichgewichtspunkt in reinen Strategien besitzt.

Im sechsten Abschnitt des zehnten Kapitels werden einige Struktur-eigenschaften des Gleichgewichtspunkts untersucht, die im Hinblick auf das Problem des Zugartikels von Interesse sind. Die Ergebnisse befinden sich im Einklang mit denen des vierten Abschnitts im sechsten Kapitel. Ähnlich wie im sechsten Kapitel wird auch im zehnten Kapitel die Frage nach den Auswirkungen einer Verstärkung der Nachfrageverbundenheit gestellt. Die Ergebnisse deuten darauf hin, daß eine Verstärkung der Komplementarität oder eine Abschwächung der Substitutionalität des Nachfragezusammenhangs das Niveau der Gleichgewichtspreise senkt.

Im Rahmen des Modells des zehnten Kapitels kann der Einfluß untersucht werden, den das Ausmaß der Angebotskonzentration auf das Gleichgewichtspreisniveau ausübt. Zwei Oligopolisten können ohne Veränderung der Kosten- und Nachfrageparameter des Modells zu einem Anbieter zusammengeschlossen werden. Wenn zwischen den Gütern auf der Nachfrageseite ausschließlich Substitutionalitätsbeziehungen bestehen, so wird das Gleichgewichtspreisniveau durch eine derartige Fusion erhöht; bestehen aber ausschließlich Komplementaritätsbeziehungen, so senkt der Zusammenschluß das Gleichgewichtspreisniveau.

1 Grundlagen der Theorie des Mehrproduktenmonopols

Wir beginnen dieses Kapitel mit der Darstellung des allgemeinen Modells, das allen unseren Untersuchungen zur statischen Theorie des Mehrproduktenmonopols zugrunde liegen wird. Die ersten sieben Kapitel werden sich ausschließlich mit diesem Modell und seinen Spezialisierungen beschäftigen. Wegen seiner Wichtigkeit und wegen seines allgemeinen Charakters nennen wir dieses Modell das Grundmodell[1].

1.1 Das Grundmodell

Die Situation eines Mehrproduktenmonopolisten wird in diesem Modell durch ein System von Preis- und Absatzfunktionen

$$x_i = f_i(p_1, \dots, p_n) \tag{1}$$

und durch eine Kostenfunktion

$$K = K(x_1, \dots, x_n) \tag{2}$$

beschrieben; hierbei ist x_i die abgesetzte und produzierte Menge des von den Monopolisten angebotenen Gutes i und p_i ist der Preis des Gutes i; die Anzahl der angebotenen Güter ist n. Der Gewinn G ist die Differenz zwischen dem Umsatz

$$U = \sum_{i=1}^{n} x_i p_i \tag{3}$$

und den Kosten, d.h. es ist

$$G = U - K. \tag{4}$$

Dem Monopolisten stehen als Aktionsparameter nur die Preise $p_1, \dots, p_n$ seiner nach Art und Zahl fest vorgegebenen Produkte zur Verfügung. Er ist bestrebt, seinen Gewinn zu maximieren.

Die Gln. (1) bis (4) müssen noch durch Annahmen über die Kostenfunktion und den Nachfragezusammenhang ergänzt werden, wenn man theoretische Folgerungen aus ihnen ziehen will. Im nächsten Abschnitt werden wir eine Reihe von derartigen Annahmen formulieren.

Die statische ökonomische Theorie läßt mindestens zwei verschiedene Interpretationen zu. Wenn man voraussetzt, daß der Monopolist den

---

[1] Das Grundmodell findet sich zuerst bei F. Y. Edgeworth (Edgeworth, 1925, 1).

Nachfragezusammenhang (1) und die Kostenfunktion (2) genau kennt und über die für die Berechnung des Optimums notwendigen rechentechnischen Kenntnisse und Hilfsmittel verfügt, so bedient man sich damit einer sehr naheliegenden Interpretation der statischen Theorie, die wir, ohne daß wir mit dieser Bezeichnung ein Werturteil verbinden, die „normative" Interpretation nennen wollen.

Man kann auch davon ausgehen, daß der Monopolist den Nachfragezusammenhang (1) und die Kostenfunktion (2) immer nur in einer kleinen Umgebung des Punktes überblicken kann, an dem er sich gerade befindet. Eine Beurteilung der Auswirkungen auf den Gewinn ist ihm dann nur für hinreichend kleine Preisänderungen möglich.

Das Optimum kann infolgedessen nur auf dem Wege der schrittweisen Annäherung erreicht werden. Es ist leicht zu sehen, daß nicht nur die statische Monopoltheorie, sondern darüber hinaus auch die statische ökonomische Theorie insgesamt in dieser Weise interpretiert werden kann. In Anbetracht dessen, daß das Optimum hier als das Ergebnis eines Anpassungsvorgangs gedeutet wird, nennen wir diese zweite Interpretation der statischen Theorie die „adaptive".

Im Hinblick darauf, daß auch sehr einfache ökonomische Modelle immer als Abbilder einer sehr komplizierten Realität aufzufassen sind, müssen die starken Informationsvoraussetzungen der normativen Interpretation sicherlich als zu weitgehend betrachtet werden. Wir neigen deshalb zu der Auffassung, daß die Bedeutung der statischen Theorie vor allem in ihrer adaptiven Interpretation zu suchen ist.

Stellt man sich auf den Standpunkt der adaptiven Theorie, so kann man nicht von vornherein damit rechnen, daß ein Monopolist auf dem Wege der schrittweisen Annäherung ein absolutes Gewinnmaximum und nicht ein nur relatives erreicht. Es besteht deshalb von diesem Standpunkt aus betrachtet kein Grund, den nur lokal optimalen Preisen, die zu einem relativen und nicht zugleich absoluten Gewinnmaximum gehören, eine geringere Bedeutung beizumessen als den global optimalen Preisen, die zu einem absoluten Gewinnmaximum gehören.

1.2 Existenz und Eindeutigkeit des Optimums

Wir werden ökonomisch sinnvolle hinreichende Bedingungen dafür angeben, daß es für das Grundmodell ein eindeutig bestimmtes relatives Gewinnmaximum gibt, das dann natürlich zugleich das absolute ist. Wenn diese Bedingungen erfüllt sind, verschwindet der Gegensatz zwischen der normativen und der adaptiven Interpretation. Für die Analyse des Modells kann es dann dahingestellt bleiben, ob die global optimalen Preise als das Ergebnis einer einmaligen Maximierungsentscheidung oder eines schrittweisen Anpassungsprozesses gedeutet werden.

Bei der Untersuchung des Problems der Existenz und der Eindeutigkeit des Optimums werden wir uns auf eine Reihe von Annahmen über die Kostenfunktion und den Nachfragezusammenhang stützen. Bevor wir diese Annahmen formulieren können, müssen erst noch einige Definitionen und Bezeichnungsweisen eingeführt werden.

Unter dem Preisbereich P verstehen wir den Bereich, in dem der Monopolist seinen Preisvektor

$$p = \begin{pmatrix} p_1 \\ \vdots \\ p_n \end{pmatrix} \tag{5}$$

wählen kann. Der Nachfragezusammenhang (1) kann als ein Zusammenhang zwischen dem Preisvektor p und dem Mengenvektor

$$x = \begin{pmatrix} x_1 \\ \vdots \\ x_n \end{pmatrix} \tag{6}$$

aufgefaßt werden; anstelle von (1) schreiben wir auch

$$x = f(p). \tag{7}$$

Ebenso können die Kosten K als eine Funktion des Mengenvektors x behandelt werden:

$$K = K(x). \tag{8}$$

Unter dem Produzierbarkeitsbereich X_K verstehen wir den Bereich aller Mengenvektoren x, die von dem Monopolisten aufgrund seiner technischen Möglichkeiten produziert werden können. X_K ist der Definitionsbereich der Kostenfunktion. X_K braucht nicht mit dem Bereich X_P aller Mengenvektoren x mit $x = f(p)$ und $p \in P$ übereinzustimmen. Wir nennen X_P den Absatzbereich. Unter dem Mengenbereich X verstehen wir den Durchschnitt von X_K und X_P.

Die Operation des Transponierens soll in dieser Arbeit durch ein T zum Ausdruck gebracht werden, das rechts oben neben das betreffende Symbol gesetzt wird. Aus dem Spaltenvektor p entsteht so der Zeilenvektor

$$p^T = (p_1, \ldots, p_n). \tag{9}$$

Mit Hilfe dieser Bezeichnungsweise kann der Umsatz als Skalarprodukt von p^T und x geschrieben werden:

$$U = p^T x = p^T f(p). \tag{10}$$

Vektorengleichungen, wie z.B.

$$y \geqq x \tag{11}$$

oder

$$y > x \qquad (12)$$

sind stets komponentenweise, d.h. im Sinne von

$$y_i \geqq x_i \qquad \text{für} \quad i = 1, \ldots, n \qquad (13)$$

beziehungsweise

$$y_i > x_i \qquad (14)$$

zu verstehen. Das Symbol 0 ist in derartigen Ungleichungen oder Gleichungen als der Nullvektor zu verstehen, der nur Nullen als Komponenten enthält. Den Bereich aller Vektoren x mit $x \geqq 0$ bezeichnen wir als „nichtnegativen Orthanten".

Im Rahmen dieser Arbeit wird der Begriff der Konvexität eine wichtige Rolle spielen. Es sei F eine Funktion, die jedem n-gliedrigen Spaltenvektor

$$x = \begin{pmatrix} x_1 \\ \vdots \\ x_n \end{pmatrix} \qquad (15)$$

aus einem Bereich B eine reelle Zahl $F(x)$ zuordnet. Eine derartige Funktion heißt in B streng konvex nach oben, wenn für je zwei Vektoren x und y aus B und für $0 < \alpha < 1$ stets

$$F(\alpha x + (1 - \alpha) y) > \alpha F(x) + (1 - \alpha) F(y) \qquad (16)$$

gilt, sofern der Vektor

$$z = \alpha x + (1 - \alpha) y \qquad (17)$$

zu B gehört; die Funktion heißt streng konvex nach unten, wenn anstelle von (16) die Ungleichung

$$F(\alpha x + (1 - \alpha) y) < \alpha F(x) + (1 - \alpha) F(y) \qquad (18)$$

richtig ist. Ersetzt man in (16) und (18) die Zeichen „>" und „<" durch „$\geqq$" bzw. „$\leqq$", so erhält man die Definition der schwachen Konvexität. Wird das Wort „konvex" ohne Zusatz gebraucht, so ist die schwache Konvexität gemeint.

Eine Menge M von n-gliedrigen Vektoren heißt konvex, wenn mit je zwei Elementen x und y aus M für $0 < \alpha < 1$ auch

$$z = \alpha x + (1 - \alpha) y \qquad (19)$$

ein Element von M ist. M heißt streng konvex, wenn z überdies stets im Inneren von M liegt, d.h. wenn mit z auch stets noch eine ganze Umgebung von z zu M gehört.

Wir formulieren nun eine Reihe von Annahmen über die Kostenfunktion und den Nachfragezusammenhang. Es wird nicht immer nötig
sein, alle diese Annahmen als erfüllt vorauszusetzen.

(A) Bereiche. Der Produzierbarkeitsbereich X_K, der Absatzbereich
X_P und der Preisbereich P sind abgeschlossene Teilgebiete des nichtnegativen Orthanten. Der Mengenbereich

$$X = X_K \cap X_p \tag{20}$$

enthält den Nullvektor.

(B) Stetigkeit. Die Funktion $f(p)$ ist in P überall erklärt und stetig.
Die Kostenfunktion $K(x)$ ist in ihrem ganzen Definitionsbereich X_K
stetig.

(C) Kostenmonotonie. Für zwei Mengenvektoren $x \in X_K$ und $y \in X_K$
mit $y \geqq x$ und $y \neq x$ gilt stets

$$K(y) > K(x). \tag{21}$$

**(D) Beschränktheit der Preisfestsetzungsmöglichkeiten bei vorgege-
benem Mindestumsatz.** Die Menge $P(\underline{U})$ aller Preisvektoren $p \in P$ mit

$$p^T f(p) \geqq \underline{U} \tag{22}$$

ist beschränkt; das gilt für alle $\underline{U} > 0$.

Der ökonomische Gehalt der Annahmen (A) bis (D) ist unproblematisch. Wir dürfen deshalb darauf verzichten, intuitive Begründungen
anzugeben. Lediglich die Annahmen (A) und (D) bedürfen einer kurzen
Erläuterung. Wenn in (A) verlangt wird, daß der Nullvektor zu X
gehört, so bedeutet das, daß der Monopolist die Möglichkeit hat, nichts
zu produzieren, und daß er seine Preise so hoch festsetzen kann, daß
nichts abgesetzt wird. Die Annahme (D) hat nicht etwa zur Folge, daß
der Preisbereich P beschränkt sein muß. Der Preisbereich P kann der
ganze nichtnegative Orthant sein. (D) ist jedenfalls dann erfüllt, wenn
der Bereich der mit nichtverschwindenden Mengenvektoren verbundenen
Preisvektoren beschränkt ist.

Das Grundmodell unterscheidet nicht zwischen angebotenen und
nachgefragten Mengen. Der Monopolist muß die durch seine Preisfestsetzung entstehende Nachfrage befriedigen. Er kann daher den Preisvektor p nicht völlig frei in P wählen. Er muß sich bei der Wahl von p
auf das f-Urbild P_X des Mengenbereichs X beschränken. Die Optimie-
rungsaufgabe, die er zu lösen hat, besteht also darin, daß ein Preisvektor $p \in P_X$ zu suchen ist, der den Gewinn maximiert. Wir nennen
daher P_X den eigentlichen Preisbereich des Monopolisten.

Die Annahmen (A) bis (D) reichen bereits aus, um die Existenz eines Gewinnmaximums zu sichern. Bevor wir beweisen, daß das der Fall ist, werden wir noch eine Reihe von weiteren Annahmen formulieren, die zusammen mit (A) bis (D) die eindeutige Bestimmtheit des Optimums zur Folge haben.

(E) Kostenkonvexität. Die Kosten $K(x)$ sind als Funktion von x schwach konvex nach unten.

(F) Umkehrbarkeit des Nachfragezusammenhangs. Die Abbildung f ist eineindeutig, d.h. zu jedem $x \in X_P$ gibt es ein und nur ein $p = h(x)$ aus P mit $x = f(h(x))$. Die Funktion $h(x)$ ist in dem Bereich X_P stetig.

(G) Umsatzkonvexität. Der Umsatz $U = x^T h(x)$ ist als Funktion von x streng konvex nach oben.

(H) Konvexität des Mengenbereichs. Der Mengenbereich X ist konvex.

Wie wir sehen werden, gibt es einen eindeutig bestimmten optimalen Preisvektor, wenn die Annahmen (A) bis (H) erfüllt sind. Der ökonomische Gehalt von (E), (F), (G) und (H) ist nicht so unproblematisch wie der von (A), (B), (C) und (D). Wir werden deshalb in den späteren Abschnitten dieses Kapitels versuchen, die vier Forderungen (E) bis (H) dadurch zu rechtfertigen, daß wir sie mit intuitiv einsichtigeren Voraussetzungen in Verbindung bringen. Hierbei werden wir auch von einer Annahme Gebrauch machen, die in diesem Abschnitt zwar nicht benötigt wird, aber trotzdem wegen ihrer Affinität zu den Annahmen (A) bis (H) schon hier formuliert werden soll:

(I) Konvexität des Preisbereichs. Der Preisbereich P ist konvex.

Die Konvexität des Preisbereichs scheint uns keine sehr einschneidende Voraussetzung zu sein. Die Annahme (I) ist jedenfalls dann erfüllt, wenn der ganze nichtnegative Orthant als Preisbereich zur Verfügung steht. Wenn die Freiheit der Preisfestsetzung durch Höchst- und Mindestpreisvorschriften eingeengt ist, so ergibt sich ebenfalls ein konvexer Bereich.

Es soll nun gezeigt werden, daß aus den Annahmen (A) bis (D) die Existenz eines Gewinnmaximums folgt. Wegen (A) gibt es in P_X einen Preisvektor p^0 mit $f(p^0) = 0$. Wenn dieser Preisvektor gewählt wird, so beträgt der Gewinn $-K(0)$. Falls es in P_X keinen Preisvektor gibt, mit dem ein Gewinn erzielt werden kann, der größer als $-K(0)$ ist, so ist p^0 optimal. Wir können diesen Fall im folgenden ausschließen. Es sei $\hat{p}$ ein Preisvektor, mit dem ein Gewinn $\hat{G}$ erzielt wird, der größer ist als $-K(0)$. Wegen der Kostenmonotonie (C) kann für alle diejenigen Preisvektoren, die mit einem Gewinn von mindestens $\hat{G}$ verbunden sind, der Umsatz nicht kleiner sein als

$$U_+ = \hat{G} + K(0).$$ (23)

Wegen

$$\hat{G} > -K(0)$$ (24)

ist U_+ positiv. Aus (D) folgt deshalb, daß $P(U_+)$ beschränkt ist. Wegen (B) ist $p^T f(p)$ eine stetige Funktion von p. Der Bereich $P(U_+)$ ist in bezug auf diese Umsatzfunktion $p^T f(p)$ die Urbildmenge eines abgeschlossenen Bereichs und infolgedessen ebenfalls abgeschlossen. Daraus ergibt sich, daß wegen (A) auch der Bereich

$$P_+ = P(U_+) \cap P_X$$ (25)

beschränkt und abgeschlossen ist. Da der Gewinn G infolge von (B) eine stetige Funktion von p ist, nimmt G auf dem Bereich P_+ ein Maximum an. Der Wert

$$\bar{G} = \max_{p \in P_+} p^T f(p) - K\left(f(p)\right)$$ (26)

ist nicht nur das Gewinnmaximum des Bereichs P_+, sondern auch das Gewinnmaximum des Bereichs P_X, da ja in P_X außerhalb von $P(U_+)$ nur Gewinne erzielt werden können, die kleiner sind als $\hat{G}$. Damit ist gezeigt, daß aus (A) bis (D) die Existenz eines optimalen Preisvektors folgt.

Wir zeigen nun, daß aus (A) bis (H) folgt, daß der Gewinn G als Funktion von p in P_X nur an einer Stelle ein relatives Maximum annimmt, das natürlich zugleich das absolute ist. Da aus (A) bis (D), wie wir gesehen haben, die Existenz eines absoluten Gewinnmaximums folgt, braucht nur nachgewiesen zu werden, daß es nicht zwei Stellen p^0 und p^1 geben kann, an denen relative Maxima angenommen werden. Wegen (F) würden zu diesen Stellen zwei voneinander verschiedene Mengenvektoren x^0 und x^1 gehören. Da der Gewinn

$$G(x) = x^T h(x) - K(x)$$ (27)

wegen (E) und (G) als Funktion von x streng konvex nach oben ist, gilt für

$$z = \alpha x^0 + (1 - \alpha) x^1$$ (28)

mit $0 < \alpha < 1$ stets

$$G(z) > \alpha G(x^0) + (1 - \alpha) G(x^1).$$ (29)

Mindestens einer der Vektoren x^0 und x^1 muß daher in jeder ε-Umgebung ein z haben, für das $G(z) > G(x^0)$ bzw. $G(z) > G(x^1)$ gilt. An dieser Stelle liegt dann aber kein relatives Gewinnmaximum. Bei dieser Überlegung müssen wir davon Gebrauch machen, daß wegen der Konvexität des Mengenbereichs alle z in X liegen.

Ergebnis. (a) Aus den Annahmen (A) bis (D) folgt, daß der Gewinn als Funktion von p in dem eigentlichen Preisbereich P_X ein Maximum annimmt. (b) Aus den Annahmen (A) bis (H) folgt, daß der Gewinn als Funktion von p in P_X an nur einer Stelle ein relatives Gewinnmaximum annimmt, das zugleich das absolute ist.

1.3 Nicht zunehmender Bündelgrenzertrag und Kostenkonvexität

Im vorigen Abschnitt sind wir ohne Differenzierbarkeitsvoraussetzungen ausgekommen. Von jetzt ab werden wir jedoch überall dort, wo wir mit Differentialquotienten arbeiten, ohne immer im einzelnen darauf hinzuweisen, von der Annahme ausgehen, daß der Nachfragezusammenhang und die Kostenfunktion die für unsere Überlegungen erforderlichen Differenzierbarkeitseigenschaften haben.

Die Kostenkonvexität kann mit einer Verallgemeinerung des Gesetzes vom abnehmenden Grenzertrag in Verbindung gebracht werden, die wir als das Gesetz vom nicht zunehmenden Bündelgrenzertrag bezeichnen wollen[2].

Es sei

$$\psi(r_1, \ldots, r_m, x_{m+1}, \ldots, x_N) = 0 \tag{30}$$

eine Produktionsfunktion, die die Ausbringungsmengen $x_{m+1}, \ldots, x_N$ mit den Faktoreinsatzmengen $r_1, \ldots, r_m$ verbindet. Auch von dieser Funktion setzen wir voraus, daß sie die für unsere Überlegungen nötigen Differenzierbarkeitseigenschaften hat. Wir werden im folgenden die Faktoreinsatzmengen formal wie negative Ausbringungsmengen behandeln und setzen dementsprechend

$$x_i = -r_i \qquad \text{für} \quad i = 1, \ldots, m. \tag{31}$$

Anstelle von ψ in (30) können wir auch eine Produktionsfunktion betrachten, die von den Komponenten des Produktionsplans

$$x = \begin{pmatrix} x_1 \\ \vdots \\ x_N \end{pmatrix} \tag{32}$$

---

[2] Das Gesetz vom nicht zunehmenden Bündelgrenzertrag unterscheidet sich nicht wesentlich von anderen Verallgemeinerungen des Gesetzes vom abnehmenden Grenzertrag; eine derartige Verallgemeinerung ist z. B. die Konvexitätsannahme bei G. Debreu (Debreu, 1959, S. 41). Diese Annahme wird auch in dem Preistheorielehrbuch von R. Richter zugrunde gelegt (Richter, 1963, S. 55, 78 und 90). Obwohl nicht behauptet werden kann, daß das Gesetz vom nicht zunehmenden Bündelgrenzertrag in allen Fällen ein zutreffendes Bild der Realität darstellt, ist es zweifellos ein nützlicher Ausgangspunkt theoretischer Überlegungen. Die Argumente, die für oder gegen Annahmen über nicht zunehmende Grenzerträge sprechen, werden in der produktionstheoretischen Literatur ausführlich erörtert (vgl. hierzu: von Stackelberg, 1932; Laßmann, 1958; Frisch, 1965; Bohr, 1967).

abhängt:

$$H(x) = 0. \tag{33}$$

Ein Produktionsplan x, der (33) erfüllt, heißt „effizient".

Unter einem Bündel soll ein N-gliedriger Vektor y mit $y \geq 0$ und $y \neq 0$ verstanden werden, der jedoch zumindest eine Komponente y_j mit $y_j = 0$ enthält. Ein derartiges Bündel umfaßt also nicht alle in der Produktionsfunktion vorkommenden Güter. Ein zu einem Bündel y „komplementäres" Bündel z ist ein N-gliedriger Vektor z mit $z \geq 0$ und $z \neq 0$, der nur dort positive Komponenten z_j hat, wo y Komponenten $y_j = 0$ hat, und der überall dort Komponenten $z_j = 0$ hat, wo y positive Komponenten hat. Mit dieser Terminologie kann nun das Gesetz vom nicht zunehmenden Bündelgrenzertrag folgendermaßen formuliert werden:

Gesetz vom nicht zunehmenden Bündelgrenzertrag. Es sei x^0 ein effizienter Produktionsplan und es seien y und z zwei beliebig aber fest gewählte zueinander komplementäre Bündel; dann kann die Menge aller Paare (α, β), die die Gleichung

$$H(x^0 + \beta z - \alpha y) = 0 \tag{34}$$

erfüllen, durch eine zweimal stetig differenzierbare Funktion

$$\beta = \varphi(\alpha) \tag{35}$$

dargestellt werden, für die

$$\frac{d^2\beta}{d\alpha^2} \leq 0 \tag{36}$$

gilt. φ hat einen zusammenhängenden Definitionsbereich.

Aus folgendem Grunde muß gefordert werden, daß φ einen zusammenhängenden Definitionsbereich hat: Würde man zulassen, daß der Definitionsbereich von φ bei einem α_1 abreißt, um dann bei einem α_2 wieder zu beginnen, so könnte der Gesamtverlauf von φ in Übereinstimmung mit (36) etwa so aussehen wie in Abb. 1, was natürlich nicht mit dem Sinngehalt übereinstimmt, der durch das Gesetz vom nicht zunehmenden Grenzertrag zum Ausdruck gebracht werden soll.

Die Addition von βz zu x^0 in (34) bedeutet, daß bestimmte Ausbringungsmengen erhöht und bestimmte Faktoreinsatzmengen verringert werden. (Für $i = 1, \ldots, m$ ist eine Erhöhung von x_i nichts anderes als eine Verringerung von r_i.) Mit der Subtraktion von αy werden gleichzeitig andere Ausbringungsmengen verringert und andere Faktoreinsatzmengen erhöht. Einem „Bündeleinsatz" αy steht ein „Bündelertrag" βz gegenüber. (36) besagt, daß der Bündelgrenzertrag $d\beta/d\alpha$ mit zunehmendem α nicht zunimmt. Die Begriffe „Ertrag" und „Einsatz" werden hier in einem etwas verallgemeinerten Sinne verwendet: der Einsatz kann auch in einer Verringerung von Ausbringungsmengen und der Ertrag kann auch in einer Verringerung von Faktoreinsatzmengen bestehen.

Unter der Realisierbarkeitsmenge R verstehen wir die Menge aller N-gliedrigen Vektoren x, zu denen es Vektoren x' mit $H(x') = 0$ und $x \leqq x'$ gibt. Hierbei gehen wir von der Vorstellung aus, daß auch ineffiziente Produktionspläne realisiert werden können, die zu große

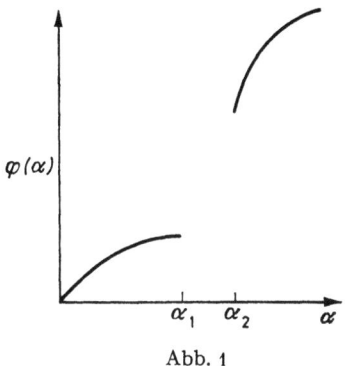

Abb. 1

Faktoreinsatzmengen benötigen oder zu kleine Ausbringungsmengen hervorbringen. Wir werden zeigen, daß aus dem Gesetz vom nicht zunehmenden Bündelgrenzertrag folgt, daß R konvex ist.

Es seien x^0 und x^1 zwei effiziente Produktionspläne und es sei z der N-gliedrige Vektor, der aus $x^1 - x^0$ entsteht, indem alle negativen Komponenten durch Nullen ersetzt werden; ebenso sei y der Vektor, der aus $x^0 - x^1$ entsteht, indem die negativen Komponenten durch Nullen ersetzt werden. y und z sind offenbar komplementäre Bündel. Wir betrachten die Funktion φ, die sich für diese Vektoren x^0, y und z aus (34) und (35) ergibt. Aufgrund der Definition von x und y muß für $\alpha = 0$ auch $\beta = 0$ sein. Ebenso ist für $\alpha = 1$ auch $\beta = 1$, denn es ist

$$x^1 = x^0 + (x^1 - x^0) = x^0 + z - y. \tag{37}$$

Wegen (36) muß deshalb φ, wie in Abb. 2 angedeutet, oberhalb oder jedenfalls nicht unterhalb der 45°-Linie verlaufen. Für die lineare Kombination

$$x = (1 - \alpha) x^0 + \alpha x^1 = x^0 + \alpha (x^1 - x^0) \tag{38}$$

von x^0 und x^1 mit $0 < \alpha < 1$ gilt deshalb

$$x = x^0 + \alpha z - \alpha y \leqq x^0 + \varphi(\alpha) z - \alpha y. \tag{39}$$

Der Produktionsplan x liegt also in R.

Daß für $0 < \alpha < 1$ auch jede Linearkombination

$$x' = (1 - \alpha)\, x^2 + \alpha\, x^3 \tag{40}$$

von zwei ineffizienten Produktionsplänen x^2 und x^3 aus R in R liegen muß, ergibt sich daraus, daß es zu x^2 und x^3 effiziente Produktionspläne x' und x'' mit $x^2 \leqq x'$ und $x^3 \leqq x''$ geben muß. Damit ist gezeigt, daß unter der Voraussetzung des Gesetzes vom nicht zunehmenden Bündelgrenzertrag der Realisierbarkeitsbereich R konvex ist.

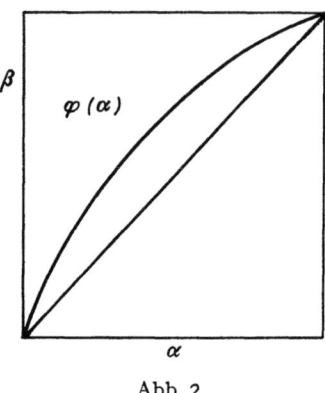

Abb. 2

Mit Hilfe dieses Ergebnisses können wir nun zeigen, daß das Gesetz vom nicht zunehmenden Bündelgrenzertrag bei festen positiven Faktorpreisen $q_1, \ldots, q_m$ die Kostenkonvexität (E) zur Folge hat. Es seien x^0 und x^1 zwei effiziente Produktionspläne, die außerdem so beschaffen sind, daß die Ausbringungsmengen bezüglich der Faktorpreise $q_1, \ldots, q_m$ zu Minimalkosten produziert werden. Wir bezeichnen die mit x^0 und x^1 verbundenen Kosten mit K_0 bzw. K_1. Wegen der Konvexität von R liegt für $0 < \alpha < 1$ jede Linearkombination

$$x = (1 - \alpha)\, x^0 + \alpha\, x^1 \tag{41}$$

in R. Wir können daher in R einen effizienten Produktionsplan x' finden, der dieselben Ausbringungsmengen wie x mit höchstens ebenso großen Faktoreinsatzmengen hervorbringt. Für die zu x' gehörigen Kosten K' gilt daher

$$K' \leqq (1 - \alpha)\, K_0 + \alpha\, K_1 = K\,; \tag{42}$$

hierbei bezeichnet K die zu x gehörigen Kosten. Die Minimalkosten, mit denen die in x enthaltenen Ausbringungsmengen produziert werden können, sind also erst recht kleiner oder jedenfalls nicht größer als K. Versteht man unter der Kostenfunktion, wie es in der statischen Produktionstheorie üblich ist, diejenige Funktion, die jeder Kombination von Ausbringungsmengen die zugehörigen Minimalkosten zuordnet, so ergibt sich infolgedessen, daß die Kostenfunktion konvex nach unten ist, wie es in (E) gefordet wird[3].

Wir können das Resultat dieses Abschnittes folgendermaßen zusammenfassen:

Ergebnis. (a) Unter der Voraussetzung fester positiver Faktorpreise folgt die Kostenkonvexität aus dem Gesetz vom nicht zunehmenden Bündelgrenzertrag. (b) Aus dem Gesetz vom nicht zunehmenden Bündelgrenzertrag folgt, daß die Realisierbarkeitsmenge R konvex ist.

1.4 Überwiegen der unmittelbaren Preiswirkungen und eindeutige Umkehrbarkeit des Nachfragezusammenhangs

Im Hinblick auf den Nachfragezusammenhang (1) kann man zwischen „unmittelbaren" Preiswirkungen und „mittelbaren" Preiswirkungen unterscheiden. Die „unmittelbaren" Preiswirkungen kommen in den partiellen Differentialquotienten

$$\frac{\partial x_i}{\partial p_i} \qquad i = 1, \ldots, n \tag{43}$$

zum Ausdruck und die „mittelbaren" werden von den partiellen Differentialquotienten

$$\frac{\partial x_i}{\partial p_j} \qquad \text{mit} \quad i \neq j \tag{44}$$

erfaßt. Die mittelbaren Preiswirkungen sind auf die Nachfrageverbundenheit zurückzuführen. Im allgemeinen werden die unmittelbaren Preiswirkungen stärker sein als die mittelbaren. Es ist daher ökonomisch sinnvoll, die Konsequenzen von Annahmen zu untersuchen, in denen ein Überwiegen der unmittelbaren Preiswirkungen zum Ausdruck kommt. Wir werden in diesem Abschnitt zeigen, daß die eindeutige Umkehrbarkeit des Nachfragezusammenhangs, die in (F) gefordert wird, unter der Voraussetzung, daß der Preisbereich P die in (I) geforderte Eigenschaft der Konvexität hat, durch eine derartige Annahme sichergestellt werden kann.

Es liegt nahe, dann von einem Überwiegen der unmittelbaren Preiswirkungen zu sprechen, wenn

$$\sum_{\substack{j=1 \\ j \neq i}}^{n} \left| \frac{\partial x_i}{\partial p_j} \right| < \left| \frac{\partial x_i}{\partial p_i} \right| \qquad \text{für} \quad i = 1, \ldots, n \tag{45}$$

---

[3] Ersetzt man in Gl. (36) das Zeichen „$\leqq$" durch „$<$", so kann man ganz in derselben Weise zeigen, daß die Kostenfunktion streng konvex nach unten ist.

oder

$$\sum_{\substack{j=1 \\ j \neq i}}^{n} \left| \frac{\partial x_j}{\partial p_i} \right| < \left| \frac{\partial x_i}{\partial p_i} \right| \quad \text{für} \quad i = 1, \ldots, n \qquad (46)$$

gilt. Während in (45) zum Ausdruck kommt, daß die $\partial x_i / \partial p_i$ in den Zeilen der Matrix

$$N = \begin{pmatrix} \dfrac{\partial x_1}{\partial p_1} \cdots \dfrac{\partial x_1}{\partial p_n} \\ \vdots \qquad \vdots \\ \dfrac{\partial x_n}{\partial p_1} \cdots \dfrac{\partial x_n}{\partial p_n} \end{pmatrix} \qquad (47)$$

dem Betrage nach überwiegen, besagt (46), daß die $\partial x_i / \partial p_i$ dem Betrage nach in den Spalten dieser Matrix überwiegen. Jede der n Ungleichungen aus (45) betrifft die Einflüsse aller Preise auf eine bestimmte Absatzmenge, während die Ungleichungen aus (46) etwas über die Einflüsse eines Preises auf alle Absatzmengen aussagen. Wenn (45) erfüllt ist, sprechen wir von einem ,,zeilenweisen'', wenn (46) gilt, von einem ,,spaltenweisen'' Überwiegen der unmittelbaren Preiswirkungen.

Ob die Bedingungen (45) und (46) erfüllt sind, kann unter Umständen von der Wahl der Mengeneinheiten für die Produkte $1, \ldots, n$ abhängen. Eine Veränderung dieser Mengeneinheiten entspricht einer Transformation

$$x_i' = \mu_i x_i \quad \text{mit} \quad \mu_i > 0 \quad \text{für} \quad i = 1, \ldots, n \qquad (48)$$

der Absatzmengen x_i in neue Absatzmengen x_i'. Da die Einzelumsätze

$$x_i' p_i' = x_i p_i \qquad (49)$$

von der Wahl der Mengeneinheiten unberührt bleiben, entspricht der Transformation (48) die Transformation

$$p_i' = \frac{1}{\mu_i} p_i \qquad (50)$$

der Preise p_i in neue Preise p_i'. Die partiellen Ableitungen verändern sich dabei folgendermaßen:

$$\frac{\partial x_i'}{\partial p_j'} = \frac{d x_i'}{d x_i} \frac{\partial x_i}{\partial p_j} \frac{d p_j}{d p_j'} = \mu_i \mu_j \frac{\partial x_i}{\partial p_j} . \qquad (51)$$

Wenn es positive Zahlen $\mu_1, \ldots, \mu_n$ gibt, für die

$$\sum_{\substack{j=1 \\ j \neq i}}^{n} \mu_i \mu_j \left| \frac{\partial x_i}{\partial p_j} \right| < \mu_i^2 \left| \frac{\partial x_i}{\partial p_i} \right| \quad \text{für} \quad i = 1, \ldots, n \qquad (52)$$

bzw.

$$\sum_{\substack{j=1 \\ j \neq i}}^{n} \mu_i \mu_j \left| \frac{\partial x_j}{\partial p_i} \right| < \mu_i^2 \left| \frac{\partial x_i}{\partial p_i} \right| \quad \text{für} \quad i = 1, \ldots, n \qquad (53)$$

gilt, können wir deshalb davon sprechen, daß die unmittelbaren Preiswirkungen „bei geeigneter Wahl der Mengeneinheiten" zeilenweise bzw. spaltenweise überwiegen. Die Bedingungen (52) und (53) können noch etwas vereinfacht werden:

$$\sum_{\substack{j=1 \\ j\neq i}}^{n} \mu_j \left| \frac{\partial x_i}{\partial p_j} \right| < \mu_i \left| \frac{\partial x_i}{\partial p_i} \right|, \tag{54}$$

$$\sum_{\substack{j=1 \\ j\neq i}}^{n} \mu_j \left| \frac{\partial x_j}{\partial p_i} \right| < \mu_i \left| \frac{\partial x_i}{\partial p_i} \right|. \tag{55}$$

Lionel McKenzie[4] bezeichnet eine Matrix

$$A = \begin{pmatrix} a_{11} \dots a_{1n} \\ a_{n1} \dots a_{nn} \end{pmatrix}, \tag{56}$$

für die es positive Zahlen $\mu_1, \dots, \mu_n$ gibt, so daß für $i=1, \dots, n$

$$\sum_{\substack{j=1 \\ j\neq i}}^{n} \mu_j |a_{ji}| < \mu_i |a_{ii}| \tag{57}$$

gilt als Matrix mit „überwiegender Diagonale"[5] (dominant diagonal). Ist außerdem für $i=1, \dots, n$

$$a_{ii} < 0, \tag{58}$$

so ist A eine Matrix mit „überwiegender negativer Diagonale".

In (57) kommt ein spaltenweises Überwiegen zum Ausdruck. Von der Interpretation her erscheinen spaltenweises und zeilenweises Überwiegen für die Matrix N der $\partial x_i / \partial p_j$ als gleich plausibel, so daß kein Grund besteht, eine der beiden Voraussetzungen zu bevorzugen. Wir werden daher unsere Schlußfolgerungen auf einer Annahme aufbauen, die Zeilen und Spalten symmetrisch behandelt. Diese Annahme besagt, daß positive Zahlen $\mu_1, \dots, \mu_n$ gefunden werden können, so daß für $i=1, \dots, n$

$$\sum_{\substack{j=1 \\ j\neq i}}^{n} \mu_j \frac{1}{2} \left(\left| \frac{\partial x_i}{\partial p_j} \right| + \left| \frac{\partial x_j}{\partial p_i} \right| \right) < \mu_i \left| \frac{\partial x_i}{\partial p_i} \right| \tag{59}$$

gilt. Nur das „symmetrische" Überwiegen im Sinne von (59) soll von nun an immer gemeint sein, wenn wir ohne erklärende Zusätze von

---

[4] Wir stützen uns hier auf den Aufsatz "Matrices with Dominant Diagonals and Economic Theory" (McKenzie, 1960).

[5] Unter einer Matrix soll in dieser Arbeit immer eine quadratische Matrix zu verstehen sein.

einem „Überwiegen der unmittelbaren Preiswirkungen" sprechen[6]. Eine Matrix A, zu der es positive $\mu_1, \ldots, \mu_n$ gibt, so daß für $i = 1, \ldots, n$

$$\sum_{\substack{j=1 \\ j \neq i}} \mu_j \tfrac{1}{2} (|a_{ij}| + |a_{ji}|) < \mu_i |a_{ii}| \tag{60}$$

gilt, werden wir eine Matrix mit „symmetrisch überwiegender Diagonale" nennen.

Mit Hilfe der in dem ausgezeichneten Aufsatz von McKenzie[7] bewiesenen Sätze kann man zeigen, daß eine Matrix mit symmetrisch überwiegender negativer Diagonale auch eine Matrix mit überwiegender negativer Diagonale im Sinne von McKenzie ist.

Die mathematisch wichtigsten Eigenschaften der Matrizen mit überwiegender negativer Diagonale betreffen die Eigenwerte und die sog. Nordwestunterdeterminanten. Die k-te Nordwestunterdeterminante $\varDelta_k$ ist die aus den k ersten Zeilen und Spalten gebildete Unterdeterminante. In Anlehnung an Samuelson[8] wollen wir eine Matrix als Hicks-Matrix bezeichnen, wenn für sie

$$\varDelta_1 < 0, \qquad \varDelta_2 > 0, \qquad \varDelta_3 < 0, \ldots \tag{61}$$

gilt, d. h. wenn alle $\varDelta_k$ mit ungeradem k negativ und alle $\varDelta_k$ mit geradem k positiv sind. Wenn eine symmetrische Matrix

$$\bar{A} = \begin{pmatrix} \bar{a}_{11} \cdots \bar{a}_{1n} \\ \vdots \qquad \vdots \\ \bar{a}_{n1} \cdots \bar{a}_{nn} \end{pmatrix} \tag{62}$$

mit $\bar{a}_{ij} = \bar{a}_{ji}$ die Bedingung (61) erfüllt, so ist sie bekanntlich negativ definit. $\bar{A}$ wird negativ definit genannt, wenn die zugehörige quadrati-

---

[6] Die Annahme des Überwiegens der unmittelbaren Preiswirkungen wird im Rahmen unserer Untersuchungen eine wichtige Rolle spielen. Zur Vorgeschichte dieser Annahme sei hier folgendes bemerkt: H. Hotelling berichtet, daß eines seiner 2-Güter-Beispiele für das Edgeworth-Pardox von H. Working kritisiert worden ist, weil es die Bedingung

$$\frac{\partial x_1}{\partial p_1} + \frac{\partial x_2}{\partial p_1} < 0$$

verletzt (Hotelling, 1932, S. 580). Derselbe Einwand ist auch von R. Garver gegen ein von F. Y. Edgeworth angegebenes Beispiel für das Edgeworth-Paradox erhoben worden (Garver, 1933). H. Hotelling weist diese Kritik mit Recht zurück, indem er darauf hinweist, daß die Bedingung, die Working und Garver (offenbar unabhängig voneinander) vorgeschlagen haben, gegenüber Abänderungen der Mengeneinheiten nicht invariant ist (Hotelling, 1932, S. 595—596; Hotelling, 1933). Die Annahme des Überwiegens der unmittelbaren Preiswirkungen kann als eine gegenüber Abänderungen der Mengeneinheiten invariante Modifikation dieser Bedingung aufgefaßt werden.

[7] McKenzie (1960).

[8] Samuelson (1961), S. 139.

sche Form

$$\overline{Q} = x^T \overline{A} x = \sum_{i=1}^{n} \sum_{j=1}^{n} \overline{a}_{ij} x_i x_j \tag{63}$$

nur negative Werte annehmen kann. Wenn A eine unsymmetrische Matrix ist, kann die zugehörige quadratische Form

$$Q = x^T A x = \sum_{i=1}^{n} \sum_{j=1}^{n} a_{ij} x_i x_j \tag{64}$$

leicht in die quadratische Form einer symmetrischen Matrix $\overline{A}$ verwandelt werden. Man braucht nur

$$\overline{a}_{ij} = \frac{a_{ij} + a_{ji}}{2} \tag{65}$$

zu setzen. Es ist dann

$$Q = \sum_{i=1}^{n} \sum_{j=1}^{n} a_{ij} x_i x_j = \sum_{i=1}^{n} \sum_{j=1}^{n} \overline{a}_{ij} x_i x_j = x^T \overline{A} x. \tag{66}$$

Da jede unsymmetrische Matrix mit Hilfe der in (65) definierten Matrix

$$\overline{A} = \frac{A + A^T}{2} \tag{67}$$

wie in (68) als Summe einer symmetrischen und einer unsymmetrischen Matrix dargestellt werden kann,

$$A = \frac{A + A^T}{2} + \frac{A - A^T}{2} \tag{68}$$

wird $\overline{A}$ „symmetrischer Teil" von A genannt. Eine Matrix A, deren symmetrischer Teil negativ definit ist, heißt negativ quasidefinit. Wie Samuelson gezeigt hat, ist eine negativ quasidefinite Matrix immer eine Hicks-Matrix, während das Umgekehrte nicht unbedingt der Fall zu sein braucht[9].

Da aus (60)

$$\sum_{\substack{j=1 \\ j \neq i}}^{n} \mu_j \tfrac{1}{2} |a_{ij} + a_{ji}| < \mu_i |a_{ii}| \tag{69}$$

folgt, ist der symmetrische Teil $\overline{A}$ einer Matrix A mit symmetrisch überwiegender negativer Diagonale eine Matrix mit überwiegender negativer Diagonale im Sinne von McKenzie. Das Theorem 2 von McKenzie besagt, daß eine derartige Matrix nur charakteristische Wurzeln mit negativem Realteil besitzt[10]. Da bekanntlich alle charakteristi-

---

[9] Samuelson (1961), S. 141.
[10] McKenzie (1960), S. 49.

schen Wurzeln einer symmetrischen Matrix reell sind[11], hat also $\bar{A}$ ausschließlich negative charakteristische Wurzeln. Wie man aus der Theorie der quadratischen Formen weiß[11], ist das gleichbedeutend damit, daß $\bar{A}$ negativ definit ist. Eine Matrix mit symmetrisch überwiegender negativer Diagonale ist also negativ quasidefinit und daher eine Hicks-Matrix.

McKenzie definiert zu jeder Matrix A eine „Diagonalform" genannte Matrix B, die aus A entsteht, indem die Elemente a_{ij} auf der Hauptdiagonalen durch $b_{ii} = |a_{ii}|$ und die Elemente außerhalb der Hauptdiagonalen durch $b_{ij} = -|a_{ij}|$ ersetzt werden. Aus dem bei McKenzie bewiesenen Theorem 4' geht hervor, daß eine Matrix A dann und nur dann eine überwiegende Diagonale im Sinne von McKenzie hat, wenn alle Nordwestunterdeterminanten der Diagonalform B positiv sind[12].

Für unsere Zwecke ist es etwas bequemer, anstelle der durch B definierten Diagonalform eine durch $-B$ definierte „negative Diagonalform" zu betrachten. Da beim Übergang von B nach $-B$ die Nordwestunterdeterminanten $\varDelta_k$ für gerade k ihr positives Vorzeichen behalten und für ungerades k negativ werden, kann das Theorem 4' von McKenzie auch so formuliert werden: Eine Matrix A ist dann und nur dann eine Matrix mit überwiegender Diagonale im Sinne von McKenzie, wenn ihre negative Diagonalform eine Hicks-Matrix ist.

Wir betrachten nun die negative Diagonalform $-B$ einer Matrix A mit symmetrisch überwiegender negativer Diagonale. Offenbar ist auch $-B$ eine Matrix mit symmetrisch überwiegender Diagonale und daher, wie wir bereits gesehen haben, eine Hicks-Matrix. Aus dem Theorem 4' von McKenzie ergibt sich infolgedessen, daß jede Matrix mit symmetrisch überwiegender negativer Diagonale auch eine Matrix mit überwiegender negativer Diagonale im Sinne der Definition von McKenzie ist.

Da die Bedingung (60) Zeilen und Spalten symmetrisch behandelt, bringt sie auch zum Ausdruck, daß A^T eine symmetrisch überwiegende Diagonale hat. Wenn A eine symmetrisch überwiegende Diagonale hat, hat also nicht nur A, sondern auch A^T eine überwiegende negative Diagonale im Sinne von McKenzie. Das hat zur Folge, daß bei $\partial x_i/\partial p_i < 0$ für $i = 1, \ldots, n$ und überwiegenden unmittelbaren Preiswirkungen im Sinne von (59) die unmittelbaren Preiswirkungen nicht nur spaltenweise, sondern auch zeilenweise bei geeigneter Wahl der Mengeneinheiten überwiegen, wobei man jedoch beachten muß, daß die Mengeneinheiten im allgemeinen in beiden Fällen verschieden gewählt werden müssen. Das Überwiegen im Sinne von (59) schließt also zeilenweises und spaltenweises Überwiegen ein und ist insofern eine einengendere Voraussetzung als jede dieser beiden Bedingungen. Würde man aber fordern, daß (54) und (55) mit den-

---

[11] Vgl. hierzu: Samuelson (1961), S. 371—372.
[12] McKenzie (1960), S. 60.

selben positiven $\mu_1, \ldots, \mu_n$ erfüllt werden können, so würde man damit eine Annahme machen, die einengender ist als das Überwiegen im Sinne von (59).

Da wir auch später noch von der Annahme des Überwiegens der unmittelbaren Preiswirkungen Gebrauch machen werden, folgt nun eine kurze Zusammenstellung der für uns wichtigen Eigenschaften einer Matrix A mit symmetrisch überwiegender negativer Diagonale:

(D 1): A und A^T sind Matrizen mit überwiegender negativer Diagonale im Sinne von McKenzie.

(D 2): A ist negativ quasidefinit, d. h. der symmetrische Teil $\bar{A} = (A + A^T)/2$ von A ist negativ definit.

(D 3): A ist eine Hicks-Matrix, d. h. die Nordwestunterdeterminanten Δ_k sind im Sinne von (61) abwechselnd negativ und positiv.

Wenn für $i = 1, \ldots, n$

$$\frac{\partial x_i}{\partial p_i} < 0 \tag{70}$$

gilt, wollen wir die unmittelbaren Preiswirkungen als negativ bezeichnen. Das eigentliche Ziel dieses Abschnitts besteht darin zu zeigen, daß negative und überwiegende unmittelbare Preiswirkungen unter der Voraussetzung der Konvexität des Preisbereichs P die eindeutige Umkehrbarkeit des Nachfragezusammenhangs im ganzen Preisbereich zur Folge haben. Hierbei können wir uns auf einen von Gale und Nikaidô bewiesenen Satz stützen, dem zu entnehmen ist, daß eine in einem konvexen Gebiet differenzierbare Abbildung dort eindeutig umkehrbar ist, wenn die Matrix der ersten Ableitungen dort überall negativ quasidefinit ist[13, 14].

Wenn der Preisbereich konvex ist und wenn die unmittelbaren Preiswirkungen negativ sind und überwiegen, so sind die Voraussetzungen des Satzes von Gale und Nikaidô wegen (D 2) für den Nachfragezusammenhang erfüllt. Der Nachfragezusammenhang ist dann in dem ganzen Bereich P eindeutig umkehrbar.

---

[13] Es ist dies das Theorem 6 in der Arbeit "The Jacobian Matrix and Global Univalence of Mappings" (Gale-Nikaidô, 1965, S. 88). Gale and Nikaidô haben gezeigt, daß der in der Arbeit von McKenzie als Lemma 3 wiedergegebene Satz von Samuelson nicht richtig ist (Gale-Nikaidô, 1965, S. 82; Samuelson, 1953; McKenzie, 1960, S. 54). Könnten wir uns auf den Satz von Samuelson stützen, so wäre die Konvexität des Preisbereichs entbehrlich.

[14] In den Lehrbüchern der Differential- und Integralrechnung findet man meist nur Sätze über die eindeutige Umkehrbarkeit in der Umgebung eines Punktes. In diesen Sätzen braucht nur von der Funktionaldeterminante vorausgesetzt zu werden, daß sie nicht verschwindet. Das ist aber nicht ausreichend für die eindeutige Umkehrbarkeit in einem Bereich.

Ergebnis. Wenn der Preisbereich P konvex ist und wenn für den ganzen Preisbereich P die unmittelbaren Preiswirkungen negativ sind und im Sinne von (59) überwiegen, ist unter hinreichend starken Differenzierbarkeitsvoraussetzungen die in (F) geforderte eindeutige Umkehrbarkeit des Nachfragezusammenhangs für den ganzen Bereich P gesichert.

Für die eindeutige Umkehrbarkeit ist jedoch das Überwiegen der unmittelbaren Preiswirkungen nicht unbedingt erforderlich. Es genügt, von der Annahme auszugehen, daß die Matrix N negativ quasidefinit ist.

1.5   Umsatzkonvexität

Die Umsatzkonvexität (G) ist schon für die Einproduktenunternehmung eine keineswegs unproblematische Voraussetzung. Im Einproduktenfall wird die Annahme der Umsatzkonvexität bei hinreichend starken Differenzierbarkeitsvoraussetzungen durch die folgende Marginalbedingung für die Nachfragekurve $p = h(x)$ sichergestellt:

$$\frac{d^2 U}{d x^2} = x h''(x) + 2 h'(x) < 0. \tag{73}$$

Die Bedingung (73) ist etwas schwächer als die Forderung (H); es kann vorkommen, daß die zweite Ableitung einer streng konvexen Funktion den Wert 0 annimmt. (Ein Beispiel ist die Funktion $y = x^4$ an der Stelle 0.) Dieser Unterschied zwischen (73) und der Forderung (G) ist jedoch unwesentlich, weil man eine notwendige Bedingung für (G) erhält, wenn man in (73) das Zeichen „$<$" durch „$\leq$" ersetzt.

Bezeichnet man die Neigung der Nachfragekurve mit $a = -h'(x)$, so kann man die Bedingung (73) mit Hilfe der Elastizität $\varepsilon_{a,x}$ von a bezüglich x auch folgendermaßen zum Ausdruck bringen:

$$\varepsilon_{a,x} = h''(x) \frac{x}{h'(x)} > -2; \tag{74}$$

hierbei muß natürlich $h'(x) < 0$ vorausgesetzt werden. Die Nachfragekurve darf also mit wachsendem x nicht zu schnell flacher werden.

Einige Autoren, so zum Beispiel Gutenberg[15] gehen im Zusammenhang mit Fragen der monopolistischen Konkurrenz von Nachfragefunktionen aus, die vom Typ der in Abb. 3 wiedergegebenen sind. Solche Nachfragekurven haben links und rechts von einem „monopolistischen Bereich" mit steilerem Verlauf Bereiche, in denen sie sehr viel flacher verlaufen. Für derartige Nachfragekurven kann die Elastizität $\varepsilon_{a,x}$ am unteren

---

[15] Gutenberg (1963), S. 233—263. W. Kilger hat eine interessante theoretische Begründung dieser Verlaufsform gegeben (Kilger, 1962). Einige der von B. Fog befragten Firmen haben angegeben, daß sich die Nachfrage nach ihrenProdukten ähnlich wie in Abb. 3 verhält (Fog, 1960, S. 43).

Ende des monopolistischen Bereichs sehr leicht unter -2 herabsinken, wodurch die Bedingung der Konvexität verletzt wird.

Der Marginalbedingung (73) entspricht im Mehrproduktenfall die Bedingung, daß die Matrix der zweiten Ableitungen

$$\left(\frac{\partial^2 U}{\partial x_i \partial x_j}\right) = \begin{pmatrix} \dfrac{\partial^2 U}{\partial x_1^2} & \cdots & \dfrac{\partial^2 U}{\partial x_1 \partial x_n} \\ \vdots & & \vdots \\ \dfrac{\partial^2 U}{\partial x_n \partial x_1} & \cdots & \dfrac{\partial^2 U}{\partial x_n^2} \end{pmatrix} \tag{75}$$

negativ definit ist. Wenn das der Fall ist, wollen wir davon sprechen, daß die Forderung der Umsatzkonvexität in ihrer verschärften Form

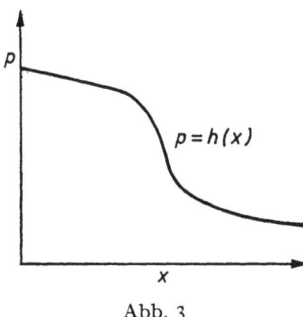

Abb. 3

erfüllt ist. Hinsichtlich ihres ökonomischen Gehalts unterscheidet sich die verschärfte Umsatzkonvexität nicht wesentlich von der Forderung (G). Der Unterschied entspricht dem zwischen der Bedingung (73) und der Umsatzkonvexität für den Einproduktenfall.

Es ist

$$\frac{\partial U}{\partial x_i} = p_i + \sum_{s=1}^{n} x_s \frac{\partial p_s}{\partial x_i} \quad \text{für } i = 1, \ldots, n \,^{16} \tag{76}$$

und daher

$$\frac{\partial^2 U}{\partial x_i \partial x_j} = \frac{\partial p_i}{\partial x_j} + \frac{\partial p_j}{\partial x_i} + \sum_{s=1}^{n} x_s \frac{\partial^2 p_s}{\partial x_i \partial x_j}. \tag{77}$$

Die Ausdrücke unter dem Summenzeichen auf der rechten Seite von (77) können vermutlich nur sehr schwer mit plausiblen Annahmen über den Nachfragezusammenhang in Verbindung gebracht werden. Wir müssen uns daher im folgenden bei der Untersuchung der Umsatzkonvexität darauf beschränken, das Problem unter der zusätzlichen Voraussetzung zu behandeln, daß der Nachfragezusammenhang linear oder zumindest

---

[16] Hierbei muß natürlich die Existenz der $\partial p_i / \partial x_j$ vorausgesetzt werden.

annähernd linear ist, so daß der Summenausdruck in (77) vernachlässigt werden darf. Im Falle eines linearen Nachfragezusammenhangs gilt

$$\frac{\partial^2 U}{\partial x_i \partial x_j} = \frac{\partial p_i}{\partial x_j} + \frac{\partial p_j}{\partial x_i}.$$
(78)

Wir werden nun voraussetzen, daß die unmittelbaren Preiswirkungen überwiegen und negativ sind. Unter dieser Voraussetzung ist die Matrix N der $\partial x_i / \partial p_j$ eine Matrix mit symmetrisch überwiegender negativer Diagonale und deshalb negativ quasidefinit. Man braucht nur in der quadratischen Form

$$Q = x^T A x$$
(79)

die Transformation

$$x = A^{-1} y$$
(80)

durchzuführen, um aus

$$Q = y^T A^{-T} A A^{-1} y = y^T A^{-T} y \quad [17]$$
(81)

zu erkennen, daß die Inverse einer negativ quasidefiniten Matrix ebenfalls negativ quasidefinit ist. Deshalb folgt aus der Annahme überwiegender negativer unmittelbarer Preiswirkungen, daß nicht nur die Matrix N, sondern auch die Matrix N^{-1} der $\partial p_i / \partial x_j$ negativ quasidefinit ist. Das bedeutet wegen (78), daß in dem hier betrachteten Fall eines linearen Nachfragezusammenhangs die Matrix der zweiten Ableitungen des Umsatzes nach den Absatzmengen negativ definit ist, womit die verschärfte Umsatzkonvexität gesichert ist.

Ergebnis. Wenn die unmittelbaren Preiswirkungen im ganzen Preisbereich negativ sind und überwiegen, so ist im Falle eines linearen Nachfragezusammenhangs die Umsatzkonvexität in ihrer verschärften Form gesichert.

1.6 Konvexität des Mengenbereichs

Der Mengenbereich X ist der Durchschnitt des Produzierbarkeitsbereichs X_K und des Absatzbereichs X_P. Es liegt daher nahe, die Frage nach der Konvexität von X durch die Frage nach der Konvexität von X_K und X_P zu ersetzen. Wie wir in Abschnitt 1.3 gesehen haben, folgt aus dem Gesetz vom nicht zunehmenden Bündelgrenzertrag, daß der Realisierbarkeitsbereich R konvex ist. Da X_K nichts anderes ist als die Menge der möglichen Kombinationen von Ausbringungsmengen, muß auch X_K konvex sein, wenn R konvex ist. Unter der Voraussetzung,

---

[17] Hier wie im folgenden wird für $(A^{-1})^T$ die kürzere Schreibweise A^{-T} verwendet. Es ist stets $(A^{-1})^T = (A^T)^{-1}$.

daß das Gesetz vom nicht zunehmenden Bündelgrenzertrag zutrifft, ist also die Konvexität von X_K gesichert.

Es ist uns leider nicht möglich, die Konvexität von X_P in ähnlicher Weise auf eine leichter interpretierbare Annahme zurückzuführen wie die Konvexität von X_K. Der Mengenbereich X kann natürlich auch dann konvex sein, wenn der Absatzbereich X_P nicht konvex ist. Das ist insbesondere dann der Fall, wenn X_K konvex ist und X_K in X_P enthalten ist. Es entspricht dies einer Situation, in der der Monopolist in der Lage ist, jede produzierbare Mengenkombination durch eine geeignete (im Hinblick auf den Gewinn möglicherweise sehr ungünstige) Wahl seiner Preise auch abzusetzen. Diese Voraussetzung dürfte in vielen Fällen erfüllt sein.

2 Substitutionalität und Komplementarität

In diesem Kapitel werden wir uns mit den Begriffen der Substitutionalität und Komplementarität auseinandersetzen. Diese Begriffe sind wertvolle Hilfsmittel bei der Analyse von Nachfrage- und Kostenverbundenheit. Hinsichtlich der Nachfrageverbundenheit müssen wir zwischen direkter und inverser Substitutionalität und Komplementarität unterscheiden. Es handelt sich dabei um zwei verschiedene Präzisierungen desselben intuitiven Gehalts. Auf der Kostenseite haben wir es dagegen nur mit einer Definition zu tun[1].

2.1 Direkte Substitutionalität und Komplementarität der Nachfrage

Bei der Definition von Substitutionalität und Komplementarität der Nachfrage soll hier nicht auf die Entstehung des Nachfragezusammenhangs rekurriert werden. Man könnte das z. B. in der Weise tun, daß man den Nachfragezusammenhang eines ausschließlich Konsumgüter produzierenden Unternehmens mit den Präferenzordnungen der nachfragenden Haushalte in Verbindung bringt, um dann einen der in der Haushaltstheorie entwickelten Substitutions- und Komplementaritätsbegriffe anzuwenden[2]. Würde man diesen Weg gehen, wäre noch zu prüfen, inwieweit diejenigen monopolistischen Unternehmungen, die ihre Produkte an

---

[1] Neben der von uns betrachteten direkten und inversen Substitutionalität und Komplementarität gibt es auf der Nachfrageseite noch eine weitere Möglichkeit zur Definition dieser Begriffe, nämlich die Definition von Carlson (Carlson, 1956, S. 94—95). Carlson geht von den zweiten Ableitungen $\partial^2 U/\partial x_i \partial x_j$ des Umsatzes nach den Absatzmengen aus und spricht von komplementärer, substitutionaler (competing) und unabhängiger Nachfrageverbundenheit zwischen den Gütern i und j, je nachdem, ob $\partial^2 U/\partial x_i \partial x_j$ positiv, negativ oder Null ist. Diese Begriffsbildung hat den Nachteil, daß sie Komplementarität und Substitutionalität auch von den zweiten Ableitungen der Preise nach den Mengen abhängig macht [vgl. hierzu Gl. (77) aus 1.5]. Die Definition von Carlson soll hier nicht näher untersucht werden.

[2] Die heute gebräuchliche haushaltstheoretische Definition der Substitutionalität und Komplementarität ist diejenige von J. R. Hicks und R. G. D. Allen (Hicks und Allen, 1934). Einen Vergleich der Hicks-Allen-Definition mit einigen älteren Begriffsbildungen findet man bei H. Schultz (H. Schultz, 1957, S. 607—628). Ein neuerer Definitionsversuch stammt von G. Tolley und R. Giesemann (Tolley und Giesemann, 1963).

Unternehmungen oder an Unternehmungen und Haushalte verkaufen, Sonderüberlegungen notwendig machen.

Was uns vor allem davon abhielt, uns dem Problem in dieser Weise zu nähern, ist der Umstand, daß wir dadurch die Anwendbarkeit unserer Begriffsbildungen unnötig einschränken würden. Wir betreiben ja die Monopoltheorie auch deshalb, weil sie die Grundlage der Theorie des monopolistischen Wettbewerbs darstellt. Der Nachfragezusammenhang einer im monopolistischen Wettbewerb stehenden Unternehmung kann aber auch dann, wenn sie ausschließlich Konsumgüter anbietet, nicht allein von der Präferenzordnung der Nachfrager her verstanden werden. Vom Standpunkt einer derartigen Unternehmung aus müssen oft Güter als komplementär betrachtet werden, die für die Konsumenten Substitute sind. Wenn z. B. ein Rundfunkhändler den Preis eines der von ihm angebotenen Fernsehgeräte senkt, kann er dadurch unter Umständen erreichen, daß der Absatz aller von ihm angebotenen Fernsehgeräte steigt. Das wird immer dann der Fall sein, wenn der Haupteffekt der Preissenkung nicht in der Verlagerung der Nachfrage des einzelnen Kunden besteht, sondern vielmehr darin, daß neue Kunden angelockt werden.

Wir bezeichnen die Nachfrage nach zwei Gütern i und j als „direkt substitutional verbunden" oder abkürzend einfach als „substitutional", wenn sowohl

$$\frac{\partial x_i}{\partial p_j} > 0 \qquad (82)$$

als auch

$$\frac{\partial x_j}{\partial p_i} > 0 \qquad (83)$$

gilt. Ob (82) und (83) zutrifft oder nicht, hängt natürlich im allgemeinen von dem gewählten Preissystem ab, so daß man streng genommen immer dazu sagen müßte, an welcher Stelle oder für welchen Bereich Substitutionalität besteht. Das gilt natürlich auch für die direkte komplementäre Nachfrageverbundenheit, die wir ganz entsprechend durch die Ungleichungen

$$\frac{\partial x_i}{\partial p_j} < 0 \qquad (84)$$

und

$$\frac{\partial x_j}{\partial p_i} < 0 \qquad (85)$$

definieren[3]. Gelten an einer Stelle oder in einem Bereich die Ungleichungen (82) und (83) oder (84) und (85) nur dann, wenn das Zeichen „>"

---

[3] Diese Definition der Substitutionalität und Komplementarität findet man z. B. in dem Lehrbuch von E. Schneider (Schneider, 1961, S. 44 und 92). Es ist natürlich gleichgültig, ob man diese Begriffe mit Hilfe der Differentialquotienten $\partial x_i/\partial p_j$ oder wie bei E. Schneider mit Hilfe der zu diesen Differentialquotienten gehörigen Kreuzpreiselastizitäten definiert.

durch „$\geqq$" bzw. das Zeichen „$<$ " durch „$\leqq$" ersetzt wird, so wollen wir von „schwacher" direkter Substitutionalität bzw. Komplementarität sprechen.

Da die beiden partiellen Differentialquotienten $\partial x_i/\partial p_j$ und $\partial x_j/\partial p_i$ nicht unbedingt dasselbe Vorzeichen haben müssen, ist es nützlich, Redeweisen zur Verfügung zu haben, die eine „einseitige" Substitutionalität oder Komplementarität zum Ausdruck bringen. Wir wollen deshalb sagen, daß der Preis p_i die Absatzmenge x_j „substitutional" beeinflußt, falls (83) gilt und „komplementär" beeinflußt, falls (85) gilt.

Wir nennen die Nachfrageverbundenheit „direkt vollsubstitutional" oder einfach „vollsubstitutional", wenn alle partiellen Differentialquotienten $\partial x_i/\partial p_j$ mit $i \neq j$ positiv sind. Der Zusatz „schwach" bedeutet auch hier, daß diese Differentialquotienten nicht unbedingt positiv, sondern lediglich nichtnegativ sein müssen. Die Bezeichnungen „vollkomplementär" und „schwach vollkomplementär" sind natürlich ganz entsprechend zu verstehen.

Die Vollsubstitutionalität der Nachfrageverbundenheit stimmt formal mit einer Bedingung überein, die sich in der Theorie des gesamtwirtschaftlichen Gleichgewichts als nützlich erwiesen hat; es ist dies die „Grobsubstituierbarkeit" (gross substitability) [4]. Für die gesamtwirtschaftliche Nachfrage ist es sicherlich vernünftig, von dieser Annahme auszugehen. Ob diese Voraussetzung auch für den Nachfragezusammenhang einer einzelnen Unternehmung vernünftig ist, wird man in jedem Einzelfall zu prüfen haben. Es ist durchaus denkbar, daß die schwache Vollsubstitutionalität für öffentliche Monopole, wie sie z.B. auf dem Gebiete der Energieversorgung bestehen, eine gute Annäherung an die Realität darstellt.

Unternehmen, die im monopolistischen Wettbewerb stehen — wir denken hier vor allem an den Einzelhandel — werden sich häufig einem Nachfragezusammenhang gegenübersehen, der nicht allzuweit von der schwachen Vollkomplementarität entfernt ist. Wenn die Kunden dazu neigen, die Einkäufe eines bestimmten Bedarfsbereichs auf eine oder wenige Einkaufsquellen zu konzentrieren, wird der Absatz aller Güter entscheidend von der Kundenzahl abhängen, von der man annehmen kann, daß sie durch die Senkung eines Preises niemals abnimmt und durch die Erhöhung eines Preises niemals zunimmt. Wenn diese Abhängigkeit für die Hauptwirkung einer Preisänderung bestimmend ist, bedeutet das eine Tendenz zur Vollkomplementarität.

---

[4] Die Annahme der Grobsubstituierbarkeit ist von J. R. Hicks und später auch von mehreren anderen Autoren zur Grundlage wichtiger theoretischer Untersuchungen gemacht worden (Hicks, 1939). Vgl. hierzu: Morishima, 1964, S. 4—5, und die dort angegebene Literatur.

Vollsubstitutionalität und Vollkomplementarität sind als extreme Modellvorstellungen der theoretischen Analyse leichter zugänglich als die dazwischen liegenden Fälle. Wenn man etwas über den Einfluß von Substitutionalität und Komplementarität erfahren will, liegt es nahe, zuerst diese Extreme zu untersuchen.

2.2 Inverse Substitutionalität und Komplementarität der Nachfrage

Die „inverse" Substitutionalität und Komplementarität unterscheidet sich von der im vorigen Abschnitt definierten direkten nur dadurch, daß nicht die partiellen Differentialquotienten $\partial x_i/\partial p_j$, sondern statt dessen die zu der Umkehrung des Nachfragezusammenhangs gehörigen partiellen Differentialquotienten $\partial p_i/\partial x_j$ der Definition zugrunde gelegt werden. Hierbei werden natürlich negative $\partial p_i/\partial x_j$ mit der inversen Substitutionalität und positive $\partial p_i/\partial x_j$ mit der inversen Komplementarität in Verbindung gebracht. Abgesehen davon können alle Verabredungen des vorigen Abschnitts unmittelbar auf die inverse Substitutionalität und Komplementarität übertragen werden, so daß Begriffe wie „schwache inverse Vollkomplementarität" hier nicht mehr näher erläutert zu werden brauchen.

Es erhebt sich nun die Frage, in welcher Weise die inverse mit der direkten Substitutionalität und Komplementarität zusammenhängt. Zunächst soll anhand eines Beispiels gezeigt werden, daß beide Definitionen wesentlich voneinander verschieden sind. Der Nachfragezusammenhang eines 3-Güter-Monopols habe für eine bestimmte Preiskombination p die folgende Matrix der partiellen Differentialquotienten $\partial x_i/\partial p_j$

$$\left(\frac{\partial x_i}{\partial p_j}\right) = \begin{pmatrix} -1 & -0,1 & -0,5 \\ -0,1 & -1 & -0,4 \\ -0,5 & -0,4 & -1 \end{pmatrix}. \tag{86}$$

Die Nachfrageverbundenheit ist also an der betreffenden Stelle direkt vollkomplementär. Die Inverse der Matrix (87) zeigt aber ein anderes Bild:

$$\left(\frac{\partial p_i}{\partial x_j}\right) = \begin{pmatrix} -1,35 & -0,16 & +0,74 \\ -0,16 & -1,21 & +0,56 \\ +0,74 & +0,56 & -1,60 \end{pmatrix}. \tag{87}$$

Die Nachfrageverbundenheit zwischen den Gütern 1 und 2 ist invers substitutional.

Wir haben nicht ohne Grund ein 3-Güter-Beispiel gewählt. Im 2-Güter-Fall gilt für die Elemente der Hauptdiagonalen aufgrund der Cramerschen

Regel

$$\frac{\partial p_i}{\partial x_i} = \frac{1}{|N|} \frac{\partial x_j}{\partial p_j} \tag{88}$$

und für die beiden anderen Elemente

$$\frac{\partial p_i}{\partial x_j} = -\frac{1}{|N|} \frac{\partial x_j}{\partial p_j}. \tag{89}$$

Hierbei ist entweder $i = 1$ und $j = 2$ oder $i = 2$ und $j = 1$. Außerdem ist $|N|$ die Determinante

$$|N| = \begin{vmatrix} \dfrac{\partial x_1}{\partial p_1} & \dfrac{\partial x_1}{\partial p_2} \\ \dfrac{\partial x_2}{\partial p_1} & \dfrac{\partial x_2}{\partial p_2} \end{vmatrix}. \tag{90}$$

Wenn die unmittelbaren Preiswirkungen negativ sind und überwiegen, so ist wegen (D3) aus Abschnitt 1.4 die Determinante $|N|$ positiv. In (89) haben dann $\partial p_i/\partial x_j$ und $\partial x_i/\partial p_j$ entgegengesetzte Vorzeichen. Wenn die unmittelbaren Preiswirkungen negativ sind und überwiegen, besteht also im 2-Güter-Fall kein Unterschied zwischen direkter und inverser Substitutionalität und Komplementarität. Diese Übereinstimmung ist aber für mehr als zwei Güter nicht mehr gegeben. Man kann sich leicht davon überzeugen, daß für unser Beispiel (86) die Annahme negativer und überwiegender unmittelbarer Preiswirkungen erfüllt ist.

Es soll nun untersucht werden, in welcher Weise direkte und inverse Vollsubstitutionalität und Vollkomplementarität miteinander zusammenhängen. Aus dem Beispiel der Matrix (86) erkennt man, daß die Vollkomplementarität nicht die inverse Vollkomplementarität zur Folge hat, und zwar auch dann nicht, wenn die unmittelbaren Preiswirkungen negativ sind und überwiegen, wie es in (86) der Fall ist. Es läßt sich aber zeigen, daß im Gegensatz dazu unter der Voraussetzung negativer und überwiegender unmittelbarer Preiswirkungen die inverse Vollsubstitutionalität aus der Vollsubstitutionalität folgt. Für den Beweis dieser Behauptung können wir wegen (D1) aus Abschnitt 1.4 voraussetzen, daß die Mengeneinheiten so gewählt sind, daß für $i = 1, \ldots, n$

$$\left| \frac{\partial x_i}{\partial p_i} \right| > \sum_{j=1}^{n} \left| \frac{\partial x_i}{\partial p_j} \right| \tag{91}$$

gilt. Die Wahl der Mengeneinheiten hat ja keinen Einfluß auf die Vorzeichen der $\partial x_i/\partial p_j$ und der $\partial p_i/\partial x_j$. A. Heertje[5] hat bewiesen, daß die Inverse einer Matrix

$$A = \begin{pmatrix} a_{11} \ldots a_{1n} \\ \vdots \qquad \vdots \\ a_{n1} \ldots a_{nn} \end{pmatrix} \tag{92}$$

---

[5] Heertje (1960), S. 39—44.

mit

$$a_{ii} < 0 \qquad \text{für} \quad i = 1, \ldots, n, \qquad (93)$$

$$|a_{ii}| > \sum_{\substack{j=1 \\ j \neq i}}^{n} |a_{ij}| \quad \text{für} \quad i = 1, \ldots, n \qquad (94)$$

und

$$a_{ij} > 0 \qquad \text{für} \quad i \neq j; \quad i = 1, \ldots, n; \quad j = 1, \ldots, n \qquad (95)$$

außerhalb der Hauptdiagonale nur negative Elemente hat. Bei überwiegenden negativen unmittelbaren Preiswirkungen sind nun im Falle
der Vollsubstitutionalität die Voraussetzungen des von Heertje bewie-
senen Satzes für die Matrix N der $\partial x_i / \partial p_j$ bei geeigneter Wahl der Mengeneinheiten erfüllt. Damit ist gezeigt, daß die Vollsubstitutionalität die
inverse Vollsubstitutionalität zur Folge hat, wenn die unmittelbaren
Preiswirkungen negativ sind und überwiegen.

Man kann zeigen, daß die schwache inverse Vollsubstitutionalität in
derselben Weise mit der schwachen Vollsubstitutionalität zusammenhängt. Eine Matrix A, die (93) und (94), aber anstelle von (95) nur

$$a_{ij} \geq 0 \qquad \text{für} \quad i \neq j; \quad i = 1, \ldots, n; \quad j = 1, \ldots, n \qquad (96)$$

erfüllt, kann immer als der Grenzwert einer Folge von Matrizen aufgefaßt werden, die die Voraussetzungen des von Heertje bewiesenen Satzes
erfüllen. Da die Elemente der Inversen stetig von den Elementen der
ursprünglichen Matrix abhängen, hat also die Inverse einer Matrix mit
(93), (94) und (96) außerhalb der Hauptdiagonalen nur nichtpositive
Elemente. Damit ist gezeigt, daß die schwache Vollsubstitutionalität die
schwache inverse Vollsubstitutionalität zur Folge hat, wenn die unmittelbaren Preiswirkungen negativ sind und überwiegen.

Man kann auch zeigen, daß bei überwiegenden und negativen unmittelbaren Preiswirkungen die inverse Vollkomplementarität die direkte
zur Folge hat. Um diese Behauptung zu beweisen, müssen wir uns daran
erinnern, daß bei überwiegenden negativen unmittelbaren Preiswirkungen
die Matrix N der $\partial x_i / \partial p_j$ wegen (D 2) aus Abschnitt 1.4. negativ quasidefinit ist und daß, wie wir in 1.5. gesehen haben, deshalb die Matrix N^{-1}
der $\partial p_i / \partial x_j$ als Inverse einer negativ quasidefiniten Matrix ebenfalls
negativ quasidefinit ist. Da eine negativ quasidefinite Matrix, wie Samuelson gezeigt hat[6], stets auch eine Hicks-Matrix ist, ist dann also die
Matrix N^{-1} eine Hicks-Matrix. Da diese Matrix negativ quasidefinit ist,
hat sie außerdem nur negative Elemente auf der Hauptdiagonale.

Wir haben in 1.4. das Theorem 4' von McKenzie kennengelernt, aus
dem hervorgeht, daß eine Matrix eine überwiegende Diagonale hat, wenn
ihre negative Diagonalform eine Hicks-Matrix ist. Im Falle der inversen

---

[6] Samuelson (1961), S. 141.

Vollkomplementarität stimmt aber die Matrix N^{-1} mit ihrer negativen Diagonalform überein, denn sie hat dann ja auf der Hauptdiagonale nur negative und außerhalb der Hauptdiagonale nur nichtpositive Elemente. Da infolgedessen die Matrix N^{-1} eine überwiegende negative Diagonale hat, können wir ebenso wie bei dem Beweis unserer Behauptung über die direkte und die inverse Vollsubstitutionalität den von Heertje bewiesenen Satz anwenden, um auf diese Weise zu erkennen, daß die Matrix N als Inverse der Matrix N^{-1} außerhalb der Hauptdiagonalen nur negative Elemente haben kann. Was wir über die schwache direkte und die schwache inverse Vollsubstitutionalität gesagt haben, kann natürlich auch ohne weiteres auf den Zusammenhang zwischen schwacher inverser und schwacher direkter Vollkomplementarität übertragen werden.

Ergebnis. Unter der Voraussetzung negativer und überwiegender unmittelbarer Preiswirkungen gilt folgendes: (a) Die inverse Vollsubstitutionalität folgt aus der direkten. (b) Die schwache inverse Vollsubstitutionalität folgt aus der schwachen direkten. (c) Die direkte Vollkomplementarität folgt aus der inversen. (d) Die schwache direkte Vollkomplementarität folgt aus der inversen. (e) Im 2-Güter-Fall besteht kein Unterschied zwischen direkter und inverser Substitutionalität und Komplementarität.

(a), (b), (c) und (d) bleiben auch dann richtig, wenn man die Voraussetzung, daß die unmittelbaren Preiswirkungen negativ sind und überwiegen, durch die Annahme ersetzt, daß die Matrix N negativ quasidefinit ist. Das ergibt sich aus dem Theorem 4' von McKenzie. Im Falle der direkten Vollsubstitutionalität ist die Matrix N und im Falle der inversen Vollkomplementarität ist die Matrix N^{-1} in negativer Diagonalform; daher hat im ersten Falle die Matrix N und im zweiten Falle die Matrix N^{-1} eine überwiegende negative Diagonale, wenn die Matrix N und daher auch die Matrix N^{-1} negativ quasidefinit ist. (Beide Matrizen sind dann auch Hicks-Matrizen.) In beiden Fällen kann der von Heertje bewiesene Satz zum Beweis von (a) und (b) bzw. von (c) und (d) herangezogen werden.

Aus dem Beispiel der Matrizen (86) und (87) ist zu erkennen, daß die Umkehrungen von (a), (b), (c) und (d) nicht allgemein richtig sind. Beide Matrizen haben überwiegende negative Diagonalen und sind negativ quasidefinit.

2.3 Substitutionalität und Komplementarität der Kostenverbundenheit

Auf der Kostenseite braucht nicht zwischen direkter und inverser Substitutionalität und Komplementarität unterschieden zu werden. Hier kommt nur eine Definition mit Hilfe der partiellen Ableitungen zweiter Ordnung $\partial^2 K/\partial x_i \partial x_j$ der Kosten nach den Produktionsmengen in Betracht. Zwei Güter i und j sind „kostensubstitutional", wenn

$$\frac{\partial^2 K}{\partial x_i \partial x_j} > 0 \qquad (97)$$

gilt. Die Kostensubstitutionalität besteht darin, daß eine Erhöhung der Produktion des Gutes i insofern durch eine Verminderung der Produktion des Gutes j erleichtert wird, als durch diese Verminderung die Grenzkosten $\partial K / \partial x_i$ des Gutes i herabgesetzt werden. Zwei Güter i und j sind „kostenkomplementär", wenn

$$\frac{\partial^2 K}{\partial x_i \partial x_j} < 0 \qquad (98)$$

gilt. Hier vermindert eine Erhöhung der Produktion des einen Gutes die Grenzkosten des anderen; in diesem Sinne erleichtert eine Erhöhung der Produktion eines von zwei kostenkomplementären Gütern die Erhöhung der Produktion des anderen. Ob zwei Güter kostensubstitutional oder kostenkomplementär sind, hängt natürlich im allgemeinen von der gewählten Produktionsmengenkombination ab.

Wir wollen auch hier von schwacher Substitutionalität und Komplementarität sprechen, wenn (97) bzw. (98) nur mit „$\geqq$" anstelle von „$>$" erfüllt sind. Ebenso wollen wir die Begriffe der Vollsubstitutionalität und Vollkomplementarität auch auf die Kostenfunktion anwenden, wenn an einer Stelle oder in einem Bereich je zwei Güter i und j kostensubstitutional bzw. kostenkomplementär sind.

Die Begriffe der Kostensubstitutionalität und -komplementarität können mit Hilfe der „Linien gleicher Grenzkosten" in der (x_i, x_j)-Ebene veranschaulicht werden[7]. Hält man alle Produktionsmengen außer x_i und x_j konstant, so sind die „Linien gleicher Grenzkosten für das Gut i" durch Gleichungen von der Form

$$\frac{\partial K}{\partial x_i} = c \qquad (99)$$

gegeben. Entlang einer solchen Linie ist

$$\frac{d x_i}{d x_j} = -c \, \frac{\dfrac{\partial^2 K}{\partial x_i \partial x_j}}{\dfrac{\partial^2 K}{\partial x_i^2}} . \qquad (100)$$

---

[7] Substitutionalität und Komplementarität können nicht ohne weiteres an der Gestalt der Isokostenlinien (Linien gleicher Gesamtkosten) abgelesen werden. Unter den Voraussetzungen der Kostenkonvexität und der Kostenmonotonie sind diese Linien immer fallend und konvex nach oben. Das ergibt sich daraus, daß die Punkte auf der Verbindungsstrecke zwischen zwei Punkten auf einer Isokostenlinie nicht oberhalb dieser Linie liegen können, ohne mit höheren Kosten verbunden zu sein als sie der Linie entsprechen. Diese Punkte dürfen aber wegen der Kostenkonvexität nicht mit höheren Kosten verbunden sein.

Diese Formel ist natürlich nur dann richtig, wenn wir, wie wir es hier tun wollen, voraussetzen, daß

$$\frac{\partial^2 K}{\partial x_i^2} > 0 \qquad (101)$$

gilt. Der Ausdruck auf der rechten Seite von (100) ist dann bei Kostensubstitutionalität negativ und bei Kostenkomplementarität positiv. Im

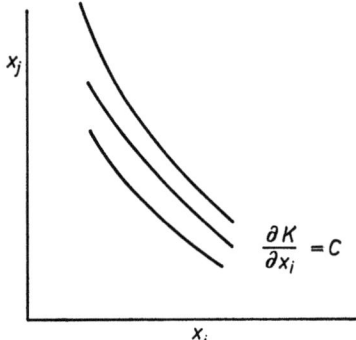

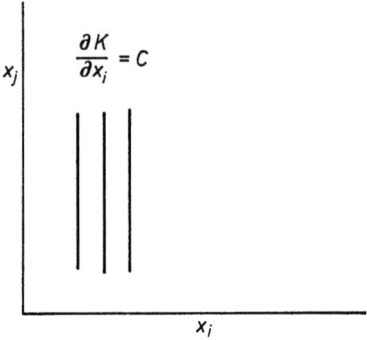

Abb. 4. Linien gleicher Grenzkosten bei   Abb. 5. Linien gleicher Grenzkosten bei
      Kostensubstitutionalität   unverbundenen Kosten

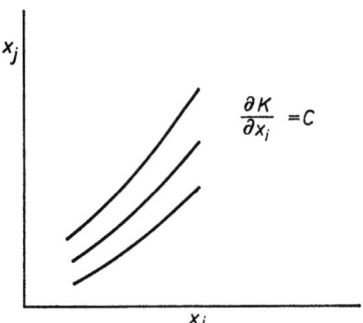

Abb. 6. Linien gleicher Grenzkosten bei Kostenkomplementarität

ersten Fall verlaufen die Linien gleicher Grenzkosten des Gutes i fallend und im zweiten Fall verlaufen sie steigend. Wenn die Kosten unverbunden sind, d.h. wenn stets

$$\frac{\partial^2 K}{\partial x_i \partial x_j} = 0 \qquad (102)$$

gilt, verlaufen diese Linien parallel zur x_j-Achse. Die Abb. 4, 5 und 6 zeigen, welches Bild sich in den drei Fällen ergibt. Analoge Überlegungen können natürlich auch hinsichtlich der Linien gleicher Grenzkosten für das Gut j angestellt werden.

3 Die Marginalbedingungen

Dieses Kapitel wird sich hauptsächlich mit den notwendigen Bedingungen für ein inneres Optimum beschäftigen, die man erhält, wenn man die partiellen Ableitungen des Gewinns nach den Preisen gleich Null setzt. Diese notwendigen Bedingungen sind gemeint, wenn von den Marginalbedingungen erster Ordnung die Rede ist.

3.1 Die Marginalbedingungen zweiter Ordnung

Hinreichende Bedingungen dafür, daß an einer Stelle, an der die Marginalbedingungen erster Ordnung erfüllt sind, der Gewinn ein relatives Maximum annimmt, sind dann erfüllt, wenn an dieser Stelle der Nachfragezusammenhang die Eigenschaft der Umsatzkonvexität und die Kostenfunktion die Eigenschaft der Kostenkonvexität hat. Hierbei ist es nicht erforderlich, daß die Bedingungen global erfüllt sind, wie es in (E) und (G) verlangt wird; ihre Gültigkeit muß nur lokal für die betreffende Stelle gegeben sein.

Wenn man mit differenzierbaren Funktionen arbeitet, ist es vorteilhaft, die Umsatzkonvexität in ihrer verschärften Form vorauszusetzen. Ein relatives Gewinnmaximum kann natürlich auch vorliegen, ohne daß an der betreffenden Stelle die Bedingungen der Kostenkonvexität und der verschärften Umsatzkonvexität gegeben sind. Man kann diese beiden Bedingungen durch die schwächere, aber auch weniger leicht interpretierbare Bedingung ersetzen, daß die Matrix der zweiten Ableitungen $\partial^2 G / \partial x_i \partial x_j$ des Gewinns nach den Absatzmengen negativ definit ist. Dadurch wird die strenge Konvexität des Gewinns bezüglich der Absatzmengen gesichert. Die Matrix der $\partial^2 G / \partial x_i \partial x_j$ ist genau dann negativ definit, wenn ihre Nordwestunterdeterminanten Δ_K abwechselnd negativ und positiv sind, d.h. wenn

$$\Delta_1 < 0, \qquad \Delta_2 > 0, \qquad \Delta_3 < 0, \dots \qquad (103)$$

gilt. Da die Ungleichungen (103) Eigenschaften des Systems der partiellen Ableitungen zweiter Ordnung zum Ausdruck bringen, werden sie als Marginalbedingungen zweiter Ordnung bezeichnet.

Die Marginalbedingungen zweiter Ordnung verhalten sich zu der strengen Konvexität des Gewinns bezüglich der Absatzmengen ganz ebenso wie die verschärfte Umsatzkonvexität zu der Forderung (G). Da

zwar nicht die strenge, aber doch die schwache Konvexität des Gewinns
bezüglich der Absatzmengen an einem relativen Gewinnmaximum immer
gegeben sein muß, schließt man lediglich gewisse Grenzfälle von der
Betrachtung aus, wenn man die Matrix der $\partial^2 G/\partial x_i \partial x_j$ als negativ
definit voraussetzt. Die Marginalbedingungen zweiter Ordnung sind also
im allgemeinen im Optimum erfüllt. Es ist daher gerechtfertigt, die
Marginalbedingungen zweiter Ordnung bei der Untersuchung der Eigenschaften des Optimums ebenso als gegeben vorauszusetzen wie die
Marginalbedingungen erster Ordnung.

Hinreichende Bedingungen für ein relatives Maximum erhält man
auch, indem man von der Matrix der zweiten Ableitungen $\partial^2 G/\partial p_i \partial p_j$
des Gewinns nach den Preisen verlangt, daß sie negativ definit ist.
Dadurch wird die strenge Konvexität des Gewinns bezüglich der Preise
gesichert. An einer Stelle, an der die Marginalbedingungen erster Ordnung
erfüllt sind und der Nachfragezusammenhang eindeutig umkehrbar ist,
ist jedoch, wie wir noch sehen werden, die Matrix der $\partial^2 G/\partial p_i \partial p_j$ genau
dann negativ definit, wenn die Matrix der $\partial^2 G/\partial x_i \partial x_j$ negativ definit
ist. Wir haben es daher nur mit zwei verschiedenen Formen derselben
Marginalbedingungen zweiter Ordnung zu tun.

Es ist

$$\frac{\partial G}{\partial p_i} = \sum_{s=1}^{n} \frac{\partial G}{\partial x_s} \frac{\partial x_s}{\partial p_i} \tag{104}$$

und deshalb

$$\frac{\partial^2 G}{\partial p_i \partial p_i} = \sum_{s=1}^{n} \sum_{m=1}^{n} \frac{\partial^2 G}{\partial x_s \partial x_m} \frac{\partial x_m}{\partial p_j} \frac{\partial x_s}{\partial p_i} + \sum_{s=1}^{n} \frac{\partial G}{\partial p_s} \frac{\partial^2 p_s}{\partial x_i \partial x_j}. \tag{105}$$

Wenn die Marginalbedingungen erster Ordnung erfüllt sind, verschwindet
$\partial G/\partial p_s$ und daher auch der zweite Summenausdruck auf der rechten
Seite von (105). Gl. (105) kann deshalb in Matrixschreibweise folgendermaßen zum Ausdruck gebracht werden:

$$\left(\frac{\partial^2 G}{\partial p_i \partial p_j} \right) = N^T \left(\frac{\partial^2 G}{\partial x_i \partial x_j} \right) N. \tag{106}$$

Die Matrix der $\partial^2 G/\partial p_i \partial p_j$ entsteht also durch Transformation mit der
Matrix N der $\partial x_i/\partial p_j$ aus der Matrix der $\partial^2 G/\partial x_i \partial x_j$. Die quadratische
Form

$$Q = \sum_{i=1}^{n} \sum_{j=1}^{n} \frac{\partial^2 G}{\partial x_i \partial x_j} z_i z_j \tag{107}$$

kann also durch die Transformation

$$z_i = \sum_{j=1}^{n} \frac{\partial x_i}{\partial p_j} y_j {}^{1} \tag{108}$$

---

[1] Bei der Ersetzung der z_i durch die y_i wird von der Voraussetzung der eindeutigen Umkehrbarkeit des Nachfragezusammenhangs in einer Umgebung der
betrachteten Stelle Gebrauch gemacht.

auf die Form

$$Q = \sum_{i=1}^{n} \sum_{j=1}^{n} \frac{\partial^2 G}{\partial p_i \partial p_j} \, y_i y_j \qquad (109)$$

gebracht werden. Damit ist gezeigt, daß die Matrix der $\partial^2 G/\partial p_i \partial p_j$ genau dann negativ quasidefinit ist, wenn das für die Matrix der $\partial^2 G/\partial x_i \partial x_j$ der Fall ist.

Es ist aber zu beachten, daß die beiden Formen der Marginalbedingungen zweiter Ordnung nur deshalb inhaltlich übereinstimmen, weil es sich um eine Stelle handelt, an der die Marginalbedingungen erster Ordnung erfüllt sind. Andernfalls könnte die Übereinstimmung durch den zweiten Summenausdruck auf der rechten Seite von (105) zerstört werden.

Wenn der Nachfragezusammenhang linear ist, verschwinden in (105) alle $\partial^2 p_s/\partial x_i \partial x_j$. Deshalb besteht in diesem Falle auch dort, wo die Marginalbedingungen erster Ordnung nicht erfüllt sind, kein Unterschied zwischen den hinreichenden Bedingungen (97) für die Konvexität bezüglich der Absatzmengen und der entsprechenden hinreichenden Bedingungen für die Konvexität bezüglich der Preise.

3.2 Das Problem des Randoptimums

Die in diesem Kapitel behandelten Marginalbedingungen erster Ordnung haben nur für innere Optima Gültigkeit. Darin liegt jedoch im Hinblick auf die hier interessierende Fragestellung keine wesentliche Einschränkung der Allgemeinheit. Optima, die am Rande liegen, weil zu den optimalen Preisen von einigen Gütern nichts abgesetzt wird, sind nur deshalb Randoptima, weil die Optimierung auf ein zu großes Sortiment bezogen ist. Da wir die Fragestellung des optimalen Sortiments im Rahmen dieser Arbeit nicht untersuchen, können wir das Sortiment der Unternehmung von vornherein als die Gesamtheit derjenigen Güter definieren, von denen im Optimum positive Mengen abgesetzt werden. Damit schließen wir Randoptima von der eben besprochenen Art aus.

Randoptima können auch dadurch zustande kommen, daß die Produktion an Kapazitätsgrenzen stößt. Fälle, in denen solche Randoptima vorkommen, können immer durch unwesentliche Änderungen der Kostenfunktion vermieden werden. Man braucht nur die Kapazitätsgrenze durch ein steiles Ansteigen der Kostenfunktion zu ersetzen. Wenn man das tut, ersetzt man lediglich eine Idealisierung der Realität durch eine andere, wobei vieles dafür spricht, daß ein steiler Anstieg in der Nähe der „Kapazitätsgrenze" die bessere Idealisierung darstellt. Es wird fast immer möglich sein, die Produktion auch an der „Kapazitätsgrenze" noch etwas auszuweiten, wenn man gewillt ist, sehr hohe Kosten dafür in Kauf zu nehmen[2, 3]. Die Abb. 7 und 8 veranschaulichen das Gesagte am Beispiel der Kostenfunktion einer Einproduktenunternehmung.

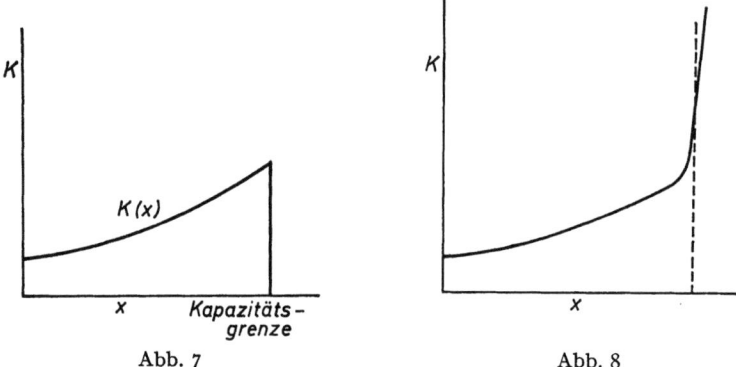

Abb. 7   Abb. 8

3.3 Die Marginalbedingungen erster Ordnung

Wir werden in diesem Abschnitt immer voraussetzen, daß alle Mengen x_i und alle Preise p_i positiv sind, daß alle $\partial x_i/\partial p_j$ und $\partial p_i/\partial x_j$ existieren und daß die $\partial x_i/\partial p_i$ sämtlich negativ sind. Differenziert man den Gewinn

$$G = \sum_{j=1}^{n} x_j p_j - K(x_1, \ldots, x_n) \qquad (110)$$

partiell nach den Preisen, so erhält man die Marginalbedingungen erster Ordnung:

$$\frac{\partial G}{\partial p_i} = x_i + \sum_{j=1}^{n} p_j \frac{\partial x_j}{\partial p_i} - \sum_{j=1}^{n} \frac{\partial K}{\partial x_j} \frac{\partial x_j}{\partial p_i} = 0 \quad \text{für} \quad i = 1, \ldots, n. \qquad (111)$$

Diese Bedingungen können auch folgendermaßen geschrieben werden:

$$\frac{\partial G}{\partial p_i} = x_i + \sum_{j=1}^{n} \left(p_j - \frac{\partial K}{\partial x_j} \right) \frac{\partial x_j}{\partial p_i} = 0 \quad \text{für} \quad i = 1, \ldots, n. \qquad (112)$$

---

[2] Im wesentlichen dieselbe Ansicht wird auch von R. W. Shephard vertreten (Shephard, 1953, S. vi—vii).

[3] Auch wenn das der Fall ist, kann es natürlich zweckmäßig sein, für die Durchrechnung praktischer Fälle mit Hilfe der bereits in der Einleitung erwähnten nichtlinearen Programmierungsverfahren von der Annahme fester Kapazitätsbeschränkungen auszugehen. Eine Darstellung der nichtlinearen Programmierungsverfahren findet man in dem bekannten Buch von H. P. Künzi und W. Krelle (Künzi-Krelle, 1962). Über die Anwendung dieser Verfahren auf die Probleme der Mehrproduktenunternehmung informiert auch das Buch von K. Bohr (Bohr, 1967). Das Planungssystem von Ch. Holt, E. Modigliani, J. F. Muth und H. A. Simon ist ein überzeugendes Beispiel dafür, daß auch mit Modellen, die nicht mit Nebenbedingungen in Form von Ungleichungen arbeiten, beachtliche praktische Erfolge erzielt werden können (Holt-Modigliani-Muth-Simon, 1960).

In (112) kommt unter dem Summenzeichen die „Gewinnspanne"

$$g_j = p_j - \frac{\partial K}{\partial x_j} \qquad (113)$$

des Gutes j vor. Mit Hilfe von (113) können wir (112) auf eine etwas kürzere Form bringen:

$$\frac{\partial G}{\partial p_i} = x_i + \sum_{j=1}^{n} g_j \frac{\partial x_j}{\partial p_i} = 0 \quad \text{für} \quad i = 1, \ldots, n. \qquad (114)$$

Im Optimum muß sich auch dann Null ergeben, wenn der Gewinn partiell nach den Mengen x_i differenziert wird. Man erhält so die Marginalbedingungen:

$$\frac{\partial G}{\partial x_i} = p_i + \sum_{j=1}^{n} x_j \frac{\partial p_j}{\partial x_i} - \frac{\partial K}{\partial x_i} = 0 \quad \text{für} \quad i = 1, \ldots, n; \qquad (115)$$

das ist gleichbedeutend mit

$$\frac{\partial G}{\partial x_i} = g_i + \sum_{j=1}^{n} x_j \frac{\partial p_j}{\partial x_i} = 0 \quad \text{für} \quad i = 1, \ldots, n. \qquad (116)$$

(116) und (114) sind zwei verschiedene Formen derselben Marginalbedingungen erster Ordnung. Man kann sowohl (116) aus (114) als auch (114) aus (116) herleiten. Das wird sofort klar, wenn man diese Gleichungen mit Hilfe der Matrix N der $\partial x_i / \partial p_j$ in Matrixschreibweise wiedergibt. Es seien x und g die Spaltenvektoren der x_i bzw. der g_i. Anstelle von (114) erhalten wir

$$x = -N^T g \qquad (117)$$

und (116) wird zu

$$g = -N^{-T} x. \qquad (118)$$

Das ist nichts anderes als eine Umformung von (117).

(114) kann folgendermaßen nach g_i aufgelöst werden:

$$g_i = -\frac{x_i}{\frac{\partial x_i}{\partial p_i}} - \sum_{\substack{j=1 \\ j \neq i}}^{n} g_j \frac{\partial x_j}{\partial p_i} \bigg/ \frac{\partial x_i}{\partial p_i} \quad \text{für} \quad i = 1, \ldots, n. \qquad (119)$$

Diese Form der Marginalbedingungen erster Ordnung ist von B. Holdren zum Ausgangspunkt der Interpretation gemacht worden[4]. Im Einproduktenfall nimmt (119) die folgende Form an:

$$g = -x \bigg/ \frac{\partial x}{\partial p}. \qquad (120)$$

Hierbei sind x, p und g Menge, Preis und Gewinnspanne. Die rechte Seite von (120) wird von B. Holdren in Anlehnung an Scitovski[5] „price

[4] Holdren (1960), S. 128.
[5] Scitovski (1951), S. 263.

offer variation costs" genannt. B. Holdren verallgemeinert diesen Begriff der „Preisvariationskosten" auf den Mehrproduktenfall, indem er ihn auch auf die rechte Seite von (119) anwendet. Er kommt so zu der folgenden Deutung der Marginalbedingungen erster Ordnung: Im Optimum sind die Gewinnspannen gleich den zugehörigen Preisvariationskosten. — Wegen des ad-hoc-Charakters der Definition der Preisvariationskosten ist jedoch mit dieser Deutung nicht viel gewonnen.

In der Literatur findet man die Marginalbedingungen erster Ordnung häufig in der als „Niehans-Formel" bezeichneten Form[6]. Diese nach ihrem Entdecker J. Niehans benannte Formel kann als eine Verallgemeinerung der bekannten Amoroso-Robinson-Relation für das Einproduktenmonopol aufgefaßt werden. Wir wenden uns nun der Herleitung der Niehans-Formel zu.

Bezeichnet man mit

$$\varepsilon_{ji} = \frac{p_i}{x_j} \frac{\partial x_j}{\partial p_i} \tag{121}$$

die Elastizität von x_j nach p_i, so ist

$$p_i \frac{\partial x_j}{\partial p_i} = x_j \varepsilon_{ji}. \tag{122}$$

Unter Berücksichtigung von (122) ergibt sich aus (112) durch Multiplikation mit p_i

$$-x_i p_i = \sum_{j=1}^{n} \left(p_j - \frac{\partial K}{\partial x_j} \right) x_j \varepsilon_{ji}. \tag{123}$$

Das ist gleichbedeutend mit

$$x_i p_i (1 + \varepsilon_{ii}) = \frac{\partial K}{\partial x_i} x_i \varepsilon_{ii} - \sum_{\substack{j=1 \\ j \neq i}}^{n} \left(p_j - \frac{\partial K}{\partial x_j} \right) x_j \varepsilon_{ji}. \tag{124}$$

Aus (124) folgt die Niehans-Formel:

$$p_i = \frac{\dfrac{\partial K}{\partial x_i}}{1 + \dfrac{1}{\varepsilon_{ii}}} - \frac{1}{x_i (1 + \varepsilon_{ii})} \sum_{\substack{j=1 \\ j \neq i}}^{n} \left(p_j - \frac{\partial K}{\partial x_j} \right) x_j \varepsilon_{ji} \quad \text{für} \quad i = 1, \ldots, n. \tag{125}$$

Diese Formel gilt natürlich nur für $\varepsilon_{ii} \neq -1$, weil sonst im Nenner Null erscheinen würde. Im Einproduktenfall verschwindet der zweite Summand auf der rechten Seite. (125) geht dann in die Amoroso-Robinson-Formel über. Der zweite Summand bringt die Abweichungen vom Einproduktenfall zum Ausdruck, die sich aus der Nachfrageverbundenheit ergeben. Bei unverbundener Nachfrage verschwinden alle ε_{ji} mit $i \neq j$, so daß der zweite Summand wegfällt.

---

[6] Niehans (1956).

Mit Hilfe der „inversen" Elastizitäten

$$\eta_{ji} = \frac{x_j}{p_j} \frac{\partial p_j}{\partial x_i} \tag{126}$$

kann aus (115) ein „inverses" Analogon zur Niehans-Formel hergeleitet werden. Aus (115) folgt

$$p_i + x_i \frac{\partial p_i}{\partial x_i} = \frac{\partial K}{\partial x_i} - \sum_{\substack{j=1 \\ j \neq i}}^{n} x_j \frac{\partial p_i}{\partial x_i} . \tag{127}$$

Das ist gleichbedeutend mit

$$p_i(1 + \eta_{ii}) = \frac{\partial K}{\partial x_i} - \frac{1}{x_i} \sum_{\substack{j=1 \\ j \neq i}}^{n} p_j x_j \eta_{ji} . \tag{128}$$

Daraus ergibt sich

$$p_i = \frac{\frac{\partial K}{\partial x_i}}{1 + \eta_{ii}} - \frac{1}{x_i(1 + \eta_{ii})} \sum_{\substack{j=1 \\ j \neq i}}^{n} p_j x_j \eta_{ji} \quad \text{für } i = 1, \ldots, n. \tag{129}$$

(129) gilt natürlich nur für $\eta_{ii} \neq -1$. Auch diese Formel geht im Ein-produktfall in die Amoroso-Robinson-Formel über. Da jedoch anders als im Einproduktenfall im Mehrproduktenfall η_{ii} nur ausnahmsweise mit $1/\varepsilon_{ii}$ übereinstimmt, können die beiden Summanden auf der rechten Seite von (129) nicht mit denen in (125) identifiziert werden.

3.4 Folgerungen aus den Marginalbedingungen erster Ordnung

Aus den Marginalbedingungen erster Ordnung kann man Aufschlüsse darüber gewinnen, wie sich Substitutionalität und Komplementarität der Nachfrage auf die optimalen Preise auswirken. Da wir bei der Unter-suchung dieser Frage von den Ergebnissen (a), (b), (c) und (d) aus 1.2 Gebrauch machen wollen, setzen wir im folgenden immer voraus, daß die Preiswirkungen negativ sind und überwiegen. Sowohl die Matrix N der $\partial x_i / \partial p_j$ als auch die Matrix N^{-1} der $\partial p_i / \partial x_j$ sind dann negativ quasidefinit[7].

Wir betrachten zunächst den Fall der Vollsubstitutionalität. Wegen (b) aus 1.2 sind für $i \neq j$ alle $\partial p_i / \partial x_j$ nichtpositiv, wenn wir schwache direkte Vollsubstitutionalität voraussetzen. Da N^{-1} negativ quasidefinit ist, sind außerdem alle $\partial p_i / \partial x_i$ negativ. Wegen (116) gilt

$$g_i = - \sum_{j=1}^{n} x_j \frac{\partial p_j}{\partial x_i} \quad \text{für } i = 1, \ldots, n. \tag{130}$$

---

[7] Vgl. hierzu (D2) aus 1.4 und das im Zusammenhang mit den Gln. (79) bis (81) in 1.5 Gesagte.

Da wir in diesem Abschnitt ebenso wie im vorigen stets voraussetzen, daß alle Mengen x_i und alle Preise p_i positiv sind, können wir aus (130) den Schluß ziehen, daß bei schwacher direkter Vollsubstitutionalität alle Gewinnspannen g_i positiv sind. Bei negativen überwiegenden unmittelbaren Preiswirkungen hat also das Auftreten von negativen Gewinnspannen das Vorhandensein von Komplementarität zur Vorbedingung.

Ganz unabhängig davon, was über Substitutionalität und Komplementarität vorausgesetzt wird, läßt sich zeigen, daß unsere Annahmen über die unmittelbaren Preiswirkungen die Möglichkeit ausschließen, daß keines der g_i positiv ist. Hierzu betrachten wir den „Quasigewinn"

$$Q = x^T g = \sum_{j=1}^{n} x_j g_j. \tag{131}$$

Für den Spezialfall konstanter Grenzkosten $\partial K / \partial x_i$ für alle angebotenen Güter i stimmt dieser Quasigewinn bis auf die fixen Kosten mit dem Gewinn überein. Im Optimum ist wegen (117)

$$Q = -g^T N g. \tag{132}$$

Da N negativ quasidefinit ist, ergibt sich aus (132), daß Q eine positiv definite quadratische Form in den g_i ist und als solche nur positive Werte annehmen kann. Wäre nun keines der g_i positiv, so könnte aber, da alle x_i positiv sind, die rechte Seite von (131) nicht positiv sein. Daraus ist zu erkennen, daß mindestens eines der g_i positiv sein muß.

Die Tatsache, daß im Optimum Q positiv ist, kann auch folgendermaßen interpretiert werden: Im Optimum haben bei einer Gewichtung mit den zugehörigen Absatzmengen die positiven Gewinnspannen insgesamt ein größeres Gewicht als es den negativen Gewinnspannen insgesamt zukommt. In diesem Sinne kann man davon sprechen, daß im Optimum die positiven Gewinnspannen überwiegen.

Wir können das Resultat unserer bisherigen Überlegungen folgendermaßen zusammenfassen:

Ergebnisse. Wenn die optimalen Preise und die optimalen Absatzmengen sämtlich positiv sind und die unmittelbaren Preiswirkungen negativ sind und überwiegen, dann gilt im Optimum: (a) Mindestens eine der Gewinnspannen ist positiv. (b) Die positiven Gewinnspannen überwiegen im Sinne eines positiven Quasigewinns. (c) Unter der zusätzlichen Voraussetzung der direkten schwachen Vollsubstitutionalität der Nachfrage sind alle Gewinnspannen positiv.

Die Frage, unter welchen Bedingungen negative Gewinnspannen auftreten können, ist deshalb von Bedeutung, weil die Grenzkosten zuweilen als Preisuntergrenzen angesehen werden, die von den optimalen

Preisen nicht unterschritten werden[8]. Unser Ergebnis (c) gibt Bedingungen an, unter denen diese Auffassung zutreffend ist. Anhand eines Beispiels soll gezeigt werden, daß ein Gut sogar auch dann eine negative optimale Gewinnspanne haben kann, wenn es mit allen anderen Gütern in direkter Substitutionsbeziehung steht. Bevor wir das tun wollen, soll jedoch erst etwas näher untersucht werden, was die Marginalbedingungen für den wichtigen Spezialfall eines linearen Nachfragezusammenhangs und konstanter Grenzkosten bedeuten, denn auf diesen Spezialfall bezieht sich das Beispiel.

Ein linearer Nachfragezusammenhang hat die Form

$$x = d + N p. \tag{133}$$

Mit k_i bezeichnen wir die Grenzkosten $\partial K/\partial x_i$, die wir hier als konstant voraussetzen. k ist der Spaltenvektor der k_i. Der Preisvektor p kann als Summe des Gewinnspannenvektors g und des Grenzkostenvektors k dargestellt werden. (133) kann daher auch wie folgt geschrieben werden:

$$x = d + N(k + g) = d + Nk + Ng. \tag{134}$$

Bezeichnet man den Spaltenvektor $d + Nk$ mit b, so ergibt sich daraus

$$x = b + Ng. \tag{135}$$

N hat in (133) dieselbe Bedeutung wie im vorigen Abschnitt: N ist die Matrix der partiellen Ableitungen $\partial x_i/\partial p_j$. Wegen (117) kann deshalb für die Berechnung des Optimums x durch $-N^T g$ ersetzt werden. Man erhält so

$$-N^T g = b + Ng, \tag{136}$$

$$-(N + N^T)g = b, \tag{137}$$

$$g = -(N + N^T)^{-1} b. \tag{138}$$

Wir erhalten so für den Vektor $\tilde{g}$ der optimalen Gewinnspannen die Formel

$$\tilde{g} = -\left(\frac{N + N^T}{2}\right)^{-1} \frac{b}{2}. \tag{139}$$

Mit Hilfe von (139) können die optimalen Gewinnspannen $\tilde{g}_i$ und damit auch die optimalen Preise $\tilde{p}_i$ berechnet werden. Hierzu muß man zunächst

$$b = d + Nk \tag{140}$$

ermitteln und dann in (139) einsetzen. Die optimalen Preise ergeben sich dann aus

$$\tilde{p} = \tilde{g} + k. \tag{141}$$

---

[8] Einige Bemerkungen zu dem Thema „kalkulatorischer Ausgleich" in dem Lehrbuch von E. Gutenberg vermitteln den Eindruck, daß ihnen diese Anschauung zugrunde liegt (Gutenberg, 1963, S. 354—355).

Mit Hilfe von
$$\tilde{x} = -N^T \tilde{g} \qquad (142)$$

können schließlich auch die optimalen Mengen $\tilde{x}_i$ berechnet werden. Diese Formeln vereinfachen sich noch etwas, wenn die Matrix N symmetrisch ist, d.h. wenn
$$N^T = N \quad [9] \qquad (143)$$

gilt. (139) nimmt dann die Form
$$\tilde{g} = -N^{-1} \frac{b}{2} \qquad (144)$$

an. Setzt man die rechte Seite von (144) in (142) für g ein, so erhält man
$$\tilde{x} = \frac{b}{2} \quad \text{für} \quad N^T = N. \qquad (145)$$

Im Falle einer symmetrischen Matrix N können also die optimalen Mengen in überraschend einfacher Weise berechnet werden.

3.5 Zwei Zahlenbeispiele

Wir betrachten als numerisches Beispiel den folgenden Nachfragezusammenhang:
$$x_1 = 1955 - 6{,}2 p_1 + 0{,}5 p_2 + 2{,}0 p_3, \qquad (146)$$

$$x_2 = 5800 + 0{,}5 p_1 - 5{,}0 p_2 - 2{,}5 p_3, \qquad (147)$$

$$x_3 = 1925 + 2{,}0 p_1 - 2{,}5 p_2 - 5{,}0 p_3. \qquad (148)$$

---

[9] Es ist dies nichts anderes als die sog. „Hotelling-Bedingung". Hotelling ging in seinem Artikel über das Edgeworth-Paradox (Hotelling, 1932) von der Voraussetzung aus, daß die Nachfrager eine Funktion von der Form

$$\Pi = M(x_1, \ldots, x_n) - \sum_{i=1}^{n} x_i p_i$$

bei als fest betrachteten Preisen bezüglich der Mengen maximieren. Er hielt diesen Ansatz nicht nur für Unternehmungen, sondern auch für Haushalte für gerechtfertigt. Wenn sich die Nachfrager in dieser Weise verhalten, bestimmen sie ihre Mengen so, daß

$$\frac{\partial M}{\partial x_i} = p_i$$

gilt. Aus dieser Gleichung und aus

$$\frac{\partial M}{\partial x_j} = p_j$$

folgt

$$\frac{\partial^2 M}{\partial x_i \partial x_j} = \frac{\partial p_i}{\partial x_j} = \frac{\partial p_j}{\partial x_i};$$

diese Beziehung, die zunächst nur für die Nachfrage eines einzelnen Nachfragers gilt, überträgt sich durch Summation auf die Gesamtnachfrage, für die infolgedessen N^{-T} und deshalb auch N symmetrisch sein muß. — Um den Anwendungsbereich unserer Analyse nicht unnötig einzuschränken, haben wir darauf verzichtet, den Nachfragezusammenhang in dieser oder ähnlicher Weise mit Rationalitätsannahmen über das Verhalten der Nachfrager in Verbindung zu bringen.

Wir haben hier offensichtlich den Fall einer symmetrischen Matrix N vor uns. Es soll angenommen werden, daß die Grenzkosten

$$k_1 = 400, \tag{149}$$

$$k_2 = 250, \tag{150}$$

$$k_3 = 300 \tag{151}$$

betragen. Mit Hilfe von (140) können die Konstanten b_i berechnet werden, mit deren Hilfe der Nachfragezusammenhang auf die Form (135) gebracht werden kann:

$$x_1 = \ \ 200 - 6{,}2g_1 + 0{,}5g_2 + 2{,}0g_3, \tag{152}$$

$$x_2 = 4000 + 0{,}5g_1 - 5{,}0g_2 - 2{,}5g_3, \tag{153}$$

$$x_3 = \ \ 600 + 2{,}0g_1 - 2{,}5g_2 - 5{,}0g_3. \tag{154}$$

Wegen der Symmetrie von N können wir aus diesen Gleichungen mit Hilfe von (145) die Werte für die optimalen Mengen entnehmen:

$$\tilde{x}_1 = \ \ 100, \tag{155}$$

$$\tilde{x}_2 = 2000, \tag{156}$$

$$\tilde{x}_3 = \ \ 300. \tag{157}$$

Die Inversion von N ergibt[10]:

$$N^{-1} = \begin{pmatrix} -0{,}1875 & +0{,}0250 & -0{,}0875 \\ +0{,}0250 & -0{,}2700 & +0{,}1450 \\ -0{,}0875 & +0{,}1450 & -0{,}3075 \end{pmatrix}. \tag{158}$$

Die optimalen Gewinnspannen können nun mit Hilfe von (144) berechnet werden. Die optimalen Preise ergeben sich dann aus (141). Wir erhalten

$$\tilde{g}_1 = - \ \ \ 5, \quad \tilde{p}_1 = 395, \tag{159}$$

$$\tilde{g}_2 = +494, \quad \tilde{p}_2 = 744, \tag{160}$$

$$\tilde{g}_3 = -189, \quad \tilde{p}_3 = 111. \tag{161}$$

Aus den Gln. (146), (147) und (148) erkennt man sofort, daß die unmittelbaren Preiswirkungen negativ sind und überwiegen. (Um das zu sehen, bedarf es hier keiner Transformation der Mengeneinheiten.) Die Bedingung der Umsatzkonvexität ist daher erfüllt[11]. Die Kosten sind linear und daher schwach konvex nach unten. Der Gewinn ist also als Funktion der Menge streng konvex nach oben. Wir sind also sicher, ein Gewinnmaximum und nicht etwa ein Gewinnminimum vor uns zu

---

[10] Die Matrix ist mit Absicht so gewählt worden, daß die Determinante den Wert -100 hat. Die Berechnung der Inversen wird dadurch etwas erleichtert.

[11] Vgl. hierzu das Ergebnis des Abschnitts 1.5.

haben. Aus der strengen Konvexität des Gewinns ergibt sich auch, daß es sich um das absolute und nicht um ein nur relatives Gewinnmaximum handelt.

In unserem Beispiel hat das Gut 1 im Optimum eine negative Gewinnspanne, obwohl es mit den Gütern 2 und 3 in einem direkten Substitutionsverhältnis steht. Der Grund dafür ist natürlich darin zu suchen, daß die Güter 1 und 2 sich zwar direkt substitutional, aber invers komplementär zueinander verhalten. Würde das Gut 1 zu beiden anderen Gütern in einem inversen Substitutionsverhältnis stehen, so müßte g_1 wegen (130) positiv sein.

Die Nachfrage nach dem Gut 2 ist relativ groß, während die nach den Gütern 1 und 3 vergleichsweise klein ist. Da von Gut 2 um so mehr abgesetzt wird, je niedriger der Preis des Gutes 3 ist, versteht man sofort, warum der Preis des Gutes 3 besonders niedrig festgesetzt wird; ein niedriger Preis p_3 ermöglicht einen höheren Preis p_2 und ein größeres x_2. Der Verlust, der dadurch entsteht, daß das Gut 3 unter Grenzkosten verkauft wird, wird durch den erhöhten Gewinn aus dem Gut 2 mehr als aufgewogen. Warum aber wird auch das Gut 1 unter Grenzkosten verkauft, obwohl doch ein niedrigerer Preis des Gutes 1 den Absatz des Gutes 2 nicht fördert, sondern behindert? Zur Erklärung dieses scheinbaren Widerspruchs muß man sich die Tatsache vor Augen halten, daß das Gut 1 mit dem Gut 2 zwar direkt substitutional verbunden ist, daß aber die betreffenden Koeffizienten von N verhältnismäßig klein sind. Die Koeffizienten, die die direkte Substitutionalität von Gut 1 und Gut 3 zum Ausdruck bringen, sind demgegenüber viermal größer. Die Auswirkung von p_1 auf x_3 ist daher für die Festsetzung von p_1 sehr wichtig. Mit einer niedrigen Festsetzung von p_1 wird erreicht, daß der Absatz des Gutes 3 verringert und damit der aus dem negativen g_3 entstehende Verlust verringert wird.

Auf diese Weise kann man verstehen, warum das Gut 1 zu einem Preis unterhalb der Grenzkosten verkauft wird. Die heuristischen Argumente, die wir zur Erklärung des Phänomens herangezogen haben, dürfen jedoch nicht als exakte Schlüsse mißverstanden werden. Wenn man aus den Marginalbedingungen allgemeingültige Folgerungen ziehen will, kann man auf exakte Beweise, wie wir sie für unsere Ergebnisse (a), (b) und (c) gegeben haben, nicht verzichten. Daß man ohne solche Beweise sehr leicht in die Gefahr gerät, falsche Schlüsse zu ziehen, soll nun anhand einer Behauptung gezeigt werden, die wir einem im übrigen außerordentlich instruktiven Aufsatz von Knut Borchardt entnommen haben[12]. Im Rahmen seiner Interpretation der Niehans-Formel [in dieser Arbeit Gl. (125)] sagt Knut Borchardt folgendes:

---

[12] Borchardt (1960).

„Es ist unmittelbar ersichtlich, daß dann, wenn das Gut 1 zu allen
anderen Gütern oder der überwiegenden Zahl in Substitutionsbeziehung
steht, der Preis p_1 größer ist, als er bei unverbundener Nachfrage wäre,
sofern nur $\varepsilon_{11} < -1$ ist."[13,14]
Diese Behauptung muß freilich noch etwas präzisiert werden, bevor
wir sie durch ein Zahlenbeispiel widerlegen können. Unter einer Substitutionsbeziehung ist bei Borchardt zweifellos eine direkte Substitutionsbeziehung zu verstehen, denn seine Behauptung knüpft ja an die
Niehans-Formel an, in der nur die direkte Substitutionalität und Komplementarität zum Ausdruck kommt. Borchardt sagt nichts darüber,
in welcher Weise der Preis p_1, der sich ohne Nachfrageverbundenheit
ergeben würde, zu berechnen ist. Für die Zwecke dieser Berechnung
muß man den ursprünglichen Nachfragezusammenhang so abändern,
daß die Nachfrageverbundenheit verschwindet. Da das in verschiedener
Weise geschehen kann, ist es eigentlich gar nicht möglich, ohne weiteres
von einem Preis zu sprechen, der sich ohne Nachfrageverbundenheit
ergeben würde. Glücklicherweise bietet sich im Falle eines linearen
Nachfragezusammenhangs von der Form (133) eine besonders naheliegende Möglichkeit an, den Nachfragezusammenhang in einen unverbundenen zu verwandeln. Man ersetzt in N alle Elemente, die nicht auf
der Hauptdiagonalen stehen, durch Null und läßt alles andere unverändert. Auf diese Weise entstehen aus dem Nachfragezusammenhang

$$x_1 = 2595 - 6{,}2\,p_1 + 0{,}1\,p_2 + 0{,}2\,p_3, \tag{162}$$

$$x_2 = 5640 + 0{,}9\,p_1 - 5{,}0\,p_2 - 2{,}5\,p_3, \tag{163}$$

$$x_3 = 1205 + 3{,}8\,p_1 - 2{,}5\,p_2 - 5{,}0\,p_3 \tag{164}$$

die unverbundenen Nachfragefunktionen

$$x_1 = 2595 - 6{,}2\,p_1, \tag{165}$$

$$x_2 = 5640 - 5{,}0\,p_2, \tag{166}$$

$$x_3 = 1205 - 5{,}0\,p_3. \tag{167}$$

---

[13] Borchardt (1960), S. 44.

[14] Anders als im Einproduktenfall ist es im Mehrproduktenfall nicht aus-
geschlossen, daß im Optimum $\varepsilon_{11} > -1$ gilt. Um das zu zeigen, genügt es, das
Monopol ohne Kosten zu betrachten. Für diesen Spezialfall folgt aus der Niehans-
Formel

$$1 + \varepsilon_{ii} = -\frac{1}{p_i} \sum_{\substack{j=1 \\ j \neq i}}^{n} p_j x_j \varepsilon_{ji}.$$

Wenn der Nachfragezusammenhang direkt vollkomplementär ist, sind alle ε_{ji}
negativ; die rechte Seite der obigen Gleichung ist dann positiv; wenn das der
Fall ist, muß $\varepsilon_{ii} > -1$ gelten.

Wir wollen auch hier von der Annahme ausgehen, daß die Grenzkosten $k_1 = 400$, $k_2 = 250$ und $k_3 = 300$ betragen. Die Gln. (162), (163) und (164) können auf die folgende Form gebracht werden:

$$x_1 = 200 - 6{,}2g_1 + 0{,}1g_2 + 0{,}2g_3, \tag{168}$$

$$x_2 = 4000 + 0{,}9g_1 - 5{,}0g_2 - 2{,}5g_3, \tag{169}$$

$$x_3 = 600 + 3{,}8g_1 - 2{,}5g_2 - 5{,}0g_3. \tag{170}$$

Dieses Beispiel ist gerade so gewählt, daß

$$\frac{N + N^T}{2} = \begin{pmatrix} -6{,}2 & 1{,}0 & 2{,}0 \\ 1{,}0 & -5{,}0 & -2{,}5 \\ 2{,}0 & -2{,}5 & -5{,}0 \end{pmatrix} \tag{171}$$

gilt. Rechts steht nichts anderes als die Matrix N aus dem vorigen Beispiel; deren Umkehrmatrix (158) ist uns bekannt. Mit Hilfe von (139) erhalten wir dieselben Werte für die Gewinnspannen wie im vorigen Beispiel; es ist auch hier

$$\tilde{g}_1 = -5 \qquad \tilde{p}_1 = 395, \tag{172}$$

$$\tilde{g}_2 = +494 \qquad \tilde{p}_2 = 744, \tag{173}$$

$$\tilde{g}_3 = -189 \qquad \tilde{p}_3 = 111. \tag{174}$$

Die optimalen Mengen stimmen jedoch nicht mit denjenigen aus dem vorigen Beispiel überein. Da die Bedingung (143) nicht erfüllt ist, können sie nicht mit Hilfe von (145) berechnet werden. Durch Einsetzen der optimalen Gewinnspannen in (168), (169) und (170) erhalten wir[15]:

$$\tilde{x}_1 = 242{,}6, \tag{175}$$

$$\tilde{x}_2 = 1998, \tag{176}$$

$$\tilde{x}_3 = 291. \tag{177}$$

Zur Berechnung des Preises $\tilde{p}_1$, der sich bei unverbundener Nachfrage ergeben würde, bringen wir (165) auf die Form

$$x_1 = 115 - 6{,}2g_1. \tag{178}$$

Die Formel (144) kann auch auf den hier vorliegenden Sonderfall einer Matrix N mit nur einem Element angewandt werden. Man erhält so

$$g_1 = \frac{1}{6{,}2} \cdot 57{,}5 = 9{,}274. \tag{179}$$

---

[15] Wir müssen die optimalen Mengen berechnen, um sicher zu sein, daß sich keine negativen Werte ergeben. Wäre das der Fall, so würde das wirkliche Optimum am Rande liegen.

Es ist also
$$\hat{p}_1 = 409{,}274. \tag{180}$$

Aus (145) ergibt sich für die bei unverbundener Nachfrage optimale Menge
$$\hat{x}_1 = 57{,}5. \tag{181}$$

Der bei unverbundener Nachfrage optimale Preis $\hat{p}_1$ ist offenbar höher als der bei verbundener Nachfrage optimale Preis $\tilde{p}_1$. Da das Gut 1 mit beiden anderen Gütern in einem direkten Substitutionsverhältnis steht und ε_{11}, wie man leicht nachrechnet, $-10{,}1$ beträgt, befindet sich dieses Ergebnis im Gegensatz zu der Behauptung von Borchardt, die damit widerlegt ist.

Die unmittelbaren Preiswirkungen sind auch in unserem zweiten Zahlenbeispiel negativ und überwiegend; auch hier sind wir also sicher, das absolute Gewinnmaximum vor uns zu haben.

Berechnet man den Preis, der sich für das Gut 2 bei unverbundener Nachfrage ergeben würde, so erhält man
$$\hat{p}_2 = 689. \tag{182}$$

Zu diesem Preise wird die Menge
$$\hat{x}_2 = 2195 \tag{183}$$
angeboten. Da sich aus (165)
$$x_3 = -295 - 5{,}0 g_3 \tag{184}$$

ergibt, kann von Gut 3 bei unverbundener Nachfrage nichts verkauft werden, so daß von einem Preis des Gutes 3, der sich bei unverbundener Nachfrage ergeben würde, nicht gesprochen werden kann. Man kann aber unser Beispiel sehr leicht so abändern, daß diese Eigentümlichkeit verschwindet. Man braucht nur die Voraussetzung aufzugeben, daß die Grenzkosten des Gutes 3 konstant sind. Nimmt man stattdessen an, daß die Grenzkosten des Gutes 3 durch die Gleichung
$$\frac{\partial K}{\partial x_3} = 125{,}4 + 0{,}6 x_3 \tag{185}$$

bestimmt sind, so wird an den optimalen Preisen und Mengen nichts geändert; setzt man nämlich in (185) die optimale Menge 291 ein, so ergibt sich für $\partial K / \partial x_3$ gerade der Wert 300, für den die Marginalbedingungen erster Ordnung ja erfüllt sind. Die Marginalbedingungen zweiter Ordnung sind ebenfalls erfüllt; die Konvexität des Gewinns wird durch den Anstieg der Grenzkosten des Gutes 3 sogar verstärkt. Den Preis $\hat{p}_3$ bei unverbundener Nachfrage berechnet man leicht mit Hilfe der Marginalbedingung (117), die hier die Form
$$g_3 = 0{,}2 x_3 \tag{186}$$

annimmt. Ersetzt man in (186) die Gewinnspanne g_3 durch $p_3 - \partial K / \partial x_3$, so erhält man wegen (185)

$$p_3 = 125,4 + 0,8 x_3. \tag{187}$$

Mit Hilfe von (167) ergibt sich daraus

$$x_3 = 1205 - 627 - 4 x_3, \tag{188}$$

$$\hat{x}_3 = 115,6, \tag{189}$$

$$\hat{p}_3 = 217,88. \tag{190}$$

Unsere beiden Zahlenbeispiele haben gezeigt, daß man bei der Interpretation der Marginalbedingungen erster Ordnung nicht ohne weiteres auf heuristische Argumente vertrauen kann[16]. Bei der durch unser zweites Beispiel widerlegten Behauptung von K. Borchardt mag die naheliegende Vermutung eine Rolle gespielt haben, daß die in der Niehans-Formel (125) vorkommende Summe

$$\sum_{\substack{j=1 \\ j \neq i}}^{n} g_j x_j \varepsilon_{ji} = \frac{1}{p_i} \sum_{\substack{j=1 \\ j \neq i}}^{n} g_j \frac{\partial x_j}{\partial p_i} \tag{191}$$

stets positiv ist, falls alle in dieser Summe auftretenden ε_{ji} positiv sind. Für $i = 1$ hat aber die Summe (191) in unserem ersten Beispiel den Wert $-0,33$ und in unserem zweiten Beispiel den Wert $-0,69$. Man kann freilich auch dann, wenn man voraussetzt, daß die Summe (191) positiv ist und $\varepsilon_{ii} < -1$ gilt, nicht ohne weiteres aus der Niehans-Formel schließen, daß der Preis, der sich bei unverbundener Nachfrage für das Gut i ergeben würde, unter dem bei verbundener Nachfrage optimalen Preis p_i liegt. Man muß nämlich damit rechnen, daß ε_{ii} und bei variablen Grenzkosten auch $\partial K / \partial x_i$ bei unverbundener Nachfrage im Optimum einen anderen Wert annimmt als bei verbundener Nachfrage. Der erste Teil der Niehans-Formel kann also für diesen Vergleich im allgemeinen nicht als konstant betrachtet werden.

---

[16] Wir verzichten deshalb darauf, auf die Plausibilitätserwägungen, die in der Literatur im Anschluß an die Marginalbedingungen erster Ordnung angestellt werden, näher einzugehen. Solche Plausibilitätserwägungen findet man z. B. bei J. Niehans und B. Holdren, (Niehans, 1956; Holdren, 1960).

4 Das linear-quadratische Modell

Unter den Möglichkeiten für die Festlegung einer speziellen Funktionsform für den Nachfragezusammenhang ist die Annahme linearer Beziehungen zwischen den Preisen und den Absatzmengen zweifellos die einfachste. In den vergangenen Kapiteln ist daher auf den Spezialfall eines linearen Nachfragezusammenhangs bereits mehrfach Bezug genommen worden. Will man die Kostenfunktion auf eine möglichst einfache spezielle Funktionsform festlegen, die aber noch kompliziert genug ist, um eine Vielfalt von möglichen Formen der Kostenverbundenheit zum Ausdruck bringen zu können, so empfiehlt sich die Annahme einer quadratischen Kostenfunktion. In diesem Kapitel soll das von uns als „linear-quadratisch" bezeichnete Modell behandelt werden, das einem linearen Nachfragezusammenhang eine quadratische Kostenfunktion gegenüberstellt. Mit Hilfe des linear-quadratischen Modells können ökonomisch interessante Fragen, die ohne eine Festlegung spezieller Funktionsformen für den Nachfragezusammenhang und die Kostenfunktion einer exakten Behandlung nur schwer zugänglich sind, leichter behandelt werden.

4.1 Die Taylor-Interpretation des Modells

Die Bestimmungsformeln für die optimalen Gewinnspannen, Mengen und Preise, die sich für das linear-quadratische Modell ergeben, behalten auch für den allgemeinen Fall ihre Gültigkeit, wenn man den linearen Nachfragezusammenhang und die quadratische Kostenfunktion als um das Optimum herum entwickelte Taylor-Approximationen ersten bzw. zweiten Grades für den tatsächlichen Nachfragezusammenhang und die tatsächliche Kostenfunktion auffaßt. Wir wollen diese Betrachtungsweise als Taylor-Interpretation der betreffenden Formeln bezeichnen. Im Sinne der Taylor-Interpretationen sind die Bestimmungsformeln, die wir ableiten werden, nichts anderes als Umformungen der Marginalbedingungen erster Ordnung.

Man darf sich aber trotzdem nicht auf die Taylor-Interpretation berufen, wenn man das linear-quadratische Modell dazu benutzt, den Einfluß von Verschiebungen des Nachfragezusammenhangs oder der Kostenfunktion auf die optimalen Preise zu untersuchen. Verändert man z.B. die Kostenfunktion durch die Addition eines zusätzlichen

Kostenbestandteils μx_r, der zu der Menge des Gutes r proportional ist, so können die Werte, die die partiellen Ableitungen $\partial p_s/\partial x_i$ im Optimum annehmen, im allgemeinen nicht als konstant angesehen werden. Die Ableitungen $d\tilde{p}_i/d\mu$ werden daher auch von den partiellen Ableitungen $\partial p_s/\partial x_i\partial x_j$ beeinflußt, die in der linear-quadratischen Taylor-Approximation nicht mehr vorkommen. Um zu allgemeingültigen Aussagen zu gelangen, müßte man eine quadratische Taylor-Approximation des Nachfragezusammenhangs verwenden.

Das soll jedoch hier nicht geschehen, denn die Behandlung derartiger Fragestellungen stößt schon im linear-quadratischen Modell auf so große Schwierigkeiten, daß wir uns später mehrmals genötigt sehen werden, dieses Modell einschränkenden Bedingungen zu unterwerfen.

4.2 Formulierung und analytische Behandlung

Der Nachfragezusammenhang hat die Form

$$x = d + Np. \tag{192}$$

Hierbei soll vorausgesetzt werden, daß die unmittelbaren Preiswirkungen negativ sind und überwiegen; daraus ergibt sich, daß N negativ definit ist und daß die Forderungen der eindeutigen Umkehrbarkeit des Nachfragezusammenhangs und der Umsatzkonvexität erfüllt sind. Die quadratische Kostenfunktion hat die folgende Form:

$$K = F + k^T x + x^T C x. \tag{193}$$

Hierbei ist C eine $n \times n$-Matrix und k ein Spaltenvektor, dessen Komponenten k_i als proportionale Kosten pro Stück bezeichnet werden können. Wie wir bereits in Abschnitt 1.4 mit den Gln. (63) bis (66) gesehen haben, kann jede quadratische Form mit asymmetrischer Matrix durch eine quadratische Form mit symmetrischer Matrix ersetzt werden. Wir können daher ohne Einschränkung der Allgemeinheit voraussetzen, daß C eine symmetrische Matrix ist. Es soll angenommen werden, daß die quadratische Form

$$x^T C x \tag{194}$$

keine negativen Werte annehmen kann. Wenn das der Fall ist, wird C positiv semidefinit genannt. Mit der Annahme, daß C positiv semidefinit ist, wird erreicht, daß die Kosten als Funktion der Absatzmengen schwach konvex nach unten sind. Infolge der Umsatzkonvexität ist also der Gewinn als Funktion der Absatzmengen streng konvex nach oben. Es kann daher höchstens ein inneres Optimum geben, das genau dort liegen muß, wo die Marginalbedingungen erster Ordnung erfüllt sind. Wie wir in Abschnitt 3.3 gezeigt haben [Gl. (117)], haben die Marginalbedingungen erster Ordnung die Form

$$x = -N^T g. \tag{195}$$

Bei der Untersuchung der Frage, was sich aus (195) für das linear-quadratische Modell ergibt, werden wir von dem Begriff des „Gradienten" Gebrauch machen, der deshalb kurz erläutert werden soll. Der Gradient einer Funktion $y(x)$, die jedem n-gliedrigen Spaltenvektor x aus einem Bereich X eine reelle Zahl y zuordnet, ist der Spaltenvektor

$$\frac{\partial y}{\partial x} = \begin{pmatrix} \frac{\partial y}{\partial x_1} \\ \vdots \\ \frac{\partial y}{\partial x_n} \end{pmatrix}. \tag{196}$$

Es sei h ein beliebiger n-gliedriger Spaltenvektor. Wie man leicht sieht, gilt stets

$$\frac{\partial h^T x}{\partial x} = \frac{\partial x^T h}{\partial x} = h. \tag{197}$$

Der Gradient einer quadratischen Form

$$Q = x^T A x = \sum_{i=1}^{n} \sum_{j=1}^{n} a_{ij} x_i x_j \tag{198}$$

kann ebenfalls leicht berechnet werden. Nur diejenigen Summanden $a_{ij} x_i x_j$ tragen etwas zu $\partial Q / \partial x_m$ bei, für die $i = m$ oder $j = m$ gilt. Wenn man berücksichtigt, daß sich als Ableitung von $a_{mm} x_m x_m$ der Ausdruck $2 a_{mm} x_m$ ergibt, erkennt man, daß

$$\frac{\partial Q}{\partial x_m} = \sum_{j=1}^{n} a_{mj} x_j + \sum_{i=1}^{n} a_{im} x_i \tag{199}$$

ist. Wegen (199) kann der Gradient von Q folgendermaßen geschrieben werden:

$$\frac{\partial Q}{\partial x} = \frac{\partial x^T A x}{\partial x} = (A + A^T) x. \tag{200}$$

Ist A eine symmetrische Matrix, so erhält man

$$\frac{\partial Q}{\partial x} = \frac{\partial x^T A x}{\partial x} = 2 A x. \tag{201}$$

Wir wenden uns nun wieder der Untersuchung der Marginalbedingungen erster Ordnung für das linear-quadratische Modell zu. Es ist

$$p = g + \frac{\partial K}{\partial x}. \tag{202}$$

Bei der Bestimmung des Gradienten $\partial K / \partial x$ der Kostenfunktion können wir von den Ableitungsregeln (197) und (201) Gebrauch machen.

$$\frac{\partial K}{\partial x} = k + 2Cx. \tag{203}$$

Es ist also

$$p = g + k + 2Cx. \tag{204}$$

Setzt man diesen Ausdruck für p in (192) ein und verwendet man wie in 3.4 die abkürzende Bezeichnungsweise

$$b = d + Nk, \tag{205}$$

so erhält man

$$x = b + Ng + 2NCx. \tag{206}$$

Für die Bestimmung des Optimums kann in (206) der Spaltenvektor x durch $-N^T g$ ersetzt werden. Dadurch ergibt sich

$$-(N + N^T - 2NCN^T)g = b. \tag{207}$$

Aus (207) erhält man die folgende Bestimmungsformel für den Vektor $\tilde{g}$ der optimalen Gewinnspannen

$$\tilde{g} = -\left(\frac{N + N^T}{2} - NCN^T\right)^{-1} \frac{b}{2}. \tag{208}$$

Unter der Voraussetzung konstanter Grenzkosten für alle angebotenen Güter ist C die Nullmatrix. (208) geht dann in die Formel (139) aus Abschnitt 3.4 über. Es ist

$$\frac{N + N^T}{2} - NCN^T = N\left(\frac{N^{-1} + N^{-T}}{2} - C\right)N^T. \tag{209}$$

Aus (208) und (209) folgt

$$\tilde{g} = -N^{-T}\left(\frac{N^{-1} + N^{-T}}{2} - C\right)^{-1} N^{-1} \frac{b}{2}. \tag{210}$$

Aus (210) ergibt sich mit Hilfe von (195) die folgende Formel für den Vektor $\tilde{x}$ der optimalen Mengen:

$$\tilde{x} = \left(\frac{N^{-1} + N^{-T}}{2} - C\right)^{-1} N^{-1} \frac{b}{2}. \tag{211}$$

(210) und (211) können dazu benutzt werden, um aus (204) eine Formel für den optimalen Preisvektor $\tilde{p}$ herzuleiten:

$$\tilde{p} = k - (N^{-T} - 2C)\left(\frac{N^{-1} + N^{-T}}{2} - C\right)^{-1} N^{-1} \frac{b}{2}. \tag{212}$$

Mit Hilfe von (205) kann (212) auf eine etwas andere Form gebracht werden. Es ist

$$
\tilde{p} = -(N^{-T} - 2C)\left(\frac{N^{-1} + N^{-T}}{2} - C\right)^{-1}\frac{N^{-1}d}{2} + \\
+ \left[2E - (N^{-T} - 2C)\left(\frac{N^{-1} + N^{-T}}{2} - C\right)^{-1}\right]\frac{k}{2}.
$$

(213)

Hierbei ist E die Einheitsmatrix, deren Elemente auf der Hauptdiagonalen den Wert 1 und außerhalb der Hauptdiagonalen den Wert 0 haben. Der Matrizenausdruck, der in (213) als Koeffizient von $k/2$ auftritt, kann auch wie folgt geschrieben werden:

$$
(N^{-1} + N^{-T} - 2C - N^{-T} + 2C)\left(\frac{N^{-1} + N^{-T}}{2} - C\right)^{-1}\frac{k}{2}.
$$

(214)

Infolgedessen ist

$$
\tilde{p} = -(N^{-T} - 2C)\left(\frac{N^{-1} + N^{-T}}{2} - C\right)^{-1}\frac{N^{-1}d}{2} + \\
+ N^{-1}\left(\frac{N^{-1} + N^{-T}}{2} - C\right)^{-1}\frac{k}{2}.
$$

(215)

In den Bestimmungsgleichungen für $\tilde{g}, \tilde{x}$ und $\tilde{p}$ ist der Einfluß der Kostenverbundenheit deutlicher zu sehen als in den verschiedenen Formulierungen der Marginalbedingungen erster Ordnung, die wir in Abschnitt 3.3 kennengelernt haben. Alle Bestimmungsgleichungen enthalten die Matrix C, die ja nichts anderes ist als die Matrix der zweiten Ableitungen der Kostenfunktion K. Die gemischten zweiten Ableitungen $\partial K/\partial x_i \partial x_j$ bringen die Kostenverbundenheit zum Ausdruck.

Man kann die Gleichung (215) dazu benutzen, den Einfluß von Änderungen des Vektors k auf die optimalen Preise $\tilde{p}_i$ zu untersuchen. Das soll jedoch erst im Zusammenhang mit dem Edgeworth-Paradox geschehen.

Bei der Durchrechnung numerischer Fälle wird man zweckmäßigerweise so vorgehen, daß man mit möglichst wenigen Matrixinversionen auskommt. Man braucht nur eine Inversion durchzuführen, wenn man zunächst mit (208) den Vektor $\tilde{g}$ ermittelt, um dann mit Hilfe von (195) den Mengenvektor $\tilde{x}$ und schließlich mit Hilfe von (204) den Preisvektor $\tilde{p}$ zu berechnen. Für den Spezialfall konstanter Grenzkosten kann die Berechnung mit den sehr viel einfacheren Formeln des Abschnitts 3.4 vorgenommen werden.

4.3 Graphische Darstellung des 2-Güter-Falls

In diesem Abschnitt soll eine neue Methode zur graphischen Darstellung des linear-quadratischen 2-Güter-Modells beschrieben werden. In der Einleitung ist bereits darauf hingewiesen worden, daß diese Methode dazu benutzt werden kann, die optimalen Mengen und die optimalen Preise mit Hilfe einfacher elementargeometrischer Konstruktionen graphisch zu ermitteln.

Wie wir in Abschnitt 2.2 gesehen haben, besteht unter der Voraussetzung negativer und überwiegender unmittelbarer Preiswirkungen im 2-Güter-Fall kein Unterschied zwischen der direkten und der inversen Definition von Substitutionalität und Komplementarität. Aus diesem Grunde ist es für die Brauchbarkeit unserer Methode kaum von Bedeutung, daß der Nachfragezusammenhang nicht als Abhängigkeit der Mengen von den Preisen, sondern als Abhängigkeit der Preise von den Mengen graphisch in Erscheinung tritt.

Es sei

$$p_1 = f_1 + h_{11} x_1 + h_{12} x_2, \tag{216}$$

$$p_2 = f_2 + h_{21} x_1 + h_{22} x_2 \tag{217}$$

die Inversion des Nachfragezusammenhangs. Die Kostenfunktion hat die Gestalt

$$K = F + k_1 x_1 + k_2 x_2 + c_{11} x_1^2 + c_{22} x_2^2 + 2 c_{12} x_1 x_2. \tag{218}$$

Differenziert man den Gewinn

$$G = p_1 x_1 + p_2 x_2 - K \tag{219}$$

nach den Mengen x_1 und x_2, so erhält man die Grenzgewinne

$$\frac{\partial G}{\partial x_1} = f_1 - k_1 + 2(h_{11} - c_{11}) x_1 + (h_{12} + h_{21} - 2 c_{12}) x_2, \tag{220}$$

$$\frac{\partial G}{\partial x_2} = f_2 - k_2 + 2(h_{22} - c_{22}) x_2 + (h_{12} + h_{21} - 2 c_{21}) x_1. \tag{221}$$

Im Optimum müssen daher die folgenden beiden Bedingungen erfüllt sein:

$$f_1 - k_1 + 2(h_{11} - c_{11}) x_1 = -(h_{12} + h_{21} - 2 c_{12}) x_2, \tag{222}$$

$$f_2 - k_2 + 2(h_{22} - c_{22}) x_2 = -(h_{12} + h_{21} - 2 c_{12}) x_1. \tag{223}$$

In diesen Gleichungen gibt die linke Seite denjenigen Teil des Grenzgewinns bezüglich x_1 bzw. x_2 wieder, der auch vorhanden wäre, wenn die Konstanten h_{12}, h_{21} und c_{12}, die die Nachfrage- und Kostenverbundenheit zum Ausdruck bringen, alle gleich Null wären. Wir wollen diesen Teil des Grenzgewinns als „unmittelbaren" Grenzgewinn bezüglich x_1 bzw. x_2 bezeichnen. Der restliche Teil des Grenzgewinnes bezüglich x_1 bzw. x_2 soll dementsprechend „mittelbar" genannt werden. Auf den rechten Seiten von (222) und (223) stehen die negativen mittelbaren Grenzgewinne.

Unser graphisches Verfahren macht sich die Tatsache zunutze, daß im Optimum die unmittelbaren Grenzgewinne gleich den entsprechenden negativen mittelbaren Grenzgewinnen sind. Die unmittelbaren und die negativen mittelbaren Grenzgewinne werden in ein Koordinatensystem eingezeichnet, in dem die Mengen x_1 und x_2 auf der Abszisse und die Grenzgewinne auf der Ordinate abzulesen sind (Abb. 9). Daß auf der Abszisse sowohl x_1 als auch x_2 abgetragen werden, bereitet keine Schwierigkeiten, da die unmittelbaren und mittelbaren Grenzgewinne alle nur

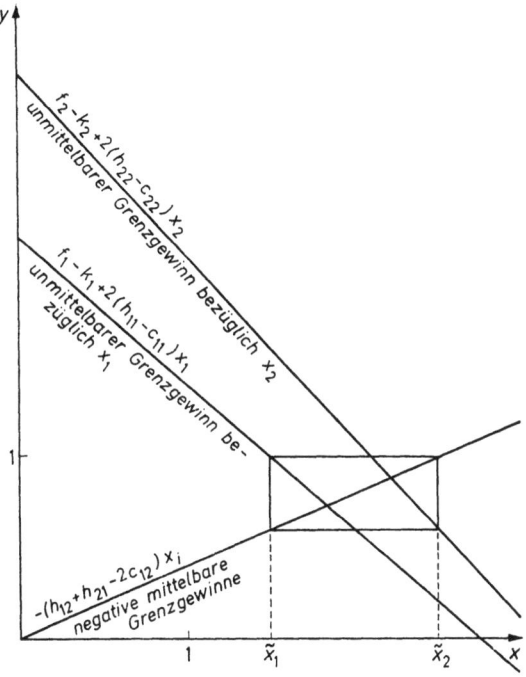

Abb. 9. Die Rechteckbedingung

von jeweils einer der beiden Mengen abhängen. Da in (222) und (223) auf der rechten Seite bei x_2 bzw. x_1 in beiden Fällen derselbe Koeffizient $h_{12} + h_{21} - 2c_{12}$ auftritt, werden die mittelbaren Grenzgewinne bezüglich x_1 und x_2 durch nur eine Gerade dargestellt. Der Abb. 9 liegt das folgende Zahlenbeispiel zugrunde:

$$p_1 = 2,5 - 0,3\,x_1 - 0,05\,x_2, \tag{224}$$

$$p_2 = 3,6 - 0,2\,x_1 - 0,4\,x_2, \tag{225}$$

$$K = F + 0,3\,x_1 + 0,5\,x_2 + 0,1\,x_1^2 + 0,1\,x_2^2 + 0,15\,x_1 x_2. \tag{226}$$

Für die fixen Kosten F braucht kein numerischer Wert spezifiziert zu werden, denn die fixen Kosten haben keinen Einfluß auf die optimalen Mengen und Preise und treten in der graphischen Darstellung nicht auf.

Die Gleichheit der unmittelbaren mit den entsprechenden negativen mittelbaren Grenzgewinnen, die im Optimum bestehen muß, kommt in der graphischen Darstellung dadurch zum Ausdruck, daß vier auf den Geraden des Diagramms liegende Punkte, die die optimalen Mengen $\tilde{x}_1$ und $\tilde{x}_2$ zur Abszisse haben, die Ecken eines achsenparallelen Rechtecks sind. (Das Rechteck ist in Abb. 9 eingezeichnet.) Zur Kennzeichnung dieser Rechteckbedingung muß freilich noch etwas mehr gesagt werden: die Gerade des unmittelbaren Grenzgewinns bezüglich x_1 geht durch eine der beiden Ecken mit der Abszisse $\tilde{x}_1$; ebenso liegt eine der beiden über $\tilde{x}_2$ befindlichen Ecken auf der Geraden des unmittelbaren Grenzgewinns bezüglich x_2; diese beiden Ecken liegen einander diagonal gegenüber. Die beiden übrigen Ecken liegen auf der Geraden, die die negativen mittelbaren Grenzgewinne darstellt[1].

Die Rechteckbedingung ist die graphische Entsprechung der Gln. (222) und (223). Gl. (222) besagt, daß die zu $\tilde{x}_1$ gehörige Ordinate auf der Geraden des unmittelbaren Grenzgewinns bezüglich x_1 gleich der zu $\tilde{x}_2$ gehörigen Ordinate auf der Geraden der negativen mittelbaren Grenzgewinne sein muß. (223) kann in derselben Weise interpretiert werden. Daraus ergibt sich die Rechteckbedingung.

Abb. 10 zeigt, wie die optimalen Preise $\tilde{p}_1$ und $\tilde{p}_2$ graphisch bestimmt werden können, wenn die optimalen Mengen $\tilde{x}_1$ und $\tilde{x}_2$ bekannt sind. Hierzu muß das Diagramm der Abb. 9 noch durch einige Geraden ergänzt werden. Diese Geraden entstehen aus einer Zerlegung der rechten Seiten von (216) und (217) in „unmittelbare" und „mittelbare" Preisbestandteile. Der „unmittelbare" Preisbestandteil $f_i + h_{ii} x_i$ des Preises p_i hängt nur von x_i ab, während der „mittelbare" Preisbestandteil $h_{ij} x_j$ von der Menge x_j des anderen angebotenen Gutes abhängt ($i \neq j$). In Abb. 10 sind die unmittelbaren Preisbestandteile und die negativen mittelbaren Preisbestandteile eingezeichnet. Der Preis p_i kann als Differenz des unmittelbaren und des negativen mittelbaren Preisbestandteils aufgefaßt werden:

$$p_i = f_i + h_{ii} x_i - (-h_{ij} x_j) \qquad i = 1, 2; \quad i \neq j. \qquad (227)$$

Dementsprechend ist in Abb. 10 der optimale Preis $\tilde{p}_1$ als Differenz von $f_1 + h_{11} \tilde{x}_1$ und $-h_{12} \tilde{x}_2$ abzulesen. Entsprechendes gilt natürlich auch für $\tilde{p}_2$. Die gestrichelten Linien und die geschweiften Klammern in Abb. 10 zeigen deutlich, wie die optimalen Preise als Differenzen unmittelbarer und negativer mittelbarer Preisbestandteile graphisch zu bestimmen sind.

---

[1] Aus den drei Grenzgewinngeraden der Abb. 9 kann das Rechteck zeichnerisch ermittelt werden. Ein hierzu geeignetes Konstruktionsverfahren soll erst an einer späteren Stelle dieses Abschnitts dargestellt werden.

Über die graphische Ermittlung der optimalen Mengen ist bisher noch nichts gesagt worden. Bei der in Abb. 10 dargestellten Bestimmung der optimalen Preise wurden die optimalen Mengen als bekannt vorausgesetzt. Anhand der Abb. 11 soll nun ein Verfahren zur Konstruktion des in Abb. 9 wiedergegebenen Rechtecks erläutert werden; die Konstruktion dieses Rechtecks liefert die optimalen Mengen.

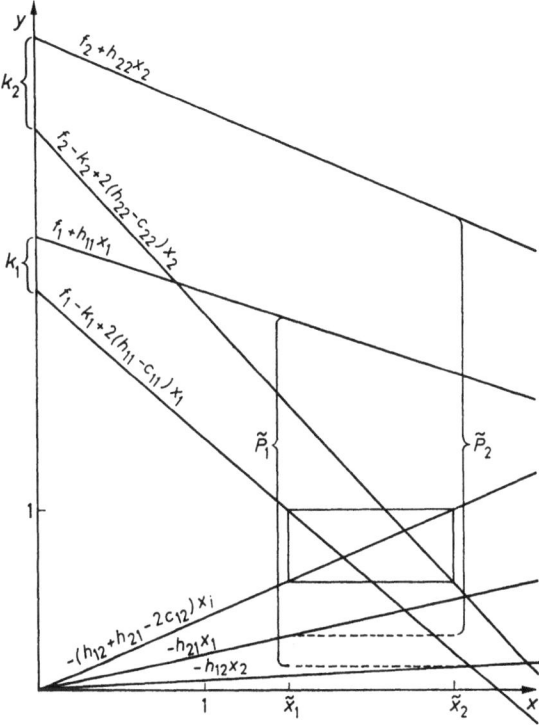

Abb. 10. Graphische Bestimmung der optimalen Preise

Das Konstruktionsverfahren macht von einem Hilfsrechteck Gebrauch, das in Abb. 11 gestrichelt eingezeichnet ist. Für die Konstruktion dieses Hilfsrechtecks wird zunächst die Abszisse $\hat{x}_2$ der Eckpunkte P_1 und P_2 festgelegt; $\hat{x}_2$ darf nicht so gewählt werden, daß P_1 und P_2 in dem Punkt S zusammenfallen, kann aber abgesehen davon beliebig festgelegt werden. P_1 liegt auf der Geraden der negativen mittelbaren Grenzgewinne und P_2 liegt auf der Geraden des unmittelbaren Grenzgewinns bezüglich x_2. Die durch P_2 gehende Parallele zur x-Achse schneidet die Gerade der negativen mittelbaren Grenzgewinne in dem Eckpunkt P_3 des Hilfsrechtecks. Durch P_1, P_2 und P_3 ist auch der vierte Eckpunkt P_4 bestimmt.

Aus Abb. 11 ist zu erkennen, daß das Hilfsrechteck $P_1 P_2 P_3 P_4$ und das gesuchte Rechteck $R_1 R_2 R_3 R_4$ im Sinne der Elementargeometrie ähnliche Figuren sind; der Punkt S ist das Ähnlichkeitszentrum dieser Rechtecke. Aus der Art der Konstruktion des Hilfsrechtecks ergibt sich nämlich, daß sich die Strecke $\overline{SR_1}$ zur Strecke $\overline{SP_1}$ wie $\overline{SR_2}$ zu $\overline{SP_2}$ und $\overline{SR_3}$ zu $\overline{SP_3}$ verhalten muß. Infolgedessen muß R_4 auf der Ver-

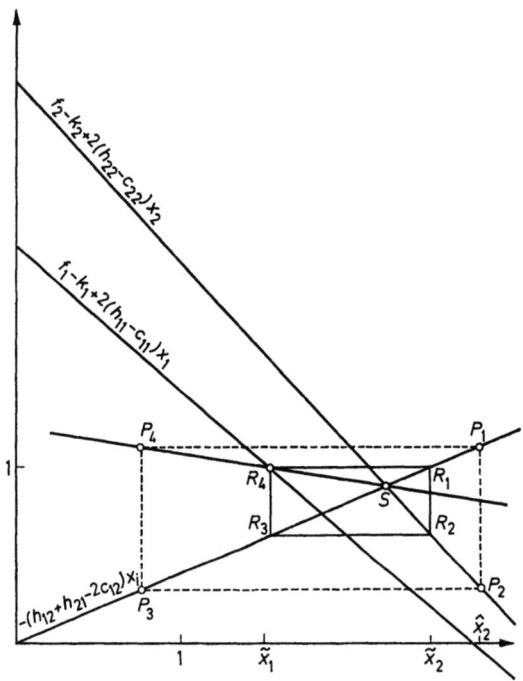

Abb. 11. Konstruktion des Rechtecks

bindungsgeraden von S und P_4 liegen. R_4 kann also als Schnittpunkt dieser Verbindungsgeraden und der Geraden des unmittelbaren Grenzgewinns bezüglich x_1 bestimmt werden. Mit Hilfe des Punktes R_4 können R_1, R_2 und R_3 leicht konstruiert werden. Man braucht nur die durch R_4 gehenden Parallelen zu den Koordinatenachsen mit der Geraden der negativen mittelbaren Grenzgewinne zum Schnitt zu bringen. Die optimalen Mengen $\tilde{x}_1$ und $\tilde{x}_2$ können als Abszissen von R_1 und R_2 bzw. R_3 und R_4 auf der x-Achse abgelesen werden.

Den Abb. 9, 10 und 11 liegt das numerische Beispiel der Gln. (224), (225) und (226) zugrunde, in dem sowohl die Nachfrage- als auch die Kostenverbundenheit substitutional ist; h_{12} und h_{21} sind negativ und c_{12} ist positiv. Die mittelbaren Grenzgewinne sind infolgedessen negativ, so daß der Anstieg der Geraden der negativen mittelbaren Grenzgewinne positiv ist. Wenn dieser Anstieg nicht positiv, sondern negativ ist, ergibt sich für die Lage des Rechtecks $R_1 R_2 R_3 R_4$ ein etwas anderes Bild. Dieses Rechteck liegt dann nicht mehr über, sondern unter der x-Achse. In Abb. 12 ist das Beispiel

$$p_1 = 2{,}5 - 0{,}6 x_1 + 0{,}2 x_2, \tag{228}$$

$$p_2 = 2{,}0 + 0{,}1 x_1 - 0{,}25 x_2, \tag{229}$$

$$K = F + 0{,}9 x_1 + 0{,}7 x_2 + 0{,}65 x_1^2 + 0{,}25 x_2^2 - 0{,}2 x_1 x_2 \tag{230}$$

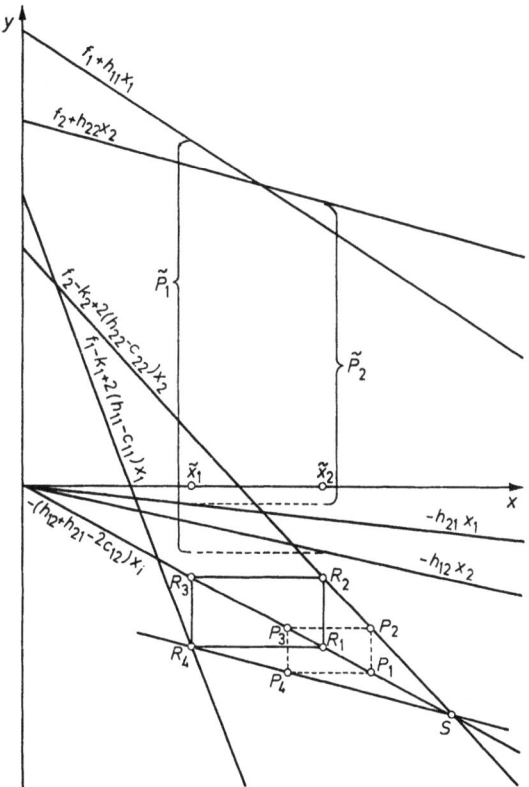

Abb. 12. Ein Beispiel mit positiven mittelbaren Grenzgewinnen (überwiegender Komplementarität)

dargestellt. Für dieses Beispiel ergeben sich positive mittelbare Grenzgewinne; die Gerade der negativen mittelbaren Grenzgewinne hat deshalb einen negativen Anstieg. Anhand der Abb. 11 und 12 erkennt man leicht, daß der für die Konstruktion des Rechtecks $R_1 R_2 R_3 R_4$ wichtige Punkt S im Falle der negativen mittelbaren Grenzgewinne (Abb. 11) innerhalb und im Falle der positiven mittelbaren Grenzgewinne (Abb. 12) außerhalb dieses Rechtecks liegen muß. Trotz dieses auffallenden Unterschiedes ist aber das Konstruktionsverfahren in beiden Fällen dasselbe.

Die inverse Substitutionalität und Komplementarität der Nachfrageverbundenheit wirkt sich in demselben Sinne auf die mittelbaren Grenzgewinne aus wie die Substitutionalität und Komplementarität der Kostenverbundenheit. Eine Verschiebung von h_{12}, h_{21} oder c_{12} in die Richtung der Komplementarität erhöht die mittelbaren Grenzgewinne. Es liegt daher nahe, bei positiven mittelbaren Grenzgewinnen von „überwiegender Komplementarität" und bei negativen mittelbaren Grenzgewinnen von „überwiegender Substitutionalität" zu sprechen. In diesem Sinne überwiegt die Komplementarität, wenn

$$h_{12} + h_{21} - 2c_{12} > 0 \qquad (231)$$

gilt und die Substitutionalität, falls

$$h_{12} + h_{21} - 2c_{12} < 0 \qquad (232)$$

richtig ist.

5 Das Edgeworth-Paradox

Das Edgeworth-Pardox besteht darin, daß eine Kostenerhöhung, die proportional zu der Menge eines der angebotenen Güter ist, unter Umständen ein Sinken *aller* optimaler Preise zur Folge haben kann, und zwar auch dann, wenn die unmittelbaren Preiswirkungen negativ sind und überwiegen und die Bedingungen (A) bis (I) aus Abschnitt 1.2 sämtlich erfüllt sind.

Im Einproduktenfall kann eine mengenproportionale Kostenerhöhung nur dann ein Sinken der optimalen Preise bewirken, wenn die Grenzerlöskurve nicht überall fallend verläuft. Wenn die Steigung der Grenzerlöskurve in der Umgebung des Optimums positiv ist, kann der Schnittpunkt mit der Grenzkostenkurve durch eine Erhöhung der Grenzkosten nach unten verschoben werden. Abb. 13 zeigt ein derartiges Beispiel. Der nach der Kostenerhöhung optimale Preis $\tilde{p}'$ ist hier niedriger als der vor der Kostenerhöhung optimale Preis $\tilde{p}$.

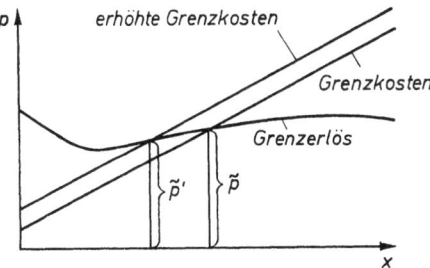

Abb. 13. Beispiel für eine preissenkende mengenproportionale Kostenerhöhung im Einproduktenmonopol

Da aus der Umsatzkonvexität folgt, daß die Grenzerlöskurve nirgends steigt, kann im Einproduktenfall eine mengenproportionale Kostenerhöhung nur dann wie in Abb. 13 eine preissenkende Wirkung haben, wenn die Bedingung der Umsatzkonvexität verletzt wird. Im Gegensatz dazu schließt die Umsatzkonvexität im Mehrproduktenfall eine Senkung aller optimaler Preise infolge einer mengenproportionalen Kostenerhöhung nicht aus. Für das Edgeworth-Paradox ist es besonders wichtig, daß diese Erscheinung auftreten kann, obwohl aufgrund der

Umsatzkonvexität die partiellen Grenzerlössteigerungen $\partial^2 U/\partial x_i^2$ nirgends positiv sind. In diesem Unterschied zwischen dem Einprodukten- und dem Mehrproduktenfall liegt das eigentlich Überraschende am Edgeworth-Paradox.

5.1 Der 2-Güter-Fall — notwendige Bedingungen

Wir können ohne Einschränkung der Allgemeinheit davon ausgehen, daß die mengenproportionale Kostenerhöhung das Gut 1 betrifft. An die Stelle des Gewinns

$$G = x_1 p_1 + x_2 p_2 - K(x_1, x_2) \tag{233}$$

tritt nach der Kostenerhöhung der Gewinn

$$G' = x_1 p_1 + x_2 p_2 - K(x_1, x_2) - t_1 x_1. \tag{234}$$

Die optimalen Preise $\tilde{p}_1$ und $\tilde{p}_2$ können als Funktionen von t_1 aufgefaßt werden. Um festzustellen, wie sich eine hinreichend kleine mengenproportionale Kostenerhöhung auf die optimalen Preise auswirkt, genügt es, die Vorzeichen der Differentialquotienten $d\tilde{p}_i/dt_1$ an der Stelle $t_1 = 0$ zu untersuchen. Wenn sowohl $d\tilde{p}_1/dt_1$ als auch $d\tilde{p}_2/dt_1$ negativ ist, liegt der uns interessierende Fall vor, den wir den „Edgeworth-Fall" nennen wollen. Bei der Herleitung der Bedingungen dafür, daß der Edgeworth-Fall eintritt, können wir uns auf die Marginalbedingungen erster und zweiter Ordnung stützen[1]. Außerdem werden wir bei unseren Überlegungen immer davon ausgehen, daß die unmittelbaren Preiswirkungen negativ sind und überwiegen. Das gilt nicht nur für den vorliegenden Abschnitt, sondern auch für die noch folgenden Abschnitte dieses Kapitels.

Aus (233) und (234) ergibt sich, daß im Optimum die folgenden Marginalbedingungen erster Ordnung erfüllt sein müssen:

$$\frac{\partial G'}{\partial x_1} = \frac{\partial G}{\partial x_1} - t_1 = 0, \tag{235}$$

$$\frac{\partial G'}{\partial x_2} = \frac{\partial G}{\partial x_2} = 0. \tag{236}$$

Differenziert man (235) und (236) nach t_1, so erhält man ein Gleichungssystem für die Differentialquotienten $d\tilde{x}_i/dt_1$ der optimalen Mengen nach dem Parameter t_1:

$$\frac{\partial^2 G}{\partial x_1^2} \frac{d\tilde{x}_1}{dt_1} + \frac{\partial^2 G}{\partial x_1 \partial x_2} \frac{d\tilde{x}_2}{dt_1} = 1, \tag{237}$$

$$\frac{\partial^2 G}{\partial x_1 \partial x_2} \frac{d\tilde{x}_1}{dt_1} + \frac{\partial^2 G}{\partial x_2^2} \frac{d\tilde{x}_2}{dt_1} = 0. \tag{238}$$

---

[1] Die Marginalbedingungen erster Ordnung sind für innere Optima immer, die Marginalbedingungen zweiter Ordnung im allgemeinen erfüllt (vgl. hierzu Abschnitt 3.1).

Hier wie im folgenden sind für die zweiten Ableitungen des Gewinns nach den Mengen diejenigen Werte einzusetzen, die diese im Optimum annehmen. Das System (237) und (238) hat die Determinante

$$D = \frac{\partial^2 G}{\partial x_1^2} \frac{\partial^2 G}{\partial x_2^2} - \left(\frac{\partial^2 G}{\partial x_1 \partial x_2} \right)^2 \tag{239}$$

die aufgrund der Marginalbedingungen zweiter Ordnung positiv sein muß. Die Auflösung des Systems (237) und (238) ergibt:

$$\frac{d\tilde{x}_1}{dt_1} = \frac{1}{D} \frac{\partial^2 G}{\partial x_2^2}, \tag{240}$$

$$\frac{d\tilde{x}_2}{dt_1} = -\frac{1}{D} \frac{\partial^2 G}{\partial x_1 \partial x_2}. \tag{241}$$

Da $\partial^2 G / \partial x_2^2$ aufgrund der Marginalbedingungen zweiter Ordnung immer negativ ist, erkennt man aus (240), daß $d\tilde{x}_1 / dt_1$ stets negativ ist. $\tilde{x}_2$ kann dagegen aufgrund der Kostenerhöhung zunehmen oder auch abnehmen, je nachdem, ob $\partial^2 G / \partial x_1 \partial x_2$ negativ oder positiv ist.

Aus der Voraussetzung, daß die unmittelbaren Preiswirkungen negativ sind und überwiegen, folgt die eindeutige Umkehrbarkeit des Nachfragezusammenhangs. Differenziert man

$$\tilde{p}_1 = h_1(\tilde{x}_1, \tilde{x}_2) \tag{242}$$

und

$$\tilde{p}_2 = h_2(\tilde{x}_1, \tilde{x}_2) \tag{243}$$

nach t_1, so erhält man

$$\frac{d\tilde{p}_1}{dt_1} = \frac{\partial p_1}{\partial x_1} \frac{d\tilde{x}_1}{dt_1} + \frac{\partial p_1}{\partial x_2} \frac{d\tilde{x}_2}{dt_1}, \tag{244}$$

$$\frac{d\tilde{p}_2}{dt_1} = \frac{\partial p_2}{\partial x_1} \frac{d\tilde{x}_1}{dt_1} + \frac{\partial p_2}{\partial x_2} \frac{d\tilde{x}_2}{dt_1}. \tag{245}$$

Hier wie im folgenden sind unter den $\partial p_i / \partial x_j$ diejenigen Werte zu verstehen, die die betreffenden partiellen Differentialquotienten im Optimum annehmen. Aus (244) und (245) ergibt sich mit Hilfe von (240) und (241)

$$\frac{d\tilde{p}_1}{dt_1} = \frac{1}{D} \left(\frac{\partial p_1}{\partial x_1} \frac{\partial^2 G}{\partial x_2^2} - \frac{\partial p_1}{\partial x_2} \frac{\partial^2 G}{\partial x_1 \partial x_2} \right), \tag{246}$$

$$\frac{d\tilde{p}_2}{dt_1} = \frac{1}{D} \left(\frac{\partial p_2}{\partial x_1} \frac{\partial^2 G}{\partial x_2^2} - \frac{\partial p_2}{\partial x_2} \frac{\partial^2 G}{\partial x_1 \partial x_2} \right). \tag{247}$$

Mit Hilfe dieser Gleichungen können wir zwei notwendige Bedingungen dafür herleiten, daß der Edgeworth-Fall eintritt. Multipliziert man (246) mit $\partial p_2 / \partial x_2$ und (245) mit $\partial p_1 / \partial x_2$ und subtrahiert man dann die zweite Gleichung von der ersten, so erhält man

$$\frac{d\tilde{p}_1}{dt_1} \frac{\partial p_2}{\partial x_2} - \frac{d\tilde{p}_2}{dt_1} \frac{\partial p_1}{\partial x_2} - \frac{1}{D} \left(\frac{\partial p_1}{\partial x_1} \frac{\partial p_2}{\partial x_2} - \frac{\partial p_2}{\partial x_1} \frac{\partial p_1}{\partial x_2} \right) \frac{\partial^2 G}{\partial x_2^2}. \tag{248}$$

Der Ausdruck in der Klammer auf der rechten Seite ist nichts anderes als die Determinante der inversen Nachfragematrix N^{-1}, die die partiellen Ableitungen $\partial p_i / \partial x_j$ enthält. Aufgrund der Voraussetzung negativer und überwiegender unmittelbarer Preiswirkungen ist N und damit auch N^{-1} negativ quasidefinit. N^{-1} ist infolgedessen eine Hicks-Matrix. Die Determinante $|N^{-1}|$ ist daher positiv; $\partial p_1 / \partial x_1$ und $\partial p_2 / \partial x_2$ sind negativ. Aus den Marginalbedingungen zweiter Ordnung folgt, daß D positiv und $\partial^2 G / \partial x_2^2$ negativ ist. Die rechte Seite von (248) ist infolgedessen negativ. Wenn der Edgeworth-Fall vorliegt, kann aber wegen $\partial p_2 / \partial x_2 < 0$ die linke Seite von (248) nur dann negativ sein, wenn $\partial p_1 / \partial x_2$ negativ ist. Das Bestehen der Ungleichung

$$\frac{\partial p_1}{\partial x_2} < 0 \qquad (249)$$

ist also eine notwendige Voraussetzung für das Vorliegen des Edgeworth-Falles. Wie wir in 2.2 gesehen haben, haben im 2-Güter-Fall $\partial p_i / \partial x_j$ und $\partial x_i / \partial p_j$ unter der Voraussetzung negativer und überwiegender unmittelbarer Preiswirkungen für $i \neq j$ entgegengesetzte Vorzeichen. (249) ist daher gleichbedeutend mit

$$\frac{\partial x_1}{\partial p_2} > 0. \qquad (250)$$

Diese Ungleichung zeigt, daß der Edgeworth-Fall einen im Optimum substitutionalen Einfluß des Preises des von der Kostenerhöhung nicht betroffenen Gutes auf die Absatzmenge des betroffenen Gutes voraussetzt.

Da $\partial p_1 / \partial x_1$ und $\partial^2 G / \partial x_2^2$ beide negativ sind, folgt aus (246), daß $d\tilde{p}_1 / dt_1$ nur dann negativ sein kann, wenn das Produkt von $\partial p_1 / \partial x_2$ und $\partial^2 G / \partial x_1 \partial x_2$ positiv ist. Wegen (249) muß daher für den Edgeworth-Fall

$$\frac{\partial^2 G}{\partial x_1 \partial x_2} < 0 \qquad (251)$$

gelten. Mit (251) haben wir eine zweite notwendige Bedingung für das Vorliegen des Edgeworth-Falles gefunden.

Aus (241) und der notwendigen Bedingung (251) folgt, daß im Edgeworth-Fall die optimale Menge $\tilde{x}_2$ infolge der Kostenerhöhung $t_1 x_1$ zunimmt.

Aus (77) in Abschnitt 1.5 folgt

$$\frac{\partial^2 G}{\partial x_1 \partial x_2} = \frac{\partial p_1}{\partial x_2} + \frac{\partial p_2}{\partial x_1} + x_1 \frac{\partial^2 p_1}{\partial x_1 \partial x_2} + x_2 \frac{\partial^2 p_2}{\partial x_1 \partial x_2} - \frac{\partial^2 K}{\partial x_1 \partial x_2}. \qquad (252)$$

Wenn die Nachfrageverbundenheit vollsubstitutional ist, sind $\partial p_1 / \partial x_2$ und $\partial p_2 / \partial x_1$ negativ. Wenn die Kostenverbundenheit substitutional ist, ist $\partial^2 K / \partial x_1 \partial x_2$ positiv. Die Substitutionalität der Nachfrageverbundenheit und die Substitutionalität der Kostenverbundenheit wirken sich also in demselben Sinne auf die rechte Seite von (252) aus. (251) wird um so eher erfüllt sein, je stärker beide Arten der Substitutionalität sind.

Wir wollen nun versuchen, den Edgeworth-Fall aufgrund unserer bisherigen Ergebnisse ökonomisch zu interpretieren. Hierbei kann es sich natürlich nur um Plausibilitätserwägungen handeln, die keine exakte Gültigkeit beanspruchen. Die Kostenerhöhung $t_1 x_1$ bewirkt eine Verringerung des Grenzgewinns bezüglich des Gutes 1 und deshalb immer eine Verringerung der optimalen Menge des Gutes 1. Im Edgeworth-Fall hat eine Verringerung der Menge des Gutes 1 ein Steigen des Grenzgewinns des Gutes 2 zur Folge. [Dieser Zusammenhang kommt in der Bedingung (251) zum Ausdruck.] Wegen des gesteigerten Grenzgewinns bezüglich des Gutes 2 lohnt es sich, den Absatz dieses Gutes auszudehnen. Das wird durch eine Herabsetzung des Preises des Gutes 2 erreicht. Im Edgeworth-Fall wird durch die Preissenkung des Gutes 2 der Absatz des Gutes 1 so stark behindert, daß es sich lohnt, dieser Behinderung durch eine Herabsetzung des Preises des Gutes 1 entgegenzuwirken, um dadurch die Verringerung des Absatzes des Gutes 1 nicht zu groß werden zu lassen.

Ergebnis. Zusammenfassend kann gesagt werden, daß sich unter der Voraussetzung negativer und überwiegender Preiswirkungen aus den Marginalbedingungen erster und zweiter Ordnung für die Auswirkungen einer hinreichend kleinen Kostenerhöhung von der Form $t_1 x_1$ folgendes ergibt: (a) Die optimale Menge des Gutes 1 nimmt ab. (b) Eine notwendige Bedingung für den Edgeworth-Fall, in dem beide optimalen Preise sinken, besteht darin, daß $\partial x_1 / \partial p_2$ im Optimum positiv sein muß. ($\partial x_1 / \partial p_2 > 0$ ist gleichbedeutend mit $\partial p_1 / \partial x_2 < 0$.) (c) Eine weitere notwendige Bedingung für den Edgeworth-Fall besteht darin, daß $\partial^2 G / \partial x_1 \partial x_2$ negativ sein muß. (d) Im Edgeworth-Fall nimmt die optimale Menge des Gutes 2 zu.

5.2 Der 2-Güter-Fall — eine notwendige und hinreichende Bedingung

In diesem Abschnitt sollen die in dem vorigen Abschnitt hergeleiteten notwendigen Bedingungen zu einer notwendigen und hinreichenden Bedingung für den Edgeworth-Fall verschärft werden. Außerdem sollen einige Folgerungen aus dieser notwendigen und hinreichenden Bedingung gezogen werden.

Aus (246) ist zu entnehmen, daß für den Edgeworth-Fall

$$\frac{\partial p_1}{\partial x_1} \frac{\partial^2 G}{\partial x_2^2} - \frac{\partial p_1}{\partial x_2} \frac{\partial^2 G}{\partial x_1 \partial x_2} < 0 \tag{253}$$

gilt. Aus dem vorigen Abschnitt wissen wir, daß in diesem Falle alle in (253) vorkommenden partiellen Differentialquotienten negativ sind. Aus (253) ergibt sich deshalb, daß im Edgeworth-Fall die Bedingung

$$\frac{\dfrac{\partial p_1}{\partial x_2}}{\dfrac{\partial p_1}{\partial x_1}} > \frac{\dfrac{\partial^2 G}{\partial x_2^2}}{\dfrac{\partial^2 G}{\partial x_1 \partial x_2}} > 0 \tag{254}$$

erfüllt sein muß. Um das einzusehen, ist es nützlich, sich in (253) und (254) alle Differentialquotienten durch ihre Absolutbeträge ersetzt zu denken. Wir werden nun zeigen, daß (254) nicht nur notwendig, sondern auch hinreichend dafür ist, daß der Edgeworth-Fall vorliegt. Der Quotient auf der rechten Seite von (254) kann wegen $\partial^2 G / \partial x_2^2 < 0$ nur dann positiv sein, wenn $\partial^2 G / \partial x_1 \partial x_2$ negativ ist. Ebenso kann der Quotient auf der linken Seite von (254) wegen $\partial p_1 / \partial x_1 < 0$ nur dann positiv sein, wenn $\partial p_1 / \partial x_2$ negativ ist. Es ist also zu sehen, daß aus (254) nicht nur (253) folgt, sondern auch, daß $\partial p_1 / \partial x_2$ und $\partial^2 G / \partial x_1 \partial x_2$ negativ sind.

Wir müssen noch zeigen, daß (254) zur Folge hat, daß $d\tilde{p}_2 / dt_1$ negativ ist. Das ist wegen (247) dann der Fall, wenn

$$\frac{\partial p_2}{\partial x_1} \frac{\partial^2 G}{\partial x_2^2} - \frac{\partial p_2}{\partial x_2} \frac{\partial^2 G}{\partial x_1 \partial x_2} < 0 \tag{255}$$

gilt. Wir wissen bereits, daß mit Ausnahme von $\partial p_2 / \partial x_1$ alle in (255) vorkommenden partiellen Differentialquotienten negativ sein müssen. (255) gilt deshalb jedenfalls dann, wenn $\partial p_2 / \partial x_1$ positiv ist. Wir können uns deshalb auf die Untersuchung des Falles $\partial p_2 / \partial x_1 < 0$ beschränken. In diesem Falle sind alle partiellen Ableitungen in der Determinante

$$|N^{-1}| = \frac{\partial p_1}{\partial x_1} \frac{\partial p_2}{\partial x_2} - \frac{\partial p_1}{\partial x_2} \frac{\partial p_2}{\partial x_1} \tag{256}$$

negativ. Aus dem vorigen Abschnitt ist uns bekannt, daß diese Determinante aufgrund der Voraussetzung negativer und überwiegender unmittelbarer Preiswirkungen positiv ist. Wenn die $\partial p_i / \partial x_j$ sämtlich negativ sind, ist $|N^{-1}|$ genau dann positiv, wenn

$$\frac{\dfrac{\partial p_2}{\partial x_2}}{\dfrac{\partial p_2}{\partial x_1}} > \frac{\dfrac{\partial p_1}{\partial x_2}}{\dfrac{\partial p_1}{\partial x_1}} \tag{257}$$

gilt. Wenn $\partial p_2 / \partial x_1$ negativ ist, sind auch alle in (255) vorkommenden Differentialquotienten negativ, so daß (255) erfüllt ist, falls

$$\frac{\dfrac{\partial p_2}{\partial x_2}}{\dfrac{\partial p_2}{\partial x_1}} > \frac{\dfrac{\partial^2 G}{\partial x_2^2}}{\dfrac{\partial^2 G}{\partial x_1 \partial x_2}} \tag{258}$$

gilt. (258) folgt aber aus (254) und (257). Deshalb ist $d\tilde{p}_2/dt_1 < 0$ auch dann eine Folge von (254), wenn $\partial p_2/\partial x_1 < 0$ gilt. Damit ist bewiesen, daß (254) notwendig und hinreichend für den Edgeworth-Fall ist.

Ergebnis. Unter der Voraussetzung negativer und überwiegender unmittelbarer Preiswirkungen folgt aus den Marginalbedingungen erster und zweiter Ordnung, daß der Edgeworth-Fall bezüglich einer Kostenerhöhung von der Form $t_1 x_1$ dann und nur dann vorliegt, wenn im Optimum die Ungleichung (254) erfüllt ist.

Aus der Ungleichung (254) ist zu erkennen, welche Faktoren das Auftreten des Edgeworth-Falles begünstigen. Abgesehen davon, daß $\partial p_1/\partial x_1$ und $\partial^2 G/\partial x_1 \partial x_2$ negativ sein müssen, kommt es darauf an, daß dem Betrage nach $\partial p_1/\partial x_2$ im Verhältnis zu $\partial p_1/\partial x_1$ und $\partial^2 G/\partial x_1 \partial x_2$ im Verhältnis zu $\partial^2 G/\partial x_2^2$ groß ist. Aus (88) und (89) in Abschnitt 2.2 ergibt sich

$$\frac{\dfrac{\partial p_1}{\partial x_2}}{\dfrac{\partial p_1}{\partial x_1}} = -\frac{\dfrac{\partial x_1}{\partial p_2}}{\dfrac{\partial x_2}{\partial p_2}}. \tag{259}$$

$\partial p_1/\partial x_2$ ist daher dem Betrage nach im Verhältnis zu $\partial p_1/\partial x_1$ groß, wenn p_2 auf x_2 einen nur schwachen, auf x_1 aber einen stark subsitutionalen Einfluß ausübt. Da $\partial^2 G/\partial x_2^2$ für $\partial^2 K/\partial x_2^2 > 0$ dem Betrage nach um so kleiner ist, je kleiner $\partial^2 K/\partial x_2^2$ ist, und $\partial^2 G/\partial x_1 \partial x_2$ dem Betrage nach um so größer ist, je größer $\partial^2 K/\partial x_1 \partial x_2$ ist, wird das Auftreten des Edgeworth-Falles auf der Kostenseite durch einen schwachen Anstieg der Grenzkosten des Gutes 2 und seine im Verhältnis dazu starke substitutionale Kostenverbundenheit begünstigt.

Wie wir schon im vorigen Abschnitt gesehen haben, kann der Edgeworth-Fall ohne Nachfrageverbundenheit nicht vorkommen; im Gegensatz dazu ist die Kostenverbundenheit nicht unbedingt erforderlich. In dem in Abb. 14 mit Hilfe der in 4.3 beschriebenen Methode dargestellten linear-quadratischen Beispiel sind die Grenzkosten mit $k_1 = 0,56$ und $k_2 = 0,9$ als konstant angenommen. Für die Umkehrung des Nachfragezusammenhangs wurden die Beziehungen

$$p_1 = 2,5 - 0,25\,x_1 - 0,75\,x_2, \tag{260}$$

$$p_2 = 4,5 - 0,10\,x_1 - 1,00\,x_2 \tag{261}$$

zugrunde gelegt. Hierfür ergeben sich optimale Mengen von $\tilde{x}_1 = 2,95$ und $\tilde{x}_2 = 0,54$; die optimalen Preise sind $\tilde{p}_1 = 1,35$ und $\tilde{p}_2 = 3,66$. Werden die Grenzkosten des Gutes 1 um 0,14 erhöht, so ergeben sich stattdessen optimale Mengen von $\tilde{x}_1' = 1,95$ und $\tilde{x}_2' = 0,97$ und optimale Preise von $\tilde{p}_1' = 1,28$ und $\tilde{p}_2' = 3,33$. (Diese Werte können mit Hilfe der Formeln

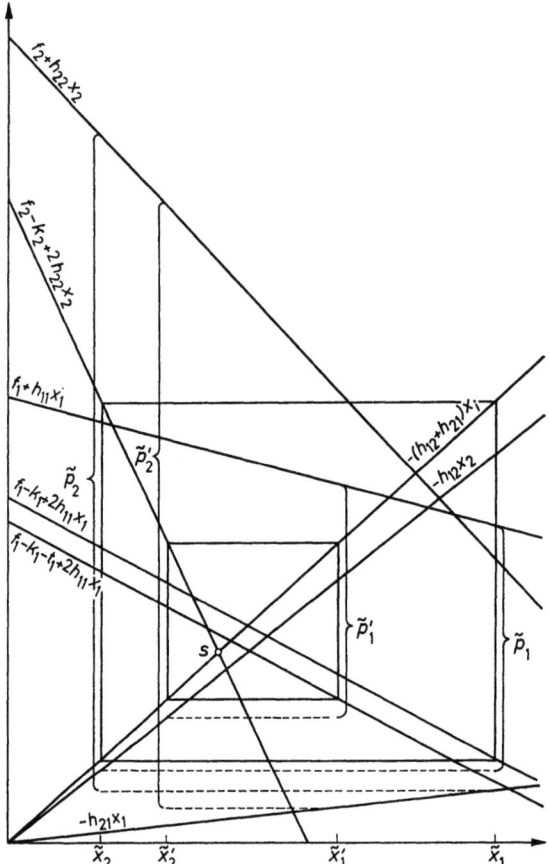

Abb. 14. Ein Beispiel für das Edgeworth-Paradox

aus 4.2 oder auch mit Hilfe der Formeln aus 3.4 berechnet werden.) Infolge der Kostenerhöhung sinkt der optimale Preis des Gutes 1 um 0,07 und der des Gutes 2 um 0,33.

Man kann sich leicht davon überzeugen, daß in diesem Beispiel die unmittelbaren Preiswirkungen negativ sind und überwiegen und daß infolgedessen die Forderungen (F) und (G) aus Abschnitt 1.2 erfüllt sind. Wenn man bedenkt, daß eine lineare Funktion einen konvexen Preisbereich auf einen konvexen Absatzbereich abbildet, so erkennt man, daß bei einer geeigneten Abgrenzung des Preisbereichs auch die Annahme (H) erfüllt ist. Es ist leicht zu sehen, daß auch (A), (B), (C) und (D) richtig sind. Das Beispiel hat deshalb bei einer geeigneten Abgrenzung des Preisbereichs die Eigenschaften (A) bis (I). Der Edgeworth-Fall kann also auch dann vorkommen, wenn die Forderungen (A) bis (I) erfüllt sind.

Die Tatsache, daß der Edgeworth-Fall ohne Kostenverbundenheit, aber nicht ohne Nachfrageverbundenheit möglich ist, bedeutet nicht, daß die Kostenseite für das Edgeworth-Paradox unwichtig ist. Man kann das sehr leicht anhand des linear-quadratischen Modells einsehen. Die notwendige und hinreichende Bedingung (254) nimmt für das linear-quadratische 2-Güter-Modell die folgende Form an:

$$\frac{h_{12}}{h_{11}} > \frac{2h_{22} - 2c_{22}}{h_{12} + h_{21} - 2c_{12}} > 0. \tag{262}$$

Hierbei sind ebenso wie in 4.3 die $\partial p_i / \partial x_j$ mit h_{ij} und die $\partial^2 K / \partial x_i \partial x_j$ mit c_{ij} bezeichnet. Wie klein auch immer h_{12} und h_{21} dem Betrage nach sein mögen, solange nur h_{12} größer als 0 ist, kann zu einem vorgegebenen linearen Nachfragezusammenhang immer eine quadratische Kostenfunktion gefunden werden, so daß (262) erfüllt ist. Es ist ohne weiteres zu sehen, daß das immer dadurch erreicht werden kann, daß c_{12} im Verhältnis zu c_{22} hinreichend groß gewählt wird. Man kann dann außerdem noch c_{11} so bestimmen, daß $c_{11} c_{22} > c_{12}^2$ gilt, womit zusammen mit $c_{11} > 0$ und $c_{22} > 0$ die Kostenkonvexität gesichert ist. Der Edgeworth-Fall kann also im linear-quadratischen 2-Güter-Modell bei starker Kostensubstitutionalität und vergleichsweise schwachem Anstieg der Grenzkosten des Gutes 2 auch dann vorkommen, wenn der Preis des Gutes 2 die Absatzmenge des Gutes 1 nur sehr schwach substitutional beeinflußt.

Die für den Edgeworth-Fall notwendige Bedingung, daß $\partial^2 G / \partial x_1 \partial x_2$ negativ ist, bedeutet im linear-quadratischen Modell, daß die Ungleichung

$$h_{12} + h_{21} - 2c_{12} < 0 \tag{263}$$

erfüllt sein muß. Diese Ungleichung haben wir am Ende des Abschnitts 4.3 als Bedingung dafür kennengelernt, daß in der graphischen Darstellung das Rechteck, in dem die Marginalbedingungen erster Ordnung zum Ausdruck kommen, oberhalb der x-Achse liegt, wie es ja auch für die beiden Rechtecke in Abb. 14 der Fall ist. Auch im Zusammenhang mit dem Edgeworth-Pardox ist es sinnvoll, von einem Überwiegen der Substitutionalität zu sprechen, wenn (263) erfüllt ist.

Wenn die Grenzkosten als konstant angenommen werden, erhält man anstelle von (262) die einfachere Bedingung

$$\frac{h_{12}}{h_{11}} > \frac{2h_{22}}{h_{12} + h_{21}} > 0. \tag{264}$$

Berücksichtigt man, daß h_{12}, h_{11}, h_{22} und $h_{12} + h_{21}$ negativ sind, so erkennt man leicht, daß aus (264)

$$h_{12}(h_{12} + h_{21}) > 2h_{11}h_{22} \tag{265}$$

folgt. Durch Subtraktion von $2h_{12}h_{21}$ auf beiden Seiten ergibt sich

$$h_{12}(h_{12} - h_{21}) > 2(h_{11}h_{22} - h_{12}h_{21}) = 2\left|N^{-1}\right|. \qquad (266)$$

Da $2\left|N^{-1}\right|$ positiv ist, muß also im Edgeworth-Fall

$$h_{12} < h_{21} \qquad (267)$$

gelten. Wegen (88) und (89) aus 2.2 ist das gleichbedeutend mit

$$\frac{\partial x_1}{\partial p_2} > \frac{\partial x_2}{\partial p_1}. \qquad (268)$$

Es ist aber zu beachten, daß (268) nur dann eine notwendige Bedingung für den Edgeworth-Fall darstellt, wenn der Nachfragezusammenhang linear ist und die Grenzkosten konstant sind. Wir haben bereits gesehen, daß man für jeden linearen Nachfragezusammenhang mit $\partial x_1/\partial p_2 > 0$ Zahlenbeispiele konstruieren kann, für die der Edgeworth-Fall eintritt. Hierzu braucht nur die Kostenfunktion in geeigneter Weise gewählt zu werden. Hotelling hat ein Beispiel dafür angegeben, daß der Edgeworth-Fall bei einem nichtlinearen Nachfragezusammenhang auch dann eintreten kann, wenn die Grenzkosten konstant sind und (268) nicht gilt[2]. Dieses Beispiel wird am Ende dieses Abschnitts ausführlich dargestellt werden.

Wir sind bisher immer davon ausgegangen, daß die Kostenerhöhung das Gut 1 betrifft. Wenn wir stattdessen eine Kostenerhöhung von der Form $t_2 x_2$ betrachten, so braucht man in (254) nur die Indices 1 und 2 zu vertauschen, um zu einer notwendigen und hinreichenden Bedingung dafür zu kommen, daß der Edgeworth-Fall bezüglich dieser Kostenerhöhung eintritt. Man erhält so die Bedingung

$$\frac{\dfrac{\partial p_2}{\partial x_1}}{\dfrac{\partial p_2}{\partial x_2}} > \frac{\dfrac{\partial^2 G}{\partial x_1^2}}{\dfrac{\partial^2 G}{\partial x_1 \partial x_2}} > 0. \qquad (269)$$

Aus (254) und (269) kann man leicht erkennen, daß der Edgeworth-Fall nicht gleichzeitig bezüglich einer Kostenerhöhung von der Form $t_1 x_1$ und einer Kostenerhöhung von der Form $t_2 x_2$ auftreten kann[3]. Durch Multiplikation ergibt sich nämlich aus (254) und (269)

$$\frac{\dfrac{\partial p_1}{\partial x_2}\dfrac{\partial p_2}{\partial x_1}}{\dfrac{\partial p_1}{\partial x_1}\dfrac{\partial p_2}{\partial x_2}} > \frac{\dfrac{\partial^2 G}{\partial x_1^2}\dfrac{\partial^2 G}{\partial x_2^2}}{\left(\dfrac{\partial^2 G}{\partial x_1 \partial x_2}\right)^2}. \qquad (270)$$

---

[2] Hotelling (1932), S. 612.
[3] Das ist ein Ergebnis von Bailey (Bailey, 1954). Der nächste Abschnitt enthält eine Verallgemeinerung auf den n-Güterfall.

Da die Determinanten der $\partial^2 G/\partial x_i \partial x_j$ und der $\partial p_i/\partial x_j$ positiv sind, muß die rechte Seite größer und die linke Seite kleiner als 1 sein, wenn sowohl (254) als auch (269) richtig ist. Das ist natürlich nicht möglich. Deshalb schließen sich die Edgeworth-Fälle bezüglich $t_1 x_1$ und $t_2 x_2$ gegenseitig aus.

Betrachtet man eine Kostenerhöhung von der Form $t_2 x_2$, so erhält man anstelle von (268) die Bedingung

$$\frac{\partial x_2}{\partial p_1} < \frac{\partial x_1}{\partial p_2}. \tag{271}$$

Der Edgeworth-Fall kann daher bei einem linearen Nachfragezusammenhang und konstanten Grenzkosten weder bezüglich $t_1 x_1$ noch bezüglich $t_2 x_2$ eintreten, wenn die Hotelling-Bedingung[4]

$$\frac{\partial x_1}{\partial p_2} = \frac{\partial x_2}{\partial p_1} \tag{272}$$

erfüllt ist. Das bereits erwähnte Beispiel von Hotelling zeigt aber, daß der Edgeworth-Fall bei einem nichtlinearen Nachfragezusammenhang auch dann eintreten kann, wenn (272) gilt und die Grenzkosten konstant sind. In diesem Beispiel sieht sich ein Monopol, das ohne Kosten arbeitet, dem folgenden Nachfragezusammenhang gegenüber:

$$x_1 = 1 - 2(p_1 - 1) + (p_2 - 1) - 30(p_1 - 1)^2 + 7(p_1 - 1)(p_2 - 1), \tag{273}$$

$$x_2 = 1 + (p_1 - 1) - 2(p_2 - 1) + \tfrac{7}{2}(p_1 - 1)^2. \tag{274}$$

Die Matrix N der $\partial x_i/\partial p_j$ ist hier symmetrisch. Es ist

$$N = \begin{pmatrix} 51 - 60 p_1 + 7 p_2 & -6 + 7 p_1 \\ -6 + 7 p_1 & -2 \end{pmatrix}. \tag{275}$$

Da kein Unterschied zwischen den Preisen und den Gewinnspannen besteht, haben die Marginalbedingungen erster Ordnung gemäß (117) aus 3.3 die Form

$$x = -N^T p. \tag{276}$$

Für $x_1 = x_2 = 1$ und $p_1 = p_2 = 1$ ist diese Bedingung erfüllt; an dieser Stelle ist

$$N = \begin{pmatrix} -2 & +1 \\ +1 & -2 \end{pmatrix}. \tag{277}$$

Um zu zeigen, daß für $x_1 = x_2 = 1$ und $p_1 = p_2 = 1$ auch die Marginalbedingungen zweiter Ordnung erfüllt sind, bestimmen wir die zweiten Ableitungen des Gewinns nach den Preisen. Es ist

$$\frac{\partial G}{\partial p_i} = \frac{\partial U}{\partial p_i} = x_i + \sum_{s=1}^{2} p_s \frac{\partial x_s}{\partial p_i} \tag{278}$$

---

[4] Vgl. hierzu die Fußnote zu Gl. (143) in Abschnitt 3.4.

und deshalb

$$\frac{\partial G}{\partial p_i \partial p_j} = \frac{\partial x_i}{\partial p_j} + \frac{\partial x_j}{\partial p_i} + p_1 \frac{\partial^2 x_1}{\partial p_i \partial p_j} + p_2 \frac{\partial^2 x_2}{\partial p_i \partial p_j}. \tag{279}$$

Mit Hilfe dieser Gleichung kann die Matrix der $\partial^2 G/\partial p_i \partial p_j$ an der Stelle $x_1 = x_2 = 1$ und $p_1 = p_2 = 1$ berechnet werden. Wir erhalten

$$\left(\frac{\partial^2 G}{\partial p_i \partial p_j}\right) = \begin{pmatrix} -57 & 9 \\ 9 & -4 \end{pmatrix}. \tag{280}$$

Da diese Matrix negativ definit ist, sind die Marginalbedingungen zweiter Ordnung für $p_1 = p_2 = 1$ erfüllt. Zur Berechnung der $d\tilde{p}_1/dt_1$ und $d\tilde{p}_2/dt_1$ mit Hilfe der Formeln (246) und (247) benötigen wir die $\partial^2 G/\partial x_i \partial x_j$. Wegen (106) in 3.1 gilt im Optimum stets

$$\left(\frac{\partial^2 G}{\partial x_i \partial x_j}\right) = N^{-T} \left(\frac{\partial^2 G}{\partial p_i \partial p_j}\right) N^{-1}. \tag{281}$$

Daraus ergibt sich für unser Beispiel

$$\left(\frac{\partial^2 G}{\partial x_i \partial x_j}\right) = \frac{1}{9} \begin{pmatrix} -196 & -77 \\ -77 & -37 \end{pmatrix}. \tag{282}$$

Durch Einsetzen in (246) und (247) erhält man

$$\frac{d\tilde{p}_1}{dt_1} = -\frac{1}{147}, \tag{283}$$

$$\frac{d\tilde{p}_2}{dt_1} = -\frac{39}{147}. \,^5 \tag{284}$$

5.3 Der n-Güter-Fall

Differenziert man den durch eine Kostenerhöhung von der Form $t_s x_s$ veränderten Gewinn

$$G' = G - t_s x_s \tag{285}$$

nach den Preisen p_i, so erhält man die Marginalbedingungen

$$\frac{\partial G'}{\partial p_i} = \frac{\partial G}{\partial p_i} - t_s \frac{\partial x_s}{\partial p_i} = 0 \quad \text{für } i = 1, \dots, n. \tag{286}$$

Die Differentiation nach t_s ergibt:

$$\sum_{j=1}^{n} \frac{\partial^2 G}{\partial p_i \partial p_j} \frac{d\tilde{p}_j}{dt_s} - \frac{\partial x_s}{\partial p_i} - t_s \sum_{j=1}^{n} \frac{\partial x_s}{\partial p_i \partial p_j} \frac{d\tilde{p}_j}{dt_s} = 0. \tag{287}$$

---

[5] Hotelling hat diese Werte auf einem etwas anderen Wege berechnet: Differenziert man zunächst G' in (234) nach p_1 und p_2 und dann die Marginalbedingungen $\partial G'/\partial p_1 = 0$ und $\partial G'/\partial p_2 = 0$ nach t_1, so erhält man ein Gleichungssystem für $d\tilde{p}_1/dt_1$ und $d\tilde{p}_2/dt_1$ (Hotelling, 1932, S. 612).

An der Stelle $t_s = 0$ gilt infolgedessen

$$\sum_{j=1}^{n} \frac{\partial^2 G}{\partial p_i \partial p_j} \frac{d\tilde{p}_j}{dt_s} = \frac{\partial x_s}{\partial p_i}. \qquad (288)$$

Hierbei, wie auch im folgenden sind unter den $\partial^2 G/\partial p_i \partial p_j$ und den $\partial x_s/\partial p_i$ diejenigen Werte zu verstehen, die die betreffenden Differential-quotienten für $t_s = 0$ im Optimum annehmen. Entsprechendes gilt auch für die $d\tilde{p}_i/dt_s$. Bezeichnet man mit Γ die Matrix der $\partial^2 G/\partial p_i \partial p_j$ und mit $d\tilde{p}/dt_s$ und $\partial x_s/\partial p$ die Spaltenvektoren der $d\tilde{p}_i/dt_s$ und der $\partial x_s/\partial p_i$, so kann man (288) in Matrixschreibweise folgendermaßen zum Ausdruck bringen

$$\Gamma \frac{d\tilde{p}}{dt_s} = \frac{\partial x_s}{\partial p}. \qquad (289)$$

Aus (289) folgt

$$\left(\frac{d\tilde{p}}{dt_s}\right)^T \Gamma \frac{d\tilde{p}}{dt_s} = \left(\frac{d\tilde{p}}{dt_s}\right)^T \frac{\partial x_s}{\partial p}. \qquad (290)$$

Da Γ aufgrund der Marginalbedingungen zweiter Ordnung negativ definit ist, nimmt die quadratische Form auf der linken Seite einen negativen Wert an, wenn nicht alle $d\tilde{p}_i/dt_s$ verschwinden. Im Edgeworth-Fall, d. h. wenn alle $d\tilde{p}_i/dt_s$ negativ sind, können daher nicht alle $\partial x_s/\partial p_i$ negativ sein, weil sonst auf der rechten Seite von (290) eine positive Zahl stehen würde. Eine notwendige Bedingung für den Edgeworth-Fall bezüglich $t_s x_s$ besteht also darin, daß es mindestens ein j mit $j \neq s$ geben muß, für das $\partial x_s/\partial p_j$ positiv ist[6]. ($\partial x_s/\partial p_s$ muß ja stets negativ sein.) Die notwendige Bedingung (250) für den 2-Güter-Fall ergibt sich daraus als Spezialfall.

Differenziert man im Optimum den Nachfragezusammenhang

$$\tilde{x} = f(\tilde{p}) \qquad (291)$$

nach t_s, so erhält man

$$\frac{d\tilde{x}}{dt_s} = N \frac{d\tilde{p}}{dt_s}. \qquad (292)$$

Hierbei ist $d\tilde{x}/dt_s$ der Spaltenvektor, der die $d\tilde{x}_i/dt_s$ als Komponenten enthält. Wegen (289) folgt aus (292)

$$\frac{d\tilde{x}}{dt_s} = N \Gamma^{-1} \frac{\partial x_s}{\partial p}. \qquad (293)$$

Bezeichnet man die Matrix, die die $d\tilde{x}/dt_1, \ldots, d\tilde{x}/dt_n$ als Spaltenvektoren enthält, mit $d\tilde{x}/dt$, so kann man anstelle von (293) auch

$$\frac{d\tilde{x}}{dt} = N \Gamma^{-1} N^T \qquad (294)$$

---

[6] Dies ist ein Ergebnis von Hotelling (Hotelling, 1932, S. 614—615).

schreiben. Die Spaltenvektoren $\partial x_s/\partial p$ sind ja die Zeilen von N. Die Matrix auf der rechten Seite von (290) ist als Transformierte von Γ^{-1} ebenso wie diese negativ definit und hat infolgedessen auf der Hauptdiagonalen nur negative Elemente. Wegen (294) gilt deshalb stets

$$\frac{d\tilde{x}_s}{dt_s} < 0. \tag{295}$$

Damit haben wir unser Ergebnis (a) aus 1.5 auf den n-Güter-Fall verallgemeinert. Eine Kostenerhöhung von der Form $t_s x_s$ hat stets zur Folge, daß die optimale Menge des Gutes s abnimmt.

Bezeichnet man die Matrix, die die $d\tilde{p}/dt_1, \ldots, d\tilde{p}/dt_n$ als Spaltenvektoren enthält, mit $d\tilde{p}/dt$, so ergibt sich aus (289)

$$\Gamma \frac{d\tilde{p}}{dt} = N^T. \tag{296}$$

Aus (296) folgt

$$\left(\frac{d\tilde{p}}{dt}\right)^T \Gamma \frac{d\tilde{p}}{dt} = \left(\frac{d\tilde{p}}{dt}\right)^T N^T. \tag{297}$$

Wegen (296) kann $d\tilde{p}/dt$ nicht singulär sein. Die linke Seite von (297) ist also als Transformierte von Γ negativ definit. Infolgedessen muß für einen n-gliedrigen Spaltenvektor μ mit $\mu > 0$ immer

$$\mu^T \left(\frac{d\tilde{p}}{dt}\right)^T N^T \mu < 0 \tag{298}$$

gelten. Wegen (D1) aus Abschnitt 1.4 gibt es positive Zahlen $\mu_1, \ldots, \mu_n$ mit

$$\sum_{\substack{i=1 \\ i \neq j}}^{n} \mu_i \left|\frac{\partial x_i}{\partial p_j}\right| < \mu_j \left|\frac{\partial x_j}{\partial p_j}\right| \quad \text{für } j = 1, \ldots, n. \tag{299}$$

Da $\partial x_j/\partial p_i$ stets negativ ist, gilt deshalb für den Spaltenvektor μ mit den Komponenten $\mu_1, \ldots, \mu_n$ aus (299)

$$N^T \mu < 0. \tag{300}$$

Aus (289) und (300) können wir schließen, daß mindestens ein Element von $d\tilde{p}/dt$ positiv sein muß. Wäre das nicht der Fall, so würde

$$\mu^T \frac{d\tilde{p}}{dt} \leqq 0 \tag{301}$$

gelten; dann könnte aber die linke Seite von (298) als Produkt von $\mu^T(d\tilde{p}/dt)$ und $N^T\mu$ nicht negativ sein. Mindestens ein $d\tilde{p}_i/dt_s$ muß also positiv sein. Damit ist gezeigt, daß der Edgeworth-Fall nicht gleichzeitig bezüglich aller Kostenerhöhungen von der Form $t_s x_s$ vorliegen kann. Daraus ergibt sich für $n = 2$ das im vorigen Abschnitt behandelte Ergebnis von Bailey als Spezialfall.

Aus (215) in 4.2 kann man unmittelbar entnehmen, daß für das linear-quadratische Modell

$$\frac{d\tilde{p}}{dt} = \frac{1}{2} N^{-1} \left(\frac{N^{-1} + N^{-T}}{2} - C \right)^{-1} \qquad (302)$$

gilt. Wenn die Hotelling-Bedingung

$$N = N^T \qquad (303)$$

erfüllt ist, nimmt (302) eine etwas einfachere Gestalt an:

$$\frac{d\tilde{p}}{dt} = \frac{1}{2} N^{-1} (N^{-1} - C)^{-1}. \qquad (304)$$

Wenn außerdem die Grenzkosten konstant sind, so daß C die Nullmatrix ist, steht auf der rechten Seite von (304) hinter dem Faktor $\frac{1}{2}$ nichts anderes als die Einheitsmatrix E, die auf der Hauptdiagonale nur Einsen und sonst überall Nullen enthält. Wenn die Hotelling-Bedingung erfüllt ist, kann daher der Edgeworth-Fall bei einem linearen Nachfragezusammenhang und konstanten Grenzkosten nicht auftreten.

Wie wir im vorigen Abschnitt anhand des Beispiels von Hotelling gesehen haben, ist aber im Falle eines nichtlinearen Nachfragezusammenhangs die Hotelling-Bedingung auch bei konstanten Grenzkosten kein Hindernis für das Auftreten des Edgeworth-Falles.

Ergebnis. Zusammenfassend kann gesagt werden, daß sich unter der Voraussetzung negativer und überwiegender Preiswirkungen aus den Marginalbedingungen erster und zweiter Ordnung für die Auswirkungen hinreichend kleiner Kostenänderungen von der Form $t_s x_s$ folgendes ergibt: (a) Die optimale Menge des von der Kostenänderung betroffenen Gutes s nimmt ab. (b) Eine notwendige Bedingung für den Edgeworth-Fall, in dem alle optimalen Preise sinken, besteht darin, daß die Absatzmenge des von der Kostenerhöhung betroffenen Gutes s im Optimum von dem Preis mindestens eines anderen Gutes substitutional beeinflußt wird. (c) Der Edgeworth-Fall kann nicht gleichzeitig bezüglich aller Kostenänderungen von der Form $t_s x_s$ vorliegen. (d) Wenn der Nachfragezusammenhang linear ist, die Grenzkosten konstant sind und die Hotelling-Bedingung erfüllt ist, kann der Edgeworth-Fall nicht auftreten.

6 Vereinfachende Annahmen über die Kostenfunktion und den Nachfragezusammenhang

Es ist der Zweck dieses Kapitels, zwei theoretisch interessante Annahmen über die Kostenfunktion und den Nachfragezusammenhang einzuführen und näher zu untersuchen. Wir verwenden für diese vereinfachenden Annahmen die Bezeichnungen „einfache Kostenverbundenheit" und „einfache Nachfrageverbundenheit". Bei der Untersuchung der Konsequenzen, die sich aus der einfachen Kostenverbundenheit und der einfachen Nachfrageverbundenheit für das System der optimalen Preise ergeben, werden wir das linear-quadratische Modell zugrunde legen. Dadurch wird aber die Allgemeinheit unserer Untersuchungen nur dort eingeschränkt, wo es nicht mehr möglich ist, sich auf die Taylor-Interpretation des linear-quadratischen Modells zu stützen[1].

Die Annahmen der einfachen Kostenverbundenheit und der einfachen Nachfrageverbundenheit haben den Charakter von Aggregierbarkeitsvoraussetzungen. In beiden Fällen wird gefordert, daß die Verbundenheit nur in der Abhängigkeit von einem Index zum Ausdruck kommt. Die einfache Kostenverbundenheit besteht im wesentlichen darin, daß diejenigen Kosten, die nicht den einzelnen Produkten zugerechnet werden können, nur von einem Mengenindex abhängen. Im Falle der einfachen Nachfrageverbundenheit wird verlangt, daß es einen Preisindex mit der folgenden Eigenschaft gibt: die Absatzmenge eines Gutes hängt nur von dem eigenen Preis und diesem Preisindex ab.

6.1 Die einfache Kostenverbundenheit

Unter einem Mengenindex $\bar{x}_s$ soll hier lediglich eine homogene Linearkombination

$$\bar{x}_s = \sum_{i=1}^{n} s_i x_i \tag{305}$$

der Mengen x_i verstanden werden; die s_i können beliebige positive oder negative Konstante sein, die aber nicht alle gleich Null sein dürfen.

---

[1] Vgl. hierzu Abschnitt 4.1.

Die Annahme der einfachen Kostenverbundenheit ist genau dann erfüllt, wenn die Kostenfunktion eine additive Zerlegung

$$K = K_0(\bar{x}_s) + \sum_{i=1}^{n} K_i(x_i) \qquad (306)$$

in $n+1$ Bestandteile K_0 und $K_1, \ldots, K_n$ zuläßt, für die folgendes gilt:
(a) K_0 hängt nur von einem Mengenindex $\bar{x}_s$ ab. (b) Jeder der Kostenbestandteile $K_i(x_i)$ mit $i = 1, \ldots, n$ ist eine schwach konvex nach unten verlaufende Funktion von x_i allein.

Die Bedingung (b) besagt, daß jede der Funktionen $K_1, \ldots, K_n$, für sich allein betrachtet, die Eigenschaft der Kostenkonvexität besitzt. Über K_0 wird jedoch nichts Entsprechendes vorausgesetzt[2].

Die Annahme der einfachen Kostenverbundenheit stellt nicht etwa einen Extrem- oder Randfall der Kostenverbundenheit dar. Man erkennt das schon daraus, daß diese Annahme, wie wir noch sehen werden, im 2-Güter-Fall für jede quadratische Kostenfunktion erfüllt ist, die der Bedingung der Kostenkonvexität genügt.

In der Literatur werden häufig die Spezialfälle der gemeinsamen Produktion und der Kuppelproduktion bei unveränderlichen Mengenverhältnissen besonders hervorgehoben[3]. Es ist deshalb interessant, daß die einfache Kostenverbundenheit die gemeinsame Produktion als Sonderfall enthält und die Kuppelproduktion bei unveränderlichen Mengenverhältnissen unter gewissen zusätzlichen Voraussetzungen als Grenzfall berührt. Diese beiden so sehr voneinander verschiedenen Spezialfälle können also von einem Gesichtspunkt aus betrachtet werden, der sie miteinander verbindet.

Die Bedingung der gemeinsamen Produktion ist dann erfüllt, wenn die Kostenverbundenheit nur dadurch zustande kommt, daß alle Produkte mit Hilfe ein und desselben Anlagenkomplexes produziert werden, dessen Kapazität sie proportional zu den hergestellten Mengen in Anspruch nehmen. Die Kapazitätsbelastung kann dann durch einen Mengenindex $\bar{x}_s$ mit positiven Koeffizienten s_i gemessen werden. In den s_i kommt zum Ausdruck, in welchem Umfang die einzelnen Produkte je Einheit zur Belastung des Anlagenkomplexes beitragen. Es wird angenommen, daß der Betrieb des Anlagekomplexes Kosten K_0 verursacht, die eine Funktion der Kapazitätsbelastung und damit des Mengen-

---

[2] Wir haben die Bedingung (b) nur deshalb in die Definition der einfachen Kostenverbundenheit aufgenommen, weil wir dadurch in die Lage versetzt werden, unsere Ergebnisse prägnanter formulieren zu können.

[3] So z. B. bei E. Schneider (Schneider, 1961, S. 109—115). M. Colberg hat eine graphische Methode zur Ermittlung der optimalen Monopolpreise bei starrer Kuppelproduktion und unverbundener Nachfrage angegeben (Colberg, 1941).

indexes $\bar{x}_s$ sind[4]; daneben können für die Produktion noch weitere Kosten K_i auftreten (z. B. Rohstoffkosten), die aber nur von der Menge x_i abhängen. Die Gesamtkostenfunktion hat also die Form (305). Die Bedingung der gemeinsamen Produktion kann also als ein Spezialfall der einfachen Kostenverbundenheit betrachtet werden.

Wir betrachten nun den Extremfall der Kuppelproduktion bei unveränderlichen Mengenverhältnissen. Hierbei wollen wir voraussetzen, daß die Mengenverhältnisse in jeder Hinsicht unveränderlich sind, so daß auch eine Anpassung des Mengenverhältnisses durch Vernichtung eines Teils der Produktion nicht in Frage kommt, weil das mit prohibitiven Kosten verbunden wäre[5]. Es ist interessant, daß dieser Randfall durch eine Kostenfunktion mit einfacher Kostenverbundenheit beliebig genau approximiert werden kann. Um das zu zeigen, wollen wir uns die Mengeneinheiten so festgesetzt denken, daß von jedem der n Güter dieselbe Anzahl von Mengeneinheiten produziert werden muß. Die Produktionsfunktion schreibt also vor, daß für $i = 1, \ldots, n$

$$x_i = \bar{x} = \sum_{i=1}^{n} \frac{1}{n} x_i \qquad (307)$$

gilt. Die bei der Produktion entstehenden Kosten können als eine Funktion von $\bar{x}$ angegeben werden, die wir mit $\varphi(\bar{x})$ bezeichnen wollen. Wir betrachten nun eine etwas veränderte Situation, in der eine Abweichung von dem festen Mengenverhältnis nicht mehr grundsätzlich unmöglich, sondern nur sehr teuer ist:

$$K = \varphi(\bar{x}) + \eta \sum_{i=1}^{n} (x_i - \bar{x})^2. \qquad (308)$$

In (308) muß man sich für η eine sehr große Zahl eingesetzt denken. Je größer η ist, desto mehr nähern sich die Produktionsverhältnisse unter der Kostenfunktion (308) der Kuppelproduktion mit dem in (307) vorgeschriebenen festen Mengenverhältnis und den Kosten $\varphi(\bar{x})$. Die Kostenfunktion (308) kann folgendermaßen umgeformt werden:

$$K = \varphi(\bar{x}) + \eta \sum_{i=1}^{n} x_i^2 - 2\eta \bar{x} \sum_{i=1}^{n} x_i + \eta n \bar{x}^2. \qquad (309)$$

---

[4] Da wir nicht von der Voraussetzung einer festen Kapazitätsgrenze ausgehen (vgl. hierzu Abschnitt 3.2), müssen wir unseren Untersuchungen einen Begriff der gemeinsamen Produktion zugrunde legen, der nicht mit dem von E. Schneider übereinstimmt (Schneider, 1961, S. 110—115). Unser Begriff der gemeinsamen Produktion entspricht mehr dem Modell von E. Clemens (Clemens, 1950/51).

[5] Die Annahme der Kostenmonotonie kann dann natürlich nicht erfüllt sein. M. Colberg geht in seiner Untersuchung der optimalen Preise bei starrer Kuppelproduktion und unverbundener Nachfrage davon aus, daß die Vernichtung überschüssiger Mengen kostenlos ist (Colberg, 1941).

Das ist gleichbedeutend mit

$$K = \varphi(\bar{x}) - \eta n \bar{x}^2 + \eta \sum_{i=1}^{n} x_i^2. \tag{310}$$

Man braucht nur noch

$$K_0(\bar{x}) = \varphi(\bar{x}) - \eta n \bar{x}^2 \tag{311}$$

und

$$K_i(x_i) = \eta x_i^2 \tag{312}$$

zu setzen, um zu erkennen, daß die Bedingung der einfachen Kostenverbundenheit für die Kostenfunktion (308) erfüllt ist. Der Fall der Kuppelproduktion mit einem in jeder Hinsicht unveränderlichen Mengenverhältnis kann also als ein Grenzfall der einfachen Kostenverbundenheit angesehen werden.

Es soll nun untersucht werden, welche Folgerungen sich aus der Annahme der einfachen Kostenverbundenheit für eine quadratische Kostenfunktion ergeben. Es ist klar, daß in diesem Falle die Kostenbestandteile K_0 und $K_1, \ldots, K_n$ in (306) quadratisch sein müssen. Wir können ohne Einschränkung der Allgemeinheit voraussetzen, daß diese Kostenbestandteile die Form

$$K_0(\bar{x}_s) = F + c_0 \bar{x}_s^2 \tag{313}$$

und

$$K_i(x) = k_i x_i + c_i x_i^2 \qquad \text{für } i = 1, \ldots, n \tag{314}$$

haben. In (313) braucht ein lineares Glied von der Form $\lambda \bar{x}_s$ nicht berücksichtigt zu werden, weil es in Summanden von der Form $\lambda s_i x_i$ zerlegt und damit auf die $K_i(x_i)$ aufgeteilt werden könnte. Ebenso ist es auch vernünftig, die gesamten Fixkosten dem Kostenbestandteil K_0 zuzurechnen. Da die $K_1, \ldots, K_n$ konvex nach unten sind, können die Konstanten $c_1, \ldots, c_n$ nicht negativ sein. Es wäre ohne Einschränkung der Allgemeinheit möglich, auf die Konstante c_0 in (313) zu verzichten, denn an dieser Gleichung ändert sich nichts, wenn man c_0 wegläßt und zum Ausgleich dafür alle Koeffizienten s_i durch $s_i' = c_0 s_i$ ersetzt. Wir haben c_0 in die Gl. (313) aufgenommen, weil wir uns die Möglichkeit offen halten wollen, an späterer Stelle die s_i in bestimmter Weise zu normieren.

Wir wollen uns nun die Frage vorlegen, wie die Konstanten in den Gln. (313) und (314) mit denen der quadratischen Kostenfunktion in ihrer allgemeinen Form

$$K = F + k^T x + x^T C x \tag{315}$$

zusammenhängen[6]. Zunächst ist klar, daß in beiden Fällen die Konstanten F und $k_1, \ldots, k_n$ dieselbe Bedeutung haben. Um den Fall der

---

[6] Gl. (315) ist als Gl. (193) in Abschnitt 4.2 behandelt worden.

einfachen Kostenverbundenheit dem allgemeinen Fall (315) unter-
zuordnen, braucht man nur

$$c_{ij} = c_0 s_i s_j \qquad \text{für } i \neq j \tag{316}$$

und

$$c_{ii} = c_0 s_i^2 + c_i \tag{317}$$

zu setzen. Die Bedingung der einfachen Kostenverbundenheit ist
natürlich nicht für jede quadratische Kostenfunktion erfüllt. Um das
einzusehen, brauchen wir nur ein Beispiel mit $n = 3$ zu betrachten, in
dem $c_{23} \neq 0$, $c_{13} \neq 0$ und $c_{12} = 0$ gilt. Wenn das der Fall ist, können s_1,
s_2 und c_0 nicht so festgelegt werden, daß (316) gilt. Es müßte dann nämlich wegen $c_{12} = 0$ eine der drei Konstanten s_1, s_2 und c_0 gleich Null
sein. Das würde aber bedeuten, daß nicht nur c_{12}, sondern auch c_{23}
oder c_{13} gleich Null sein müßte. Für $n = 2$ läßt sich jedoch kein ähn-
liches Beispiel finden, denn wie wir jetzt zeigen werden, haben im
2-Güter-Fall tatsächlich alle quadratischen Kostenfunktionen, die der
Annahme der Kostenkonvexität genügen, die Eigenschaft der einfachen Kostenverbundenheit.

Da für $n = 2$ die einfache Kostenverbundenheit trivialerweise vorliegt, wenn $c_{12} = 0$ gilt, können wir im folgenden ohne Beschränkung
der Allgemeinheit $c_{12} \neq 0$ voraussetzen. Es ist leicht zu sehen, daß (316)
erfüllt ist, wenn die Konstanten s_1, s_2 und c_0 wie folgt gewählt werden:

$$c_0 = \begin{cases} +1 \text{ für } c_{12} > 0 \\ -1 \text{ für } c_{12} < 0 \end{cases}, \tag{318}$$

$$s_1 = + \sqrt[4]{c_{12}^2 \frac{c_{11}}{c_{22}}}, \tag{319}$$

$$s_2 = + \sqrt[4]{c_{12}^2 \frac{c_{22}}{c_{11}}}. \tag{320}$$

Die Konstanten c_1 und c_2 können durch Einsetzen dieser Werte in (317)
bestimmt werden. Da es zu der Definition der einfachen Kostenverbundenheit gehört, daß die Kostenbestandteile K_i konvex nach unten
sind, muß noch gezeigt werden, daß die so bestimmten Konstanten c_1
und c_2 nicht positiv sind. Da die c_{ii} wegen der Kostenkonvexität negativ oder jedenfalls nicht positiv sind, ergibt sich aus (317) und (318),
daß c_1 und c_2 zumindest dann nicht positiv sind, wenn s_i^2 für $i = 1, 2$
dem Betrage nach nicht größer ist als c_{ii}. Aus (317) und (319) folgt

$$s_1^2 \leq \sqrt[2]{c_{11} c_{22} \frac{c_{11}}{c_{22}}} = |c_{11}|. \tag{321}$$

Die entsprechende Ungleichung für s_2^2 ergibt sich in derselben Weise
aus (317) und (320). Die Konstanten c_1 und c_2 sind also beide nicht
positiv.

Die Voraussetzung der einfachen Kostenverbundenheit bedeutet also im Falle $n = 2$ für eine quadratische Kostenfunktion, die der Annahme der Kostenkonvexität genügt, überhaupt keine Einschränkung der Allgemeinheit.

Ergebnis. (a) Die Bedingung der gemeinsamen Produktion ist ein Spezialfall der einfachen Kostenverbundenheit. (b) Der Extremfall der Kuppelproduktion mit in jeder Hinsicht unveränderlichen Mengenverhältnissen kann durch Kostenfunktionen mit einfacher Kostenverbundenheit beliebig genau approximiert werden. (c) Im 2-Güter-Fall hat jede quadratische Kostenfunktion, die der Annahme der Kostenkonvexität genügt, die Eigenschaft der einfachen Kostenverbundenheit.

6.2 Die einfache Nachfrageverbundenheit

Unter einem Preisindex soll hier lediglich eine homogene Linearkombination

$$\bar{p}_q = \sum_{i=1}^{n} q_i p_i \qquad (322)$$

der Preise p_i verstanden werden; die q_i können beliebige positive oder negative Konstante sein, die aber nicht alle gleich Null sein dürfen. Die Annahme der einfachen Nachfrageverbundenheit ist genau dann erfüllt, wenn der Nachfragezusammenhang die folgenden Eigenschaften hat:
a) Der Nachfragezusammenhang kann durch n Gleichungen von der Form

$$x_i = f_i(p_i, \bar{p}_q) \qquad \text{für } i = 1, \ldots, n \qquad (323)$$

zum Ausdruck gebracht werden; die Absatzmenge x_i eines Gutes i hängt nur von dem eigenen Preis p_i und von einem Preisindex $\bar{p}_q$ ab.
b) Bei festen $\bar{p}_q$ ist x_i eine streng monoton fallende Funktion von p_i[7].
Es ist zu vermuten, daß die Annahme der einfachen Nachfrageverbundenheit in der wirtschaftlichen Wirklichkeit in vielen Fällen zumindest annäherungsweise erfüllt sein dürfte. Bei einem Monopol, das ausschließlich Artikel anbietet, die in einem engen Substitutionsverhältnis zueinander stehen — um etwas Bestimmtes vor Augen zu haben, könnte man hier z.B. an ein staatliches Zigarettenmonopol denken — ist es plausibel, davon auszugehen, daß der Absatz eines Artikels nur von dessen eigenem Preis und dem Preisniveau aller angebotener Artikel abhängt.
B. Holdren hat aus seinen empirischen Untersuchungen offenbar den Eindruck gewonnen, daß die Annahme der einfachen Nachfrageverbundenheit für Supermärkte gerechtfertigt ist, denn der Nach-

---

[7] Ganz ähnlich wie bei der einfachen Kostenverbundenheit wurde die Bedingung b) eigentlich nur deshalb in die Definition der einfachen Nachfrageverbundenheit aufgenommen, weil das die Formulierung unserer Ergebnisse erleichtert.

fragezusammenhang seines Supermarkt-Modells hat diese Eigenschaft[8].
Es ist sicherlich nicht unvernünftig, davon auszugehen, daß die Nachfrageverbundenheit bei Supermärkten hauptsächlich dadurch zustande
kommt, daß die Kunden dazu neigen, ihre Einkäufe auf wenige Einkaufsquellen zu konzentrieren, wobei sie diejenigen Unternehmungen
bevorzugen, deren Preisniveau ihnen besonders niedrig zu sein scheint;
andere Ursachen von Substitutionalitäts- und Komplementaritätsbeziehungen fallen vermutlich demgegenüber kaum ins Gewicht. Die
auf diese Weise entstehende Nachfrageverbundenheit beruht fast nur
darauf, daß alle Absatzmengen von der Kundenzahl abhängen, die eine
Funktion des Preisniveaus ist, das die Unternehmung in den Augen der
Kunden hat. Es ist sehr naheliegend, diese Zusammenhänge mit Hilfe
der Annahme der einfachen Nachfrageverbundenheit zu formalisieren.
Offensichtlich können ähnliche Überlegungen auch für andere Einzelhandelsbranchen angestellt werden. Da die Nachfrageverbundenheit
schwach vollkomplementär sein muß, wenn sie lediglich auf die gemeinsame Abhängigkeit aller Absatzmengen von der Kundenzahl
zurückzuführen ist, verdient also der Fall der schwach vollkomplementären einfachen Nachfrageverbundenheit unsere besondere Beachtung.

Es soll nun untersucht werden, was die Annahme der einfachen
Nachfrageverbundenheit für einen linearen Nachfragezusammenhang
bedeutet. Die Gln. (323) nehmen für einen linearen Nachfragezusammenhang die Form

$$x_i = d_i - a_i p_i + z r_i \bar{p}_q \qquad \text{für } i = 1, \ldots, n \qquad (324)$$

an. Hierbei sind alle a_i positiv, denn es gehört zur Definition der einfachen Nachfrageverbundenheit, daß x_i bei festen $\bar{p}_q$ streng monoton
fallend von p_i abhängt. Es wäre ohne Einschränkung der Allgemeinheit
möglich, in (324) auf die Konstante z zu verzichten, denn an dieser
Gleichung ändert sich nichts, wenn man z wegläßt und zum Ausgleich
dafür alle Koeffizienten r_i durch $R_i = z r_i$ ersetzt. Wir haben die Konstante z in die Gl. (324) aufgenommen, um dadurch einen zusätzlichen
Freiheitsgrad zu erhalten, der es uns ermöglichen wird, die q_i und die r_i
in bestimmter Weise zu normieren.

Vergleicht man (324) mit der allgemeinen Form

$$x = d + N p \qquad (325)$$

eines linearen Nachfragezusammenhangs, so erkennt man, daß die
Elemente $\partial x_i / \partial p_j$ von N in (324) die Gestalt

$$\frac{\partial x_i}{\partial p_j} = \begin{cases} z r_i q_j & \text{für } i \neq j \\ -a_i + z r_i q_j & \text{für } i = j \end{cases} \qquad (326)$$

---

[8] Holdren (1960), insbesondere S. 117—124.

haben. Die d_i in (324) haben dieselbe Bedeutung wie die Komponenten d_i von d in (192).

Es soll nun (324) so umgeformt werden, daß die Preise als Funktion der Mengen erscheinen. Wir wollen dabei von der Voraussetzung ausgehen, daß die unmittelbaren Preiswirkungen negativ sind und überwiegen. Die Inversion von (324) erreicht man dadurch, daß man eine Beziehung zwischen dem Preisindex $\bar{p}_q$ und einem Mengenindex

$$\bar{x}_{q'} = \sum_{i=1}^{n} q_i' x_i \tag{327}$$

herstellt; hierbei ist

$$q_i' = \frac{q_i}{d_i} . \tag{328}$$

Multipliziert man jede der Gln. (324) mit dem ihr entsprechenden q_i' und addiert man diese Gleichungen, so erhält man

$$\bar{x}_{q'} = \bar{d}_{q'} - \left(1 - z \sum_{i=1}^{n} r_i q_i'\right) \bar{p}_q ; \tag{329}$$

hierbei ist

$$\bar{d}_{q'} = \sum_{i=1}^{n} q_i' d_i . \tag{330}$$

Der Ausdruck in den runden Klammern auf der rechten Seite von (329) kann nicht gleich Null sein, denn dann wäre unabhängig von der Wahl der p_i stets $\bar{x}_{q'} = \bar{d}_{q'}$. Das würde aber bedeuten, daß eine lineare Abhängigkeit zwischen den Zeilen von N besteht, was wegen der Voraussetzung überwiegender unmittelbarer Preiswirkungen nicht sein kann. Es soll nun gezeigt werden, daß stets

$$1 - z \sum_{i=1}^{n} r_i q_i' > 0 \tag{331}$$

gilt. Hierzu wollen wir die d_i, r_i und q_i als in irgendeiner Weise fest vorgegeben betrachten und die zu einem bestimmten Wert von z gehörige Matrix der $\partial x_i / \partial p_j$ mit N^z bezeichnen. Falls die Summe in (331) von Null verschieden ist — nur dann kann es vorkommen, daß (331) nicht gilt — gibt es immer einen Wert z_0 von z, für den der Ausdruck auf der linken Seite von (331) verschwindet. Es sei z_1 ein Wert von z, für den dieser Ausdruck negativ wird. Es gibt immer einen Wert z_2 von z, für den (331) und die Voraussetzung negativer und überwiegender unmittelbarer Preiswirkungen erfüllt ist. Man braucht nur z_2 dem Betrage nach hinreichend klein zu wählen. z_0 liegt zwischen z_1 und z_2 und läßt daher eine Darstellung von der Form $\alpha z_1 + (1 - \alpha) z_2$ mit $0 < \alpha < 1$ zu. Offenbar kann N^{z_0} als konvexe Linearkombination von N^{z_1} und

N^{x_1} aufgefaßt werden. Betrachtet man die quadratische Form

$$x^T N^{x_0} x = x^T \left(\alpha N^{x_1} + (1-\alpha) N^{x_1} \right) x = x^T \alpha N^{x_1} x + x^T (1-\alpha) N^{x_1} x, \quad (332)$$

so erkennt man, daß N^{x_0} negativ quasidefinit sein müßte, wenn sowohl N^{x_1} als auch N^{x_1} negativ quasidefinit wären. Wir wissen aber, daß N^{x_0} nicht quasidefinit ist, weil eine lineare Abhängigkeit zwischen den Zeilen von N^{x_0} besteht. N^{x_1} ist jedoch negativ quasidefinit. Deshalb kann N^{x_1} nicht negativ quasidefinit sein. N^{x_1} erfüllt infolgedessen nicht die Voraussetzung negativer und überwiegender unmittelbarer Preiswirkungen. Damit ist gezeigt, daß (331) unter dieser Voraussetzung stets richtig ist.

Wegen (331) kann (329) nach $\bar{p}_q$ aufgelöst werden. Um diese Auflösung auf eine übersichtlichere Form zu bringen, führen wir die folgende Hilfsgröße ein:

$$z' = \frac{z}{1 - z \sum_{i=1}^{n} r_i q_i'}. \quad (333)$$

Da der Nenner des Bruches auf der rechten Seite positiv ist, hat z' dasselbe Vorzeichen wie z. Aus (329) ergibt sich

$$z \bar{p}_q = z' \bar{d}_{q'} - z' \bar{x}_{q'}. \quad (334)$$

Setzt man die rechte Seite von (334) für $z \bar{p}_q$ in (324) ein, so erhält man

$$x_i = d_i + r_i z' \bar{d}_{q'} - a_i p_i - z' r_i \bar{x}_{q'}. \quad (335)$$

Löst man (335) nach p_i auf, so erscheinen auf der rechten Seite die Konstanten

$$d_i' = \frac{1}{a_i} (d_i + r_i z' \bar{d}_{q'}). \quad (336)$$

Setzt man außerdem

$$r_i' = \frac{r_i}{a_i}, \quad (337)$$

so erhält man

$$p_i = d_i' - \frac{1}{a_i} x_i - z' r_i' \bar{x}_{q'} \quad \text{für } i = 1, \ldots, n. \quad (338)$$

(338) ist die Umkehrung des Nachfragezusammenhangs. Es fällt auf, daß (324) und (338), abgesehen davon, daß die Rollen von Mengen und Preisen vertauscht sind, dieselbe Struktur haben. Aus (338) folgt

$$\frac{\partial p_i}{\partial x_j} = \begin{cases} -z' r_i' q_j' & \text{für } i \neq j \\ -\frac{1}{a_i} - z' r_i' q_i' & \text{für } i = j \end{cases}. \quad (339)$$

Da alle a_i positiv sind, stimmen die r_i mit den r_i' und die q_i mit den q_i' hinsichtlich ihres Vorzeichens überein. Wir wissen auch, daß z und z'

stets dasselbe Vorzeichen haben. Ein Vergleich von (326) mit (339) zeigt, daß für $i \neq j$ infolgedessen $\partial p_i/\partial x_j$ genau dann negativ ist, wenn $\partial x_i/\partial p_j$ positiv ist, und genau dann positiv ist, wenn $\partial x_i/\partial p_j$ negativ ist. Es besteht daher unter der Voraussetzung negativer und überwiegender unmittelbarer Preiswirkungen bei einfacher Nachfrageverbundenheit kein Unterschied zwischen direkter und inverser Nachfragesubstitutionalität und -komplementarität. Man braucht nur an die Taylor-Interpretation des linear-quadratischen Modells zu denken, um zu erkennen, daß diese Schlußfolgerung nicht nur dann richtig ist, wenn der Nachfragezusammenhang linear ist.

In Abschnitt 2.2 ist gezeigt worden, daß die direkten und inversen Substitutionalitäts- und Komplementaritätsbeziehungen im allgemeinen nicht zusammenfallen. Daraus ergibt sich, daß bestimmt nicht jeder lineare Nachfragezusammenhang die Eigenschaft der einfachen Nachfrageverbundenheit hat. Für den 2-Güter-Fall konnte aber bewiesen werden, daß kein Unterschied zwischen direkter und inverser Substitutionalität und Komplementarität der Nachfrage besteht, wenn die unmittelbaren Preiswirkungen negativ sind und überwiegen. Dieses Ergebnis wird im folgenden indirekt noch einmal gewonnen, denn wir werden nun nachweisen, daß im 2-Güter-Fall jeder lineare Nachfragezusammenhang mit negativen und überwiegenden unmittelbaren Preiswirkungen die Eigenschaft der einfachen Nachfrageverbundenheit hat.

Für $n = 2$ ist es in (326) immer möglich, die Konstanten q_1, q_2, r_1, r_2, a_1, a_2 und z so zu wählen, daß (326) erfüllt ist. Man kann $z = 1$ setzen und für r_1 und r_2 zwei beliebige von Null verschiedene Werte festlegen und dann die übrigen Konstanten mit Hilfe von

$$q_1 = \frac{1}{r_2} \frac{\partial x_2}{\partial p_1}, \tag{340}$$

$$q_2 = \frac{1}{r_1} \frac{\partial x_1}{\partial p_2}, \tag{341}$$

$$-a_i = \frac{\partial x_i}{\partial p_i} - r_i q_i \quad \text{für } i = 1, 2 \tag{342}$$

bestimmen. Unter der Voraussetzung negativer und überwiegender unmittelbarer Preiswirkungen können die r_i so festgesetzt werden, daß sich aus (342) für die Konstanten a_1 und a_2 positive Werte ergeben. Es gibt dann nämlich positive Zahlen μ_1 und μ_2 mit

$$\mu_1 \left| \frac{\partial x_1}{\partial p_1} \right| > \mu_2 \left| \frac{\partial x_2}{\partial p_1} \right| \tag{343}$$

und

$$\mu_2 \left| \frac{\partial x_2}{\partial p_2} \right| > \mu_1 \left| \frac{\partial x_1}{\partial p_2} \right|. \tag{344}$$

Setzt man nun

$$r_i = \frac{1}{\mu_i} \quad \text{für } i = 1, 2,$$ (345)

so ergibt sich aus (340), (341) und (342)

$$-\frac{a_1}{r_1} = \mu_1 \frac{\partial x_1}{\partial p_1} - \mu_2 \frac{\partial x_2}{\partial p_1}$$ (346)

und

$$-\frac{a_2}{r_2} = \mu_2 \frac{\partial x_2}{\partial p_2} - \mu_1 \frac{\partial x_1}{\partial p_2}.$$ (347)

Da die $\partial x_i / \partial p_i$ negativ sind, folgt wegen (343) und (344) aus (346) und (347), daß a_1 und a_2 positiv sind, so daß die x_i bei festem $\bar{p}_q$ streng monoton fallende Funktionen der x_i sind, wie es bei der Definition der einfachen Nachfrageverbundenheit verlangt wurde. Damit ist gezeigt, daß bei negativen und überwiegenden unmittelbaren Preiswirkungen die Bedingung der einfachen Nachfrageverbundenheit für einen linearen Nachfragezusammenhang im Falle $n = 2$ immer erfüllt ist. Diese Bedingung bedeutet also für das linear-quadratische Modell erst ab $n = 3$ eine Einschränkung der Allgemeinheit.

Ergebnis. (a) Bei negativen unmittelbaren Preiswirkungen und einfacher Nachfrageverbundenheit braucht zwischen der direkten und der inversen Definition der Nachfragesubstitutionalität und -komplementarität nicht unterschieden zu werden. (b) Im 2-Güter-Fall hat jeder lineare Nachfragezusammenhang mit negativen und überwiegenden unmittelbaren Preiswirkungen die Eigenschaft der einfachen Nachfrageverbundenheit.

6.3 Bestimmung des Optimums im linear-quadratischen Modell bei einfacher Kostenverbundenheit und einfacher Nachfrageverbundenheit

In diesem Abschnitt soll gezeigt werden, wie die Bestimmung der optimalen Preise für das linear-quadratische Modell bei einfacher Kostenverbundenheit und einfacher Nachfrageverbundenheit auf das leicht lösbare Problem der Bestimmung von drei optimalen Mengenindices zurückgeführt werden kann. Diese Mengenindices ergeben sich als Lösung eines Systems von drei linearen Gleichungen. Die optimalen Preise sind lineare Funktionen dieser optimalen Mengenindices.

Wir werden in diesem und dem folgenden Abschnitt voraussetzen, daß die unmittelbaren Preiswirkungen negativ sind und überwiegen und daß die Annahme der Kostenkonvexität erfüllt ist.

Differenziert man den Umsatz

$$U = \sum_{j=1}^{n} x_j p_j \tag{348}$$

partiell nach x_i, so erhält man

$$\frac{\partial U}{\partial x_i} = p_i + \sum_{j=1}^{n} x_j \frac{\partial p_j}{\partial x_i}. \tag{349}$$

Da wegen (338)

$$\frac{\partial p_j}{\partial x_i} = \begin{cases} -z' r_j' q_i' & \text{für } i \neq j \\ -\dfrac{1}{a_i} - z' r_j' q_i' & \text{für } i = j \end{cases} \tag{350}$$

gilt, folgt aus (349)

$$\frac{\partial U}{\partial x_i} = p_i - \frac{1}{a_i} x_i - \sum_{j=1}^{n} z' q_i' r_j' x_j. \tag{351}$$

Diese Gleichung veranlaßt uns, dazu den Mengenindex

$$\bar{x}_r = \sum_{j=1}^{n} r_j' x_j \tag{352}$$

einzuführen. Unter Berücksichtigung von (338) und (352) ergibt sich aus (351)

$$\frac{\partial U}{\partial x_i} = d_i' - \frac{2}{a_i} x_i - z' r_i' \bar{x}_{q'} - z' q_i' \bar{x}_r. \tag{353}$$

Differenziert man die Kostenfunktion

$$K = F + c_0 \bar{x}_s^2 + \sum_{j=1}^{n} k_j x_j + \sum_{j=1}^{n} c_j x_j^2 \tag{354}$$

partiell nach x_i, so erhält man

$$\frac{\partial K}{\partial x_i} = k_i + 2 c_i x_i + 2 c_0 s_i \bar{x}_s. \tag{355}$$

Aus (353) und (355) ergeben sich die folgenden Marginalbedingungen erster Ordnung:

$$d_i' - k_i - 2\left(\frac{1}{a_i} + c_i\right) x_i - z' r_i' \bar{x}_{q'} - z' q_i' \bar{x}_r - 2 c_0 s_i \bar{x}_s = 0. \tag{356}$$

Die Konstanten a_i sind stets positiv und die Konstanten c_i sind nicht-negativ. Wir können daher die folgenden Hilfsgrößen einführen:

$$u_i = \frac{q_i'}{\sqrt{\dfrac{1}{a_i} + c_i}}, \tag{357}$$

$$v_i = \frac{r_i'}{\sqrt{\dfrac{1}{a_i} + c_i}}, \tag{358}$$

$$w_i = \frac{s_i}{\sqrt{\dfrac{1}{a_i} + c_i}}. \tag{359}$$

Mit den u_i, v_i und w_i als Koeffizienten können die folgenden Mengen-indices gebildet werden:

$$\bar{x}_u = \sum_{i=1}^{n} u_i x_i, \tag{360}$$

$$\bar{x}_v = \sum_{i=1}^{n} v_i x_i, \tag{361}$$

$$\bar{x}_w = \sum_{i=1}^{n} w_i x_i. \tag{362}$$

Bezeichnet man mit u den Spaltenvektor der u_i und ganz entsprechend mit v und w die Spaltenvektoren der v_i bzw. der w_i, so kann man die Indices $\bar{x}_u$, $\bar{x}_v$ und $\bar{x}_w$ auch durch die Skalarprodukte $u^T x$, $v^T x$ bzw. $w^T x$ zum Ausdruck bringen. Dividiert man (356) durch $\frac{1}{a_i} + c_i$, so erhält man unter Berücksichtigung von (360), (361) und (362)

$$2 x_i + z' v_i \bar{x}_u + z' u_i \bar{x}_v + 2 c_0 w_i \bar{x}_w = \frac{d_i' - k_i}{\frac{1}{a_i} + c_i}. \tag{363}$$

Führt man die Hilfsgrößen

$$B_i = \frac{d_i' - k_i}{\frac{1}{a_i} + c_i} \tag{364}$$

ein und bezeichnet man mit B den Spaltenvektor der B_i, so gelangt man durch Einsetzen von $u^T x$, $v^T x$ und $w^T x$ für $\bar{x}_u$, $\bar{x}_v$ und $\bar{x}_w$ von den Gln. (363) zu der folgenden Darstellung dieses Gleichungssystems:

$$(2 E + z' v u^T + z' u v^T + 2 c_0 w w^T) x = B. \tag{365}$$

Hierbei ist E die Einheitsmatrix, deren Elemente auf der Haupt-diagonale den Wert 1 und sonst überall den Wert 0 haben.

Multipliziert man (365) von links mit u^T, so erhält man die folgende Gleichung

$$u^T x + z' u^T v u^T x + z' u^T u v^T x + 2 c_0 u^T w w^T x = u^T B. \tag{366}$$

Ersetzt man in (366) die Skalarprodukte $u^T x$, $v^T x$ und $w^T x$ durch $\bar{x}_u$, $\bar{x}_v$ bzw. $\bar{x}_w$, so erhält man eine Gleichung, in der nur die Indices $\bar{x}_u$, $\bar{x}_v$ und $\bar{x}_w$ als Unbekannte vorkommen. Zu ähnlichen Gleichungen gelangt man auch, indem man (365) von links mit v^T bzw. w^T multipliziert. Auf der rechten Seite dieser Gleichungen stehen die Skalarprodukte $u^T B$, $v^T B$ und $w^T B$, die wir mit B_u, B_v bzw. B_w bezeichnen wollen. Wir erhalten so das folgende System

$$(2 + z' u^T v) \bar{x}_u + z' u^T u \bar{x}_v + 2 c_0 u^T w \bar{x}_w = B_u, \tag{367}$$

$$z' v^T v \bar{x}_u + (2 + z' v^T u) \bar{x}_v + 2 c_0 v^T w \bar{x}_w = B_v, \tag{368}$$

$$z' w^T v \bar{x}_u + z' w^T u \bar{x}_v + (2 + 2 c_0 w^T w) \bar{x}_w = B_w. \tag{369}$$

Wir müssen nun zeigen, daß dieses Gleichungssystem unter den in diesem Abschnitt unterstellten Voraussetzungen über den Nachfragezusammenhang und die Kostenfunktion stets eine eindeutig bestimmte Lösung hat. Hierzu genügt es, nachzuweisen, daß die Determinante des Systems (367), (368), (369) immer von Null verschieden ist. Wäre das nicht der Fall, so gäbe es drei reelle Zahlen μ_1, μ_2 und μ_3, die nicht alle verschwinden und die die Eigenschaft haben, daß sich der Nullvektor ergibt, wenn man die Zeilenvektoren der Matrix des Systems (367), (368) und (369) mit μ_1, μ_2 bzw. μ_3 multipliziert und dann addiert. Die Linearkombination $\mu_1 u + \mu_2 v + \mu_3 w$ kann nicht den Nullvektor ergeben, weil sich sonst als Summe der mit μ_1, μ_2 bzw. μ_3 multiplizierten Zeilen der Matrix des Systems (367), (368) und (369) der dreigliedrige Zeilenvektor $(2\mu_1,\ 2\mu_2,\ 2\mu_3)$ ergeben würde, dessen Komponenten ja nicht alle Null sein können. Multipliziert man die Matrix des Systems (365) von links mit $\mu_1 u^T + \mu_2 v^T + \mu_3 w^T$, so erhält man die folgende Beziehung:

$$
\begin{aligned}
(\mu_1 u^T + &\mu_2 v^T + \mu_3 w^T)(2E + z' v u^T + z' u v^T + 2c_0 w w^T) \\
&= [\mu_1(2 + z' u^T v) + \mu_2 z' v^T v + \mu_3 z' w^T v] u^T \\
&+ [\mu_1 z' u^T u + \mu_2(2 + z' v^T u) + \mu_3 z' w^T u] v^T \\
&+ [\mu_1 2c_0 u^T w + \mu_2 2c_0 v^T w + \mu_3(2 + 2c_0 w^T w)] w^T .
\end{aligned}
\tag{370}
$$

In den eckigen Klammern auf der rechten Seite von (370) steht aber nichts anderes als die Komponenten des Vektors, der sich aus der Addition der mit μ_1, μ_2 und μ_3 multiplizierten Zeilen der Matrix des Systems (367), (368) und (369) ergibt. Infolgedessen stimmt die rechte Seite von (370) mit dem Nullvektor überein. Wenn das der Fall ist, besitzt das homogene Gleichungssystem

$$
x^T(2E + z' v u^T + z' u v^T + 2c_0 w w^T) = 0
\tag{371}
$$

die nichttriviale Lösung

$$
x = \mu_1 u + \mu_2 v + \mu_3 w .
\tag{372}
$$

Wir können aber leicht sehen, daß die Matrix des Systems (371) positiv definit sein muß und das System (371) infolgedessen keine nichttriviale Lösung besitzen kann. Wir wissen nämlich aufgrund unserer Voraussetzungen über den Nachfragezusammenhang und die Kostenfunktion, daß die Matrix der Marginalbedingungen (356) negativ definit sein muß. Die Matrix des Systems (371) ist dadurch aus dieser Matrix entstanden, daß erst die Zeilen durch die positiven Zahlen $c_i + \dfrac{1}{a_i}$ dividiert wurden und dann die Vorzeichen aller Elemente umgekehrt wurden. Da also die Matrix des Systems (371) positiv definit ist, kann es drei Zahlen μ_1, μ_2, μ_3 von der beschriebenen Art nicht geben. Die Determinante des Systems (367), (368), (369) muß daher immer von Null verschieden sein, wenn die Voraussetzung negativer und überwiegender unmittelbarer Preiswirkungen und die Annahme der Kostenkonvexität erfüllt sind. Damit ist auch gezeigt, daß das System (367), (368) und (369) eine eindeutig bestimmte Lösung hat.

Wir wollen die optimalen Werte für $\bar{x}_u$, $\bar{x}_v$ und $\bar{x}_w$, die sich aus dem System (367), (368) und (369) ergeben, mit $\tilde{x}_u$, $\tilde{x}_v$ und $\tilde{x}_w$ bezeichnen. Es kann hier darauf verzichtet werden, die expliziten Lösungsformeln für das System (367), (368) und (369) anzugeben. Diese Formeln werden für die Folgerungen, die wir aus unseren bisherigen Ergebnissen noch ziehen wollen, nicht benötigt.

Die optimalen Mengen $\tilde{x}_i$ können mit Hilfe von (363) aus den optimalen Mengenindices $\tilde{x}_u$, $\tilde{x}_v$ und $\tilde{x}_w$ berechnet werden. Aus den $\tilde{x}_i$ ergibt sich der optimale Wert $\tilde{x}_{q'}$ des Mengenindex $\bar{x}_{q'}$. Durch Einsetzen von $\tilde{x}_i$ und $\tilde{x}_{q'}$ in (338) gelangt man schließlich zu den optimalen Preisen $\tilde{p}_i$. Aus der Tatsache, daß die $\tilde{p}_i$ in dieser Weise berechnet werden können, erkennt man sofort, daß die $\tilde{p}_i$ lineare Funktionen der optimalen Mengenindices $\tilde{x}_u$, $\tilde{x}_v$ und $\tilde{x}_w$ sind.

Der Zusammenhang zwischen den $\tilde{p}_i$ und den $\tilde{x}_u$, $\tilde{x}_v$ und $\tilde{x}_w$ kann dadurch auf eine besonders einfache Form gebracht werden, daß man von der Freiheit, die man bei der Wahl der Mengeneinheiten hat, in bestimmter Weise Gebrauch macht. Wir können uns nämlich die Mengeneinheiten von vornherein so festgelegt denken, daß für $i = 1, \ldots, n$ stets

$$\frac{1}{a_i} + c_i = 1 \qquad (373)$$

gilt. Wie man leicht sieht, muß bei einer Vergrößerung der Mengeneinheit für das Gut i um den Faktor μ_i die Konstante a_i durch a_i/μ_i^2 und c_i durch $c_i\mu_i^2$ ersetzt werden. Wenn (373) nicht erfüllt ist, braucht man also die Mengeneinheit für das Gut i nur mit

$$\mu_i = \sqrt{\frac{1}{a_i} + c_i} \qquad (374)$$

zu multiplizieren und alle Parameter des Modells entsprechend zu ändern. Durch die Normierung im Sinne von (373) wird erreicht, daß die q_i' mit den u_i, die r_i' mit den v_i und die s_i mit den w_i übereinstimmen und daß zwischen $\bar{x}_{q'}$ und $\bar{x}_u$ kein Unterschied mehr besteht. Wir wollen von jetzt ab voraussetzen, daß die Mengeneinheiten in dieser Weise normiert sind. Gleichung (338) kann auch folgendermaßen geschrieben werden:

$$\tilde{x}_i = d_i' - \frac{1}{a_i} x_i - z' v_i \bar{x}_u \quad \text{für } i = 1, \ldots, n. \qquad (375)$$

Wegen (363) und (373) gilt

$$\tilde{x}_i = \frac{1}{2}(d_i' - k_i) - \frac{z'}{2}v_i\tilde{x}_u - \frac{z'}{2}u_i\tilde{x}_r - c_0 w_i \tilde{x}_w. \tag{376}$$

Aus (375) und (376) kann leicht eine Formel zur Bestimmung der optimalen Preise $\tilde{p}_i$ gewonnen werden. In dieser Formel treten die Konstanten

$$b_i = d_i'\left(1 - \frac{1}{2a_i}\right) + \frac{1}{2a_i}k_i \tag{377}$$

auf. Indem man die rechte Seite von (376) für x_i in (375) einsetzt, erhält man für $i = 1, \ldots, n$

$$\tilde{p}_i = b_i - \left(1 - \frac{1}{2a_i}\right)z'v_i\tilde{x}_u + \frac{z'}{2a_i}u_i\tilde{x}_v + \frac{c_0}{a_i}w_i\tilde{x}_w. \tag{378}$$

Mit der Interpretation dieser Preisbestimmungsformel werden wir uns erst im nächsten Abschnitt beschäftigen. Neben den Preisen $\tilde{p}_i$ sind auch die Werte $\tilde{g}_i$ von Interesse, die die Gewinnspannen

$$g_i = p_i - \frac{\partial K}{\partial x_i} \tag{379}$$

im Optimum annehmen. Aus (354) ergibt sich wegen $w_i = s_i$

$$\frac{\partial K}{\partial x_i} = k_i + 2c_i x_i + 2c_0 w_i \tilde{x}_w. \tag{380}$$

Aus (378), (379) und (380) folgt

$$\tilde{g}_i = b_i - k_i - 2c_i\tilde{x}_i - \left(1 - \frac{1}{2a_i}\right)z'v_i\tilde{x}_u + \frac{z'}{2a_i}u_i\tilde{x}_v \\ - \left(1 - \frac{1}{2a_i}\right)2c_0 w_i\tilde{x}_w. \tag{381}$$

Berücksichtigt man, daß wegen (377)

$$b_i - k_i = (d_i' - k_i)\left(1 - \frac{1}{2a_i}\right) \tag{382}$$

und wegen (373)

$$1 - \frac{1}{2a_i} = c_i + \frac{1}{2a_i} \tag{383}$$

gilt, so kann man (381) mit Hilfe von (376) auf die folgende Gestalt bringen:

$$\tilde{g}_i = \frac{d_i' - k_i}{2a_i} - \frac{z'}{2a_i}v_i\tilde{x}_u + \left(1 - \frac{1}{2a_i}\right)z'u_i\tilde{x}_v - \frac{c_0}{a_i}w_i\tilde{x}_w. \tag{384}$$

Auch mit der Interpretation dieser Formel werden wir uns erst im nächsten Abschnitt beschäftigen.

Neben den Einzelpreisen $\tilde{p}_i$ ist auch das Preisniveau von Interesse. Unter den Preisindices, die geeignet sein könnten, das Preisniveau zum Ausdruck zu bringen, ist der Index $\tilde{p}_q$ von der Definition der einfachen Nachfrageverbundenheit her in natürlicher Weise hervorgehoben. Dieser Preisindex verdient daher unsere besondere Beachtung. Wenn man bedenkt, daß zwischen $q_i v_i$ und $q'_i r_i$ kein Unterschied besteht, und außerdem berücksichtigt, daß wegen unserer Normierung der Mengeneinheiten $\bar{x}_u = \bar{x}_{q'}$ gilt, so erkennt man, daß aus (329)

$$\bar{x}_u = \bar{d}_{q'} - (1 - z q^T v) \, \tilde{p}_q \tag{385}$$

folgt. Aus (385) ergibt sich

$$\tilde{p}_q = \frac{\bar{d}_{q'}}{1 - z q^T v} - \frac{1}{1 - z q^T v} \, \bar{x}_u \, . \tag{386}$$

Es sei hier noch einmal daran erinnert, daß wir in 6.2 die Ungleichung (331) bewiesen haben, aus der hervorgeht, daß $1 - z q^T v$ positiv ist. Im nächsten Abschnitt werden wir von der Formel (383) Gebrauch machen.

Ergebnis. Wenn die Annahmen der Kostenkonvexität und die Voraussetzung negativer und überwiegender unmittelbarer Preiswirkungen erfüllt sind, so sind die optimalen Preise und die optimalen Gewinnspannen im linear-quadratischen Modell bei einfacher Kostenverbundenheit und einfacher Nachfrageverbundenheit lineare Funktionen dreier optimaler Mengenindices, die als Lösung eines Systems von drei linearen Gleichungen ermittelt werden können. Das System hat eine von Null verschiedene Determinante und deshalb stets eine eindeutig bestimmte Lösung.

6.4 Eigenschaften des Optimums im linear-quadratischen Modell bei einfacher Kostenverbundenheit und einfacher Nachfrageverbundenheit

Im vorigen Abschnitt sind die Formeln (378) und (384) hergeleitet worden, mit deren Hilfe die optimalen Preise und die optimalen Gewinnspannen bestimmt werden können. Da die Interpretation dieser Formeln nur dann auf keine größeren Schwierigkeiten stößt, wenn die Konstanten q_i, r_i und s_i sämtlich nichtnegativ sind, beschränken wir uns auf die Behandlung dieses Falles. Der Nachfragezusammenhang ist dann für $z > 0$ schwach vollsubstitutional und für $z < 0$ schwach vollkomplementär; die Kostenverbundenheit ist dann ganz entsprechend für $c_0 > 0$ schwach vollsubstitutional und für $c_0 < 0$ schwach vollkomplementär. Wie in früheren Kapiteln wollen wir davon ausgehen, daß die optimalen Mengen $\tilde{x}_i$ und die optimalen Preise $\tilde{p}_i$ sämtlich positiv sind. Infolgedessen können wir in dem hier betrachteten Fall sicher sein, daß die

Indices $\tilde{x}_u$, $\tilde{x}_v$ und $\tilde{x}_w$ positiv sind. (Hierbei ist es von Bedeutung, daß die u_i ebenso wie die v_i und w_i nicht sämtlich verschwinden, weil Entsprechendes für die q_i, r_i und s_i gilt.)

Die Formeln (378) und (384) geben uns die Möglichkeit, zu untersuchen, wie sich bestimmte Unterschiede zwischen den angebotenen Gütern auf die optimalen Preise und die optimalen Gewinnspannen auswirken. Man kann die Frage stellen, wie sich die optimalen Preise zweier Artikel, die sich nur hinsichtlich eines Parameters unterscheiden, zueinander verhalten. Es ist z.B. zu sehen, daß von zwei Artikeln, die nur bezüglich des Proportionalkostensatzes k_i voneinander abweichen, derjenige mit dem höheren Proportionalkostensatz den höheren Preis haben muß. Aus (377) ist nämlich zu erkennen, daß ein höheres k_i ein größeres b_i und daher einen höheren Preis $\tilde{p}_i$ zur Folge hat. Die beiden Artikel können natürlich auch hinsichtlich ihrer Gewinnspannen miteinander verglichen werden. Aus (384) ergibt sich, daß derjenige mit dem höheren Proportionalkostensatz die kleinere optimale Gewinnspanne $\tilde{g}_i$ hat.

Bevor wir weitere Vergleiche dieser Art durchführen, wollen wir erst die Gl. (378) und (384) durch Einführung der Hilfsgrößen

$$U_i = z' u_i, \tag{387}$$

$$V_i = z' v_i, \tag{388}$$

$$W_i = c_0 w_i \tag{389}$$

auf die folgende Form bringen:

$$\tilde{p}_i = b_i - \left(c_i + \frac{1}{2a_i}\right) V_i \tilde{x}_u + \frac{U_i}{2a_i} \tilde{x}_v + \frac{W_i}{a_i} \tilde{x}_w, \tag{390}$$

$$\tilde{g}_i = \frac{d_i' - k_i}{2a_i} - \frac{V_i}{2a_i} \tilde{x}_u + \left(c_i + \frac{1}{2a_i}\right) U_i \tilde{x}_v - \frac{W_i}{a_i} \tilde{x}_w. \tag{391}$$

Hierbei wird von (383) Gebrauch gemacht.

Wir betrachten nun den Fall zweier Güter, die sich nur hinsichtlich des Parameters d_i unterscheiden, den man das „Nachfragepotential" des Gutes i nennen könnte. Wir müssen zunächst zeigen, daß d_i' um so größer ist, je größer ceteris paribus d_i ist. Aus (336) erkennt man, daß das jedenfalls dann richtig ist, wenn

$$\frac{1}{a_i} (1 + z' r_i q_i') > 0 \tag{392}$$

gilt. Aus (338) erkennt man, daß die linke Seite von (392) nichts anderes ist als $-\partial p_i/\partial x_i$. Da die Matrix N der $\partial x_i/\partial p_i$ und daher auch N^{-1} aufgrund unserer Voraussetzungen negativ quasidefinit ist, ist $\partial p_i/\partial x_i$ negativ. (392) ist also stets erfüllt. d_i' und daher wegen (377) und (373) auch b_i ist deshalb ceteris paribus um so größer, je größer d_i ist. Wegen (390) und (391) hat infolgedessen von zwei Gütern, die sich nur in bezug auf das Nachfragepotential unterscheiden, das mit dem größeren Nachfragepotential den höheren optimalen Preis und die höhere optimale Gewinnspanne.

Wir betrachten nun zwei Artikel, die nur bezüglich r_i voneinander abweichen. Das größere r_i ist mit dem größeren v_i verbunden. Die inhaltliche Bedeutung von r_i ergibt sich aus (324). Die Absatzmenge x_i wird um so stärker substitutional oder um so schwächer komplementär von $\bar{p}_q$ beeinflußt, je größer zr_i ist. Die Konstante V_i verhält sich in dieser Hinsicht ebenso wie zr_i. Das ergibt sich unmittelbar aus der Definition von z' und v_i. Ein positives V_i kennzeichnet einen substitutionalen Einfluß von $\bar{p}_q$ auf x_i und ein negatives V_i einen komplementären. Aus (390) und (391) ist zu erkennen, daß der optimale Preis ebenso wie die optimale Gewinnspanne für denjenigen Artikel niedriger ist, dessen Absatzmenge stärker substitutional oder schwächer komplementär von $\bar{p}_q$ beeinflußt wird. Das ist bei vollsubstitutionaler Nachfrageverbundenheit der Artikel mit dem größeren und bei vollkomplementärer Nachfrageverbundenheit der Artikel mit dem kleineren r_i.

Wir wenden uns nun dem Einfluß der Konstanten q_i zu. q_i ist das Gewicht, das der betreffende Artikel in dem Preisindex $\bar{p}_q$ hat. Der Preis eines Gutes i beeinflußt die Absatzmengen der anderen Güter um so stärker substitutional oder um so schwächer komplementär, je größer zq_i ist. Die Konstante U_i ist ceteris paribus um so größer, je größer zq_i ist. Aus (390) und (391) ist zu erkennen, daß von zwei Artikeln, die sich nur hinsichtlich q_i unterscheiden, derjenige den höheren optimalen Preis und die höhere optimale Gewinnspanne hat, dessen Preis die Absatzmengen der anderen Güter stärker substitutional oder schwächer komplementär beeinflußt. Das ist bei vollsubstitutionaler Nachfrageverbundenheit der Artikel mit dem größeren q_i und bei vollkomplementärer Nachfrageverbundenheit der Artikel mit dem kleineren q_i.

Aus (390) und (391) ergibt sich auch, daß von zwei Gütern, die sich nur hinsichtlich des Gewichtes unterscheiden, das sie in dem Mengenindex $\bar{x}_s$ haben, dasjenige den höheren optimalen Preis und die niedrigere optimale Gewinnspanne hat, für das W_i größer ist. Das ist bei vollsubstitutionaler Kostenverbundenheit, also bei $c_0 > 0$, das Gut mit dem größeren s_i und bei vollkomplementärer Kostenverbundenheit das Gut mit dem kleineren s_i.

An diesen Vergleichen ändert sich übrigens nichts, wenn man sie durchführt, ohne daß die Mengeneinheiten im Sinne von (373) normiert sind. Durch die Normierung wird nämlich die Richtung des Unterschiedes zwischen entsprechenden Parametern zweier Artikel nicht beeinflußt, wenn beide hinsichtlich a_i und c_i übereinstimmen.

Wir können aufgrund der bisherigen Ergebnisse versuchen, die Frage zu beantworten, von welchen Faktoren man am ehesten erwarten kann, daß sie dazu beitragen, einen Artikel zu einem Zugartikel zu machen. Unter einem Zugartikel ist hierbei ein Artikel zu verstehen, der eine vergleichsweise sehr niedrige Gewinnspanne hat, weil sein Preis den Absatz der übrigen angebotenen Güter günstig beeinflußt.

Das Phänomen des Zugartikels, das insbesondere im Einzelhandel sehr häufig zu beobachten ist, hängt dort mit der gemeinsamen Abhängigkeit aller Absatzmengen von der Kundenzahl zusammen. Die Kundenzahl wird von der niedrigen optimalen Gewinnspanne des Zugartikels günstig beeinflußt. Wie wir bereits in Abschnitt 6.2 bemerkt haben, muß die Nachfrageverbundenheit schwach komplementär sein, wenn sie lediglich durch die gemeinsame Abhängigkeit aller Absatzmengen von der Kundenzahl erzeugt wird. Wir beschränken uns daher darauf, unsere Frage unter der Voraussetzung der schwachen Vollkomplementarität zu beantworten. Außerdem wollen wir von den Einflüssen der Kostenverbundenheit auf die optimalen Gewinnspannen absehen und unterstellen daher, daß die Grenzkosten konstant sind.

Unter diesen Voraussetzungen ist unseren Vergleichen zu entnehmen, daß eine besonders niedrige optimale Gewinnspanne dann zu erwarten ist, wenn k_i und q_i verhältnismäßig groß, r_i und d_i aber verhältnismäßig klein sind. Ein großes q_i bringt einen starken komplementären Einfluß des eigenen Preises auf die Absatzmengen der übrigen angebotenen Güter zum Ausdruck. Ein kleines r_i ist mit einem schwachen Einfluß der Preise der übrigen Güter auf den eigenen Absatz verbunden. Ein verhältnismäßig großes k_i und ein relativ kleines d_i würden auch dann zu einer kleinen optimalen Gewinnspanne führen, wenn die Nachfrage unverbunden wäre. Diese Parameter können aber trotzdem nicht als für das Phänomen des Zugartikels unwesentlich betrachtet werden. Ein kleines k_i kann zusammen mit einem großen d_i bewirken, daß die optimale Gewinnspanne nicht klein ist, obwohl q_i verhältnismäßig groß und r_i verhältnismäßig klein ist.

Wir haben uns in diesem Abschnitt bisher mit den optimalen Preisen und Gewinnspannen der einzelnen Güter beschäftigt. Im Gegensatz dazu soll nun versucht werden, etwas über das Preisniveau zu sagen. Wir haben bereits darauf hingewiesen, daß von der Definition der einfachen Nachfrageverbundenheit her der Preisindex $\bar{p}_q$ unter allen anderen Preisindices in natürlicher Weise hervorgehoben ist; er ist am ehesten dazu geeignet, das Preisniveau der Unternehmung zum Ausdruck zu bringen.

Zwischen dem Wert $\tilde{p}_q$, den $\bar{p}_q$ im Optimum annimmt, und dem optimalen Mengenindex $\tilde{x}_u$ besteht wegen (386) die folgende Beziehung:

$$\tilde{p}_q = \frac{\bar{d}_{q'}}{1 - zqTv} - \frac{1}{1 - zqTv} \tilde{x}_u. \tag{393}$$

Mit Hilfe dieser Gleichung werden wir untersuchen, wie sich Änderungen von z und c_0 auf $\tilde{p}_q$ auswirken. Diese Fragestellung ist deshalb von Interesse, weil die Parameter z und c_0 als Maße für die Stärke von Substitutionalität und Komplementarität in der Nachfrageverbundenheit bzw. in der Kostenverbundenheit aufgefaßt werden können, wenn, wie hier unterstellt wird, die Parameter q_i, r_i und s_i sämtlich nichtnegativ sind. Eine Erhöhung von z bedeutet dann eine Verstärkung der Substitutionalität oder eine Abschwächung der Komplementarität des Nachfragezusammenhangs, und eine Erhöhung von c_0 ist dann mit einer Verstärkung der Kostensubstitutionalität oder einer Abschwächung der Kostenkomplementarität verbunden.

Da es sich als zu schwierig herausgestellt hat, die Aufgabe der Bestimmung des Vorzeichens von $\partial \tilde{p}_q / \partial z$ und $\partial \tilde{p}_q / \partial c_0$ in voller Allgemeinheit zu lösen, begnügen wir uns hier damit, das Problem unter der zusätzlichen Voraussetzung zu behandeln, daß die Hotelling-Bedingung [9]

$$\frac{\partial p_i}{\partial x_j} = \frac{\partial p_j}{\partial x_i} \qquad (394)$$

für alle Paare i, j mit $i \neq j$ erfüllt ist.

Bevor wir mit der eigentlichen Behandlung des Problems beginnen, soll noch gezeigt werden, daß wir die zusätzlichen Freiheitsgrade, die mit der Einführung der Parameter c_0 und z in die Gl. (313) und (324) gebracht worden sind, dazu benutzen können, die Parameter $q_1, \ldots, q_n$, $r_1, \ldots, r_n$ und $s_1, \ldots, s_n$ so zu wählen, daß die folgenden Bedingungen erfüllt sind:

$$\sum_{i=1}^{n} u_1^2 = u^T u = 1, \qquad (395)$$

$$\sum_{i=1}^{n} v_i^2 = v^T v = 1, \qquad (396)$$

$$\sum_{i=1}^{n} w_i^2 = w^T w = 1. \qquad (397)$$

Wenn man in (313) alle s_i durch μs_i und c_0 durch c_0/μ ersetzt, wobei μ eine beliebige positive Zahl ist, so ändert das nichts an der Kostenfunktion. Offenbar kann durch eine derartige Neufestsetzung von $s_1, \ldots, s_n$ und c_0 immer erreicht werden, daß (397) gilt. Es seien μ_1, μ_2 und μ_3 drei positive Zahlen, deren Produkt $\mu_1\mu_2\mu_3$ den Wert 1 hat. Ersetzt man in (324) alle q_i durch $\mu_1 q_i$, alle r_i durch $\mu_2 r_i$ und z durch $\mu_3 z$, so bleibt der Nachfragezusammenhang unverändert. Durch eine derartige Neufestsetzung kann immer erreicht werden, daß (395) und (396) erfüllt sind. Die Tatsache, daß die Mengeneinheiten so gewählt sind, daß (373) gilt, hindert uns nicht daran, diese Neufestsetzungen vorzunehmen.

---

[9] Vgl. hierzu die Fußnote zu Gl. (143) in Abschnitt 3.4.

Im folgenden soll immer vorausgesetzt werden, daß die Parameter q_i, r_i, z und c_0 so gewählt sind, daß (395), (396) und (397) gilt.

Die Hotelling-Bedingung nimmt in unserem Falle die Form

$$z r_i q_j = z r_j q_i \qquad \text{für } i \neq j \tag{398}$$

an. Dividiert man (398) durch $a_i a_j$, so erkennt man aus (328) und (337), daß aus (398)

$$r_i' q_j' = r_j' q_i' \tag{399}$$

folgt. Wegen der Art und Weise, in der wir die Mengeneinheiten gewählt haben, ist das gleichbedeutend mit

$$u_i v_j = u_j v_i. \tag{400}$$

Infolgedessen muß sich u_i zu u_j wie v_i zu v_j verhalten. Das kann aber wegen (395) und (396) nur dann für $i \neq j$ immer der Fall sein, wenn

$$u_i = v_i \qquad \text{für } i = 1, \ldots, n \tag{401}$$

gilt. Aus (401) folgt, daß zwischen $\bar{x}_u$ und $\bar{x}_v$ und zwischen B_u und B_v kein Unterschied besteht. Die beiden ersten Gleichungen des Systems (367), (368), (369) fallen daher zusammen. Dieses System nimmt also aufgrund der Hotelling-Bedingung und wegen (395), (396) und (397) die folgende einfachere Form an:

$$(2 + 2z') \, \tilde{x}_u + 2 c_0 u^T w \, \tilde{x}_w = B_u, \tag{402}$$

$$2 z' u^T w \, \tilde{x}_u + (2 + 2 c_0) \, \tilde{x}_w = B_w. \tag{403}$$

Es soll nun gezeigt werden, daß die Determinante

$$D = (2 + 2z') (2 + 2 c_0) - 4 c_0 z' (u^T w)^2 \tag{404}$$

dieses Systems immer positiv ist, wenn die Annahme der Kostenkonvexität erfüllt ist und die unmittelbaren Preiswirkungen negativ sind und überwiegen. Wir werden zunächst nur nachweisen, daß D von Null verschieden ist. Wäre das nicht der Fall, so gäbe es zwei Zahlen μ_1 und μ_2, die nicht beide verschwinden und die die Eigenschaft haben, daß sich der zweigliedrige Nullvektor ergibt, wenn die Zeilen der Matrix des Systems (402) und (403) mit μ_1 bzw. μ_2 multipliziert und dann addiert werden. Man sieht sofort, daß sich dann aber auch für das System (367), (368), (369) der dreigliedrige Nullvektor ergeben müßte, wenn erst die beiden ersten Zeilen der Matrix dieses Systems mit μ_1 und die dritte mit $2 \mu_2$ multipliziert wird und dann die so multiplizierten Zeilen addiert werden. Das würde jedoch bedeuten, daß die Determinante des Systems (367), (368), (369) verschwindet, was, wie wir wissen, nicht der Fall ist. D ist also von Null verschieden.

Für den Nachweis, daß D positiv ist, wollen wir nur z als variabel und alle anderen Parameter des Modells als fest vorgegeben betrachten. Zunächst soll sogar auch c_0 als fest angesehen werden; ebenso wie bei dem Beweis von (331) bezeichnen wir die zu einem bestimmten z gehörige Matrix der $\partial x_i/\partial p_j$ mit N^z. Wie wir in Abschnitt 6.2 mit Hilfe von (332) gesehen haben, muß N^z für $z = \alpha z_1 + (1 - \alpha) z_2$ mit $0 < \alpha < 1$ negativ quasidefinit sein, wenn N^{z_1} und N^{z_2} negativ quasidefinit sind. Die Menge derjenigen z, für die N^z negativ quasidefinit ist — das ist gleichbedeutend damit, daß die Annahme der Umsatzkonvexität erfüllt ist — ist infolge-dessen ein Intervall. In diesem Intervall kann die zu z gehörige Deter-minante des Systems (402) und (403) nirgends den Wert Null annehmen. Da D^z eine stetige Funktion von z ist, kann D^z in diesem Intervall auch nicht das Vorzeichen wechseln.

Es soll nun neben den übrigen Parametern auch z als fest betrachtet werden; mit C^{c_0} sei die zu c_0 gehörige Matrix der $\partial^2 K/\partial x_i \partial x_j$ bezeichnet. Für $c_0 = \alpha c_0' + (1 - \alpha) c_0''$ mit $0 < \alpha < 1$ muß C^{c_0} positiv semidefinit sein, wenn $C^{c_0'}$ und $C^{c_0''}$ positiv semidefinit sind. Das kann in derselben Weise gezeigt werden, in der die entsprechende Behauptung für N^z mit Hilfe von (332) nachgewiesen wurde. Die Menge derjenigen c_0, für die C^{c_0} positiv semidefinit ist — das ist gleichbedeutend damit, daß die An-nahme der Kostenkonvexität erfüllt ist — ist also ein Intervall. In diesem Intervall kann die zu c_0 gehörige Determinante D_{c_0} nirgends den Wert Null annehmen und wegen ihrer stetigen Abhängigkeit von c_0 auch nicht das Vorzeichen wechseln.

Aus dem bisherigen ergibt sich, daß die Menge derjenigen Paare (z, c_0) für die die Annahmen der Umsatzkonvexität und der Kosten-konvexität erfüllt sind, einen einfach zusammenhängenden Bereich füllen, wenn die übrigen Parameter des Modells fest vorgegeben sind. Die Determinante des Systems (402) und (403) kann in diesem Bereich nirgends den Wert Null annehmen und auch nicht das Vorzeichen wechseln. Da sie an der Stelle $z = 0$ und $c_0 = 0$ offensichtlich positiv ist, muß sie in dem ganzen Bereich positiv sein. Da die Umsatzkonvexität wegen der Linearität des Nachfragezusammenhangs aus der Voraus-setzung negativer und überwiegender unmittelbarer Preiswirkungen folgt, ist damit gezeigt, daß D positiv ist, wenn diese Voraussetzung und die Annahme der Kostenkonvexität erfüllt sind.

Aus (404) folgt

$$D = 4 + 4z' + 4c_0 + 4c_0 z' \left(1 - (u^T w)^2\right). \tag{407}$$

Wenn $z = 0$ ist, muß c_0 wegen $D > 0$ größer sein als -1. Da aber die Grenzen, zwischen denen sich c_0 bewegen kann, ohne die Annahme der Kostenkonvexität zu verletzen, nicht von z abhängen, muß infolgedessen immer

$$c_0 > -1 \qquad (408)$$

gelten. Ebenso muß z' wegen $D > 0$ für $c_0 = 0$ größer sein als -1. Der Bereich, in dem sich z' bewegen kann, ohne daß die Voraussetzung negativer und überwiegender unmittelbarer Preiswirkungen verletzt wird, hängt nicht von c_0 ab. Es gilt also stets

$$z' > -1. \qquad (409)$$

Differenziert man (402) und (403) nach z', so ergeben sich die folgenden Gleichungen für $\partial \tilde{x}_u / \partial z'$ und $\partial \tilde{x}_w / \partial z'$

$$(2 + 2z') \frac{\partial \tilde{x}_u}{\partial z'} + 2c_0 u^T w \frac{\partial \tilde{x}_w}{\partial z'} = \frac{\partial B_u}{\partial z'} - 2\tilde{x}_u, \qquad (410)$$

$$2z' u^T w \frac{\partial \tilde{x}_u}{\partial z'} + (2 + 2c_0) \frac{\partial \tilde{x}_w}{\partial z'} = \frac{\partial B_w}{\partial z'} - 2u^T w \tilde{x}_u. \qquad (411)$$

B_u und B_w sind nicht von z' unabhängig. Aus (336) und (364) folgt mit Hilfe von (373)

$$\frac{\partial B_i}{\partial z'} = \frac{\partial d_i'}{\partial z'} = \frac{r_i}{a_i} \bar{d}_{q'} = u_i \bar{d}_{q'}. \qquad (412)$$

Aus der Definition von B_u und B_w ergibt sich also

$$\frac{\partial B_u}{\partial z'} = u^T u \, \bar{d}_{q'} = \bar{d}_{q'}, \qquad (413)$$

$$\frac{\partial B_w}{\partial z'} = u^T w \, \bar{d}_{q'}. \qquad (414)$$

Durch Einsetzen in (410) und (411) erhält man

$$(2 + 2z') \frac{\partial \tilde{x}_u}{\partial z'} + 2c_0 u^T w \frac{\partial \tilde{x}_w}{\partial z'} = \bar{d}_{q'} - 2\tilde{x}_u, \qquad (415)$$

$$2z' u^T w \frac{\partial \tilde{x}_u}{\partial z'} + (2 + 2c_0) \frac{\partial \tilde{x}_w}{\partial z'} = u^T w (\bar{d}_{q'} - 2\tilde{x}_u). \qquad (416)$$

Die Auflösung dieser Gleichungen führt zu den folgenden Formeln:

$$\frac{\partial \tilde{x}_u}{\partial z'} = \frac{1}{D} (\bar{d}_{q'} - 2\tilde{x}_u) [2 + 2c_0 (1 - (u^T w)^2)], \qquad (417)$$

$$\frac{\partial \tilde{x}_w}{\partial z'} = \frac{1}{D} (\bar{d}_{q'} - 2\tilde{x}_u) [2 + 2z' (1 - u^T w)]. \qquad (418)$$

Da die u_i und w_i nichtnegativ sind, ist $u^T w$ nichtnegativ. Außerdem gilt

$$(u - w)^T (u - w) = u^T u + v^T v - 2u^T w = 2 - 2u^T w \geqq 0. \qquad (419)$$

Deshalb ist stets

$$0 \leqq u^T w \leqq 1. \qquad (420)$$

Aus (408), (409) und (420) ist zu erkennen, daß die Ausdrücke, die in (417) und (418) in den eckigen Klammern stehen, stets positiv sind. $\partial \tilde{x}_u / \partial z'$ und $\partial \tilde{x}_w / \partial z'$ haben also beide dasselbe Vorzeichen wie $\bar{d}_{q'} - 2\tilde{x}_u$. Wir werden nun zeigen, daß diese Differenz immer positiv ist, wenn die Voraussetzung der Kostenmonotonie [Annahme (c) in Abschnitt 1.2] erfüllt ist.

Aus (336) und (376) folgt

$$d_i - 2\tilde{x}_i = d_i - \frac{1}{a_i}(d_i + r_i z' \bar{d}_{q'}) + k_i + 2z' u_i \tilde{x}_u + 2c_0 w_i \tilde{x}_w. \tag{421}$$

Mit Hilfe von (373) ergibt sich daraus

$$d_i - 2\tilde{x}_i = k_i + c_i d_i + 2c_0 w_i \tilde{x}_w - z' u_i(\bar{d}_{q'} - 2\tilde{x}_u). \tag{422}$$

In den nun folgenden Gleichungen soll unter $\partial K / \partial x_i$ derjenige Wert verstanden werden, den dieser Differentialquotient im Optimum annimmt. Es ist

$$\frac{\partial K}{\partial x_i} = k_i + 2c_i \tilde{x}_i + 2c_0 w_i \tilde{x}_w. \tag{423}$$

Wir können daher (422) auf die folgende Form bringen:

$$d_i - 2\tilde{x}_i = \frac{\partial K}{\partial x_i} + c_i(d_i - 2\tilde{x}_i) - z' u_i(\bar{d}_{q'} - 2\tilde{x}_u). \tag{424}$$

Aus (424) folgt mit Hilfe von (373)

$$\frac{1}{a_i}(d_i - 2\tilde{x}_i) = \frac{\partial K}{\partial x_i} - z' u_i(\bar{d}_{q'} - 2\tilde{x}_u). \tag{425}$$

Multipliziert man jede dieser Gleichungen mit dem zugehörigen q_i und addiert man dann alle diese Gleichungen, so erhält man

$$\bar{d}_{q'} - 2\tilde{x}_u = \sum_{i=1}^{n} q_i \frac{\partial K}{\partial x_i} - z' q^T u(\bar{d}_{q'} - 2\tilde{x}_u). \tag{426}$$

Aus $u = v$ und der Definition von z', die in Gleichung (333) gegeben wurde, folgt

$$1 + z' q^T u = 1 + \frac{z q^T v}{1 - z q^T v} = \frac{1}{1 - z q^T v}. \tag{427}$$

Mit Hilfe von (427) ergibt sich aus (426)

$$\bar{d}_{q'} - 2\tilde{x}_u = (1 - z q^T v) \sum_{i=1}^{n} q_i \frac{\partial K}{\partial x_i}. \tag{428}$$

Wenn die Annahme der Kostenmonotonie erfüllt ist, sind alle $\partial K / \partial x_i$ positiv. Die q_i sind sämtlich nichtnegativ und verschwinden nicht alle. $1 - z q^T v$ ist wegen (331) positiv. Damit ist gezeigt, daß $\bar{d}_{q'} - 2\tilde{x}_u$ positiv ist, wenn die Annahmen der Kostenkonvexität und der Kostenmonotonie erfüllt sind und die unmittelbaren Preiswirkungen negativ sind und überwiegen. Unter diesen Voraussetzungen sind also die partiellen Differentialquotienten $\partial \tilde{x}_u/\partial z'$ und $\partial \tilde{x}_w/\partial z'$ positiv.

Aus (333) und (331) folgt

$$\frac{\partial z'}{\partial z} = \frac{1}{(1 - z q^T v)^2} > 0. \tag{429}$$

Wenn die partiellen Ableitungen $\partial \tilde{x}_u/\partial z'$ und $\partial \tilde{x}_w/\partial z'$ positiv sind, sind deshalb auch die partiellen Ableitungen $\partial \tilde{x}_u/\partial z$ und $\partial \tilde{x}_w/\partial z$ positiv. Aus (393) ergibt sich

$$\frac{\partial \tilde{p}_q}{\partial z} = \frac{1}{(1 - z q^T v)^2} \frac{\partial \tilde{x}_u}{\partial z}. \tag{430}$$

Der partielle Differentialquotient $\partial \tilde{p}_q/\partial z$ ist infolgedessen unter den Voraussetzungen, unter denen wir $\partial \tilde{x}_u/\partial z'$ und $\partial \tilde{x}_w/\partial z'$ als positiv erkannt haben, ebenfalls positiv.

Wir wenden uns nun der Untersuchung der partiellen Differentialquotienten $\partial \tilde{x}_u/\partial c_0$, $\partial \tilde{x}_w/\partial c_0$ und $\partial \tilde{p}_q/\partial c_0$ zu. Differenziert man (402) und (403) partiell nach c_0, so erhält man:

$$(2 + 2z') \frac{\partial \tilde{x}_u}{\partial c_0} + 2 c_0 u^T w \frac{\partial \tilde{x}_u}{\partial c_0} = -2 u^T w \tilde{x}_w, \tag{431}$$

$$2 z' u^T w \frac{\partial \tilde{x}_u}{\partial c_0} + (2 + 2 c_0) \frac{\partial \tilde{x}_w}{\partial c_0} = -2 \tilde{x}_w. \tag{432}$$

B_u und B_w hängen nicht von c_0 ab. Die Auflösung von (431) und (432) führt zu den folgenden Formeln:

$$\frac{\partial \tilde{x}_u}{\partial c_0} = -\frac{4 \tilde{x}_w}{D} u^T w, \tag{433}$$

$$\frac{\partial \tilde{x}_w}{\partial c_0} = -\frac{4 \tilde{x}_w}{D} \left[1 + z' \left(1 - (u^T w)^2 \right) \right]. \tag{434}$$

Da $\tilde{x}_w$ und D positiv sind, ist aus (409) und (420) zu erkennen, daß $\partial \tilde{x}_w/\partial c_0$ negativ ist und daß $\partial \tilde{x}_u/\partial c_0$ nicht positiv ist. $\partial \tilde{x}_u/\partial c_0$ kann nur für den Grenzfall $u^T w = 0$ den Wert Null annehmen und ist sonst immer negativ. Aus (393) folgt

$$\frac{\partial \tilde{p}_q}{\partial c_0} = -\frac{1}{1 - z q^T v} \frac{\partial \tilde{x}_u}{\partial c_0}. \tag{435}$$

Wir wissen, daß $1 - z q^T v$ positiv ist. Wegen (435) ist also $\partial \tilde{p}_q/\partial c_0$ nicht negativ und für $u^T w \neq 0$ immer positiv.

Ergebnis. Wenn im linear-quadratischen Modell mit einfacher Nachfrageverbundenheit und einfacher Kostenverbundenheit die Annahmen der Kostenkonvexität und der Kostenmonotonie[10] und die Voraussetzung negativer und überwiegender unmittelbarer Preiswirkungen erfüllt sind und wenn außerdem alle q_i, r_i und s_i nichtnegativ sind, so gilt folgendes: (a) Die Nachfrageverbundenheit ist für $z > 0$ schwach vollsubstitutional und für $z < 0$ schwach vollkomplementär; eine Erhöhung von z bewirkt eine Abschwächung der Komplementarität oder eine Verstärkung der Substitutionalität der Nachfrageverbundenheit. (b) Die Kostenverbundenheit ist für $c_0 > 0$ schwach vollsubstitutional und für $c_0 < 0$ schwach vollkomplementär; eine Erhöhung von c_0 bewirkt eine Abschwächung der Komplementarität oder eine Verstärkung der Substitutionalität der Kostenverbundenheit. (c) Vergleiche zwischen zwei Artikeln, die sich nur hinsichtlich eines Parameters unterscheiden, zeigen, daß der höhere optimale Preis $\tilde{p}_i$ mit dem größeren k_i bzw. dem größeren d_i verbunden ist; für $z > 0$ gehört der höhere optimale Preis zu dem größeren q_i bzw. dem kleineren r_i, für $z < 0$ jedoch zu dem größeren r_i bzw. dem kleineren q_i; für $c_0 > 0$ ist der höhere optimale Preis mit dem größeren s_i, für $c_0 < 0$ dagegen mit dem kleineren s_i verbunden. (d) Vergleiche zwischen zwei Artikeln, die sich nur hinsichtlich eines Parameters unterscheiden, zeigen, daß die höhere optimale Gewinnspanne $\tilde{g}_i$ mit dem kleineren k_i bzw. dem größeren d_i verbunden ist; für $z > 0$ gehört die höhere optimale Gewinnspanne zu dem größeren q_i bzw. dem kleineren r_i, für $z < 0$ jedoch zu dem größeren r_i bzw. dem kleineren q_i; für $c_0 > 0$ ist die höhere optimale Gewinnspanne mit dem kleineren s_i, für $c_0 < 0$ dagegen mit dem größeren s_i verbunden. (e) Wenn die Hotelling-Bedingung erfüllt ist, bewirkt eine Zunahme von z ceteris paribus eine Zunahme der Mengenindices $\tilde{x}_u$ und $\tilde{x}_w$ und eine Erhöhung von $\tilde{p}_q$. (f) Wenn die Hotelling-Bedingung erfüllt ist und wenn $u^T w$ von Null verschieden ist, hat eine Zunahme von c_0 ceteris paribus eine Abnahme der Mengenindices $\tilde{x}_u$ und $\tilde{x}_w$ und eine Zunahme von $\tilde{p}_q$ zur Folge; im Grenzfall $u^T w = 0$ bleiben $\tilde{x}_u$ und $\tilde{p}_q$ unverändert.

---

[10] Die Kostenmonotonie wird nur für die Herleitung von (e) benötigt.

7 Aggregationstheorie des linear-quadratischen Modells

Zu Beginn des vorigen Kapitels ist bereits darauf hingewiesen worden, daß die Bedingungen der einfachen Kostenverbundenheit und der einfachen Nachfrageverbundenheit den Charakter von Aggregierbarkeitsvoraussetzungen haben. Bei der einfachen Kostenverbundenheit wird angenommen, daß alle Kosten, die nicht den einzelnen Gütern direkt zugerechnet werden können, nur von dem Mengenindex $\bar{x}_s$ abhängen, und bei der einfachen Nachfrageverbundenheit wird unterstellt, daß die Absatzmengen nur von den eigenen Preisen und dem Preisindex p_q abhängen. Obwohl diese Bedingungen für das linear-quadratische 2-Güter-Modell keine Einschränkung der Allgemeinheit bedeuten, sind sie doch als Aggregierbarkeitsvoraussetzungen für den ausgesprochenen Vielgüterfall mit Hunderten und Tausenden von angebotenen Artikeln sehr einschneidend. Wie wir noch sehen werden, verliert das linear-quadratische n-Güter-Modell für große n fast alle seine Freiheitsgrade, wenn es den Bedingungen der einfachen Kostenverbundenheit und der einfachen Nachfrageverbundenheit unterworfen wird. In diesem Kapitel soll deshalb gezeigt werden, daß die beiden Annahmen durch weit weniger einschränkende Aggregierbarkeitsvoraussetzungen ersetzt werden können, ohne daß die Analysierbarkeit darunter leidet. Zu diesen Aggregierbarkeitsvoraussetzungen gelangt man, indem man unsystematische Abweichungen von der einfachen Kostenverbundenheit und der einfachen Nachfrageverbundenheit zuläßt. Die Gütervielfalt des ausgesprochenen Vielgüterfalls wird dabei als eine Massenerscheinung aufgefaßt, die bestimmten statistischen Regelmäßigkeiten unterworfen ist. Man wird um so eher davon ausgehen können, daß ein derartiger Ansatz gerechtfertigt ist, je größer die Zahl der angebotenen Güter ist.

Die Preisbestimmungsformeln des vorigen Kapitels bleiben auch unter den schwächeren Aggregierbarkeitsvoraussetzungen dieses Kapitels richtig. Die für das linear-quadratische Modell mit einfacher Kostenverbundenheit und einfacher Nachfrageverbundenheit erzielten Ergebnisse werden dadurch auf eine breitere Grundlage gestellt.

Eigentlich ist dieses Kapitel nur eine Fortsetzung des vorigen. Es wäre sicherlich nicht unberechtigt, auch im Hinblick auf unsere Behandlung des linear-quadratischen Modells mit einfacher Kostenverbundenheit und einfacher Nachfrageverbundenheit von einer Aggregationstheorie zu sprechen.

7.1 Die Aggregierbarkeitsvoraussetzungen

Wenn wir in diesem Kapitel die Annahmen der einfachen Kostenverbundenheit und der einfachen Nachfrageverbundenheit dadurch ab-
schwächen, daß wir Abweichungen zulassen, die in einem ganz bestimmten Sinne unsystematisch sind, so liegt dem die Vorstellung
zugrunde, daß die Abhängigkeit aller Absatzmengen von dem Preisniveau der Unternehmung und die Abhängigkeit der Kosten von der
Kapazitätsauslastung die für das Zustandekommen der Nachfrageverbundenheit und der Kostenverbundenheit wichtigsten Faktoren
sind, deren Einfluß von einem Netz außerordentlich vielfältiger aber
vergleichsweise schwacher Substitutionalitäts- und Komplementaritätsbeziehungen überlagert wird, die auf andere Ursachen zurückzuführen
sind.

Wenn man von dieser Vorstellung ausgeht, ist es ganz natürlich,
die einfache Kostenverbundenheit dadurch abzuschwächen, daß man
sich zu einer dieser Bedingung entsprechenden Matrix C der $\partial^2 K/\partial x_i \partial x_j$
eine symmetrische[1] n-reihige Abweichungsmatrix Γ hinzuaddiert denkt,
deren Elemente γ_{ij} den Mittelwert Null haben und abgesehen von der
Symmetrie von Γ zufällig auf die n^2 Plätze der Matrix verteilt sind.
Hierbei ist es vor allem wichtig, daß die γ_{ij} regellos in bezug auf die
Parameter des Systems sind. Es sei α_i ein Rechenausdruck, der aus den
zu dem Gut i gehörenden Parametern d_i, a_i, q_i, k_i, c_i, s_i des linear-
quadratischen Modells mit einfacher Kostenverbundenheit und ein-
facher Nachfrageverbundenheit gebildet ist. Wenn die γ_{ij} in bezug auf
diese Parameter regellos sind, wird man bei einer großen Zahl von
Gütern erwarten können, daß die Summen

$$\sum_{j=1}^{n} \gamma_{ij}\alpha_j \quad \text{für } i=1, \dots, n \tag{436}$$

mit großer Wahrscheinlichkeit in der Nähe von Null liegen.

Ebenso wie die Abweichungsmatrix Γ zu C hinzugefügt wurde,
können wir auch zu der Matrix N der $\partial x_i/\partial p_j$ eine n-reihige quadratische
Abweichungsmatrix $\mathscr{E}$ hinzufügen, deren Elemente ε_{ij} den Mittelwert
Null haben und zufällig auf die Plätze der Matrix verteilt sind. Bildet
man für einen Rechenausdruck α_i in den d_i, a_i, r_i, q_i, k_i, c_i, s_i die
Summen[2]

$$\sum_{j=1}^{n} \varepsilon_{ij}\alpha_j \quad \text{für } i=1, \dots, n \tag{437}$$

---

[1] Da die Matrix der $\partial^2 K/\partial x_i \partial x_j$ symmetrisch ist, muß auch die Abweichungsmatrix Γ symmetrisch sein.

[2] Da die Abweichungsmatrix $\mathscr{E}$ im Gegensatz zu Γ nicht symmetrisch sein
muß, besteht zwischen den Summen (437) und (438) ein Unterschied.

und
$$\sum_{i=1}^{n} \varepsilon_{ij}\alpha_i, \tag{438}$$

so wird man auch hier bei einer großen Zahl von Gütern erwarten können, daß sich Werte in der Nähe von Null ergeben.

Bezeichnet man mit α den Spaltenvektor der Rechenausdrücke α_i, so sind die n Summen (436) die Komponenten des Spaltenvektors $\Gamma\alpha$. Ebenso sind die Summen (437) und (438) die Komponenten der Spaltenvektoren $\mathscr{E}\alpha$ und $\mathscr{E}^T\alpha$. Wir sind nun in der Lage, unsere wichtigste Aggregierbarkeitsvoraussetzung zu formulieren.

Aggregierbarkeitsvoraussetzung (A). Die Abweichungsmatrizen $\mathscr{E}$ und Γ von der einfachen Nachfrageverbundenheit und der einfachen Kostenverbundenheit sind in dem folgenden Sinne regellos: Wenn α_i ein Rechenausdruck in den zu dem Gut i gehörigen Parametern d_i, a_i, r_i, q_i, k_i, c_i, s_i und α der Spaltenvektor der α_i ist, so können die Vektoren $\mathscr{E}\alpha$, $\mathscr{E}^T\alpha$ und $\Gamma\alpha$ bei der Berechnung der optimalen Mengen und Preise vernachlässigt, d. h. durch den Nullvektor ersetzt werden.

In dieser Aggregierbarkeitsvoraussetzung wird unterstellt, daß die Matrizen N und C bereits in einen „systematischen" und einen „unsystematischen" Teil zerlegt vorliegen. Der systematische Teil ist derjenige, der sich aus den Formeln für das linear-quadratische Modell mit einfacher Kostenverbundenheit und einfacher Nachfrageverbundenheit ergibt, und die unsystematischen Teile sind die Abweichungsmatrizen $\mathscr{E}$ und Γ. Wir brauchen für unsere Theorie eigentlich nur zu fordern, daß es möglich ist, durch geeignete Zerlegungen dieser Art zu erreichen, daß sich im Sinne unserer Aggregierbarkeitsvoraussetzung regellose Abweichungsmatrizen ergeben.

Durch die Vernachlässigung der Ausdrücke von der Form $\mathscr{E}\alpha$, $\mathscr{E}^T\alpha$ und $\Gamma\alpha$ entstehen natürlich kleine Fehler. Die Aggregierbarkeitsvoraussetzung ist jedenfalls dann gerechtfertigt, wenn diese Fehler so klein sind, daß sie unterhalb der Grenzen der Rechen- und Beobachtungsgenauigkeit liegen. Die Aggregierbarkeitsvoraussetzung hat freilich nicht den Charakter einer genau umrissenen mathematischen Annahme, sondern eher den eines Approximationsprinzips, das um so eher berechtigt ist, je regelloser die unsystematischen Bestandteile der Kostenfunktion und des Nachfragezusammenhangs sind und je kleiner sie im Vergleich zu den systematischen sind.

Wir haben zwar schon gesagt, wie das linear-quadratische Modell mit einfacher Kostenverbundenheit und einfacher Nachfrageverbundenheit durch die Einführung der Abweichungsmatrizen $\mathscr{E}$ und Γ zu ergänzen ist; für den weiteren Verlauf unserer Erörterungen ist es aber

notwendig, die betreffenden Formeln tatsächlich zur Verfügung zu
haben. Die Gln. (324) aus Abschnitt 6.2, die einen linearen Nachfragezusammenhang mit einfacher Nachfrageverbundenheit beschreiben,
können in Matrixschreibweise folgendermaßen zum Ausdruck gebracht
werden:

$$x = d - A p + z r q^T p; \tag{439}$$

hierbei ist A diejenige Matrix, die auf der Hauptdiagonalen in der i-ten
Zeile das Element a_i und außerhalb der Hauptdiagonalen nur Nullen
enthält. Aus der Multiplikation des Spaltenvektors r der r_i mit dem
Zeilenvektor q^T der q_i ergibt sich die Matrix

$$r q^T = \begin{pmatrix} r_1 q_1 & r_1 q_2 \ldots r_1 q_n \\ r_2 q_1 & r_2 q_2 \ldots r_2 q_n \\ \vdots & \vdots \quad\quad \vdots \\ r_n q_1 & r_n q_2 \ldots r_n q_n \end{pmatrix}. \tag{440}$$

Durch die Hinzufügung der Abweichungsmatrix entsteht aus (438) der
Nachfragezusammenhang

$$x = d - A p + z r q^T p + \mathscr{E} p. \tag{441}$$

Bezeichnet man mit L diejenige Matrix, die auf der Hauptdiagonale in
der i-ten Zeile das Element c_i und außerhalb der Hauptdiagonale nur
Nullen enthält, so ergibt sich aus (315), (316) und (317) in Abschnitt 6.1,
daß eine quadratische Kostenfunktion mit einfacher Kostenverbundenheit die folgende Form hat:

$$K = F + k x + x^T L x + x^T c_0 s s^T x. \tag{442}$$

Das Produkt des Spaltenvektors s mit dem Zeilenvektor s^T ist die
Matrix $s s^T$, deren Elemente die Form $s_i s_j$ haben. Durch die Hinzufügung der Abweichungsmatrix Γ entsteht aus (442) die Kostenfunktion

$$K = F + k x + x^T L x + x^T c_0 s s^T x + x^T \Gamma x. \tag{443}$$

Ebenso wie in früheren Kapiteln wollen wir auch hier davon ausgehen,
daß die Annahme der Kostenkonvexität und die Voraussetzung überwiegender negativer unmittelbarer Preiswirkungen erfüllt sind. Darüber
hinaus soll aber außerdem noch angenommen werden, daß diese Bedingungen auch auf die systematischen Teile (439) und (442) des Nachfragezusammenhangs (441) und der Kostenfunktion (443) für sich
allein genommen zutreffen. Nur wenn das der Fall ist, können wir ohne
weiteres auf die Ergebnisse des vorigen Kapitels zurückgreifen. Wir
müssen auch die Voraussetzung überwiegender negativer unmittelbarer
Preiswirkungen dahingehend verschärfen, daß wir ihre Gültigkeit auch
für denjenigen Nachfragezusammenhang fordern, der aus (440) ent-

steht, wenn man z durch Null ersetzt. Der Übersichtlichkeit halber fassen wir diese zusätzlichen Annahmen zu einer Aggregierbarkeitsvoraussetzung (B) zusammen.

Aggregierbarkeitsvoraussetzung (B). Die Annahme der Kostenkonvexität ist auch für den systematischen Teil der Kostenfunktion für sich allein genommen erfüllt. Die Voraussetzung überwiegender negativer unmittelbarer Preiswirkungen gilt auch für denjenigen Nachfragezusammenhang, der aus (440) entsteht, wenn z gleich Null gesetzt wird, und sie trifft ebenso auf den systematischen Teil des Nachfragezusammenhangs für sich allein genommen zu.

Da die Aggregierbarkeitsvoraussetzung (B) nur eine leichte Verschärfung von Annahmen ist, mit deren ökonomischen Gehalt wir uns bereits auseinandergesetzt haben, erübrigt sich eine besondere Begründung. Die Aggregierbarkeitsvoraussetzung (B) hat natürlich einen ganz anderen Charakter als die Aggregierbarkeitsvoraussetzung (A), die im Rahmen unserer Theorie eine viel wichtigere Rolle spielt.

Ebenso wie im vorigen Kapitel werden wir auch hier immer davon ausgehen, daß die Mengeneinheiten so normiert sind, daß (373) gilt.

7.2 Inversion des Nachfragezusammenhangs und Untersuchung der Marginalbedingungen erster Ordnung

Das erste Problem, mit dem wir uns in diesem Abschnitt zu befassen haben, ist das der Inversion des Nachfragezusammenhangs. Es ist von vornherein zu vermuten, daß die Umkehrung von (441) mit der Umkehrung von (439) zusammenhängt, die uns in der Form der Gln. (375) aus Abschnitt 6.3 bekannt ist. Die Gln. (375) können in Matrixschreibweise folgendermaßen zum Ausdruck gebracht werden:

$$p = d' - A^{-1}x - z'vu^T x. \qquad (444)$$

Aus (336) ist zu entnehmen, daß der Vektor d' in (444) die folgende Gestalt hat:

$$d' = A^{-1}d + z'vu^T d. \qquad (445)$$

Es liegt nahe, für die Inversion des Nachfragezusammenhangs (441) den folgenden Ansatz zu machen:

$$p = d' - A^{-1}x - z'vu^T x + \Phi x. \qquad (446)$$

Hierbei ist Φ eine n-reihige quadratische Matrix, deren Elemente wir mit φ_{ij} bezeichnen wollen. Um diesen Ansatz zu rechtfertigen, müssen wir zeigen, daß es tatsächlich ein Φ gibt, für das (446) die Inversion von (441) ist. Wie ein derartiges Φ beschaffen sein muß, ergibt sich aus der Multiplikation von

$$N = -A + z r q^T + \mathscr{E} \qquad (447)$$

mit

$$N^{-1} = -A^{-1} - z' v u^T + \Phi. \qquad (448)$$

Diese Multiplikation muß ja die Einheitsmatrix E ergeben. Wir erhalten:

$$(-A + z r q^T + \mathscr{E})(-A^{-1} - z' v u^T + \Phi) = E. \qquad (449)$$

Da (444) die Inversion von (439) ist, ist (449) gleichbedeutend mit

$$(-A + z r q^T + \mathscr{E}) \Phi + \mathscr{E}(-A^{-1} - z v u^T) = 0. \qquad (450)$$

Hierbei steht 0 für die n-reihige quadratische Nullmatrix. Aus unserer Aggregierbarkeitsvoraussetzung (A) ergibt sich, daß wir $\mathscr{E} v$ durch den Nullvektor ersetzen dürfen[3]. Deshalb kann (450) auf die folgende Form gebracht werden:

$$(-A + z r q^T + \mathscr{E}) \Phi = \mathscr{E} A^{-1}. \qquad (451)$$

Unter Berücksichtigung von (447) und (448) folgt aus (451)

$$\Phi = (-A^{-1} - z' v u^T + \Phi) \mathscr{E} A^{-1}. \qquad (452)$$

Infolgedessen gilt

$$\Phi(E - \mathscr{E} A^{-1}) = (-A^{-1} - z' v u^T) \mathscr{E} A^{-1}. \qquad (453)$$

Auch auf (453) können wir unsere Aggregierbarkeitsvoraussetzung (A) anwenden, indem wir $u^T \mathscr{E}$ durch den Nullvektor ersetzen[4]. Auf diese Weise entsteht

$$\Phi(E - \mathscr{E} A^{-1}) = -A^{-1} \mathscr{E} A^{-1}. \qquad (454)$$

Es ist

$$E - \mathscr{E} A^{-1} = -(-A + \mathscr{E}) A^{-1}. \qquad (455)$$

Die Matrix $-A + \mathscr{E}$ ist die Matrix der $\partial x_i / \partial p_j$, die entsteht, wenn in (441) der Parameter z durch Null ersetzt wird. Aus unserer Aggregierbarkeitsvoraussetzung (B) folgt, daß diese Matrix invertiert werden kann. Infolgedessen hat auch die Matrix $E - \mathscr{E} A^{-1}$ eine Inverse. Wegen (454) gilt:

$$\Phi = -A^{-1} \mathscr{E} A^{-1} (E - \mathscr{E} A^{-1})^{-1}. \qquad (456)$$

Bevor wir nachweisen, daß (446) mit dem gemäß (456) berechneten Φ tatsächlich die Inversion von (441) ist, soll erst noch gezeigt werden, daß sich die Aggregierbarkeitsvoraussetzung (A) von $\mathscr{E}$ auf Φ überträgt; ebenso wie die Ausdrücke $\mathscr{E} \alpha$ und $\mathscr{E}^T \alpha$, können auch die entsprechenden Ausdrücke $\Phi \alpha$ und $\Phi^T \alpha$ vernachlässigt werden. [Hierbei

---

[3] Es ist klar, daß v_i ein Rechenausdruck in den d_i, a_i, r_i, q_i, k_i, c_i, s_i ist, denn es gilt $v_i = r_i / a_i$.
[4] Es ist $u^T \mathscr{E} = (\mathscr{E}^T u)^T$.

ist α ein Spaltenvektor mit den in der Aggregierbarkeitsvoraussetzung (A) genannten Eigenschaften.] Anstelle des Spaltenvektors $\Phi^T \alpha$ können wir ebensogut den Zeilenvektor $\alpha^T \Phi$ betrachten, denn beide stimmen in ihren Komponenten überein. Da der Vektor $\alpha^T A^{-1}$ mit den Komponenten α_i / a_i die in der Aggregierbarkeitsvoraussetzung (A) genannten Eigenschaften hat, kann $\alpha^T A^{-1} \mathscr{E}$ und deshalb auch $\alpha^T \Phi$ vernachlässigt werden.

Um zu zeigen, daß auch der Vektor $\Phi\alpha$ durch den Nullvektor ersetzt werden darf, machen wir Gebrauch davon, daß aus der Aggregierbarkeitsvoraussetzung (A)

$$(E - \mathscr{E} A^{-1})\alpha = \alpha \tag{457}$$

folgt; $\mathscr{E} A^{-1}\alpha$ kann ja durch den Nullvektor ersetzt werden. Ersetzt man in

$$\Phi\alpha = -A^{-1}\mathscr{E} A^{-1}(E - \mathscr{E} A^{-1})^{-1}\alpha \tag{458}$$

auf der rechten Seite α durch die linke Seite von (457), so erhält man

$$\Phi\alpha = -A^{-1}\mathscr{E} A^{-1}\alpha. \tag{459}$$

Der Ausdruck $\mathscr{E} A^{-1}\alpha$ kann aber vernachlässigt werden. Infolgedessen kann auch $\Phi\alpha$ durch den Nullvektor ersetzt werden. Wir haben damit das folgende Ergebnis erzielt:

Übertragbarkeit der Aggregierbarkeitsvoraussetzung (A) auf die Abweichungsmatrix Φ. Es sei α ein Spaltenvektor mit den in der Aggregierbarkeitsvoraussetzung (A) genannten Eigenschaften. Dann können die Vektoren $\Phi\alpha$ und $\Phi^T \alpha$ vernachlässigt werden (oder genauer gesagt, durch den Nullvektor ersetzt werden).

Wir zeigen nun, daß (446) mit dem gemäß (456) berechneten Φ die Inversion von (441) ist. Hierzu müssen wir zunächst nachweisen, daß die mit Hilfe von (448) und (456) ermittelte Matrix N^{-1} tatsächlich die Inverse der Matrix N in (447) ist. Wir können das tun, indem wir beweisen, daß

$$(-A^{-1} - z' v u^T + \Phi)(-A + z r q^T + \mathscr{E}) = E \tag{460}$$

gilt. Wenn man bedenkt, daß (444) die Inversion von (439) ist und außerdem berücksichtigt, daß $u^T \mathscr{E}$ und Φr vernachlässigt werden können, so erkennt man, daß (460) aus

$$-A^{-1} - \Phi A + \Phi \mathscr{E} = 0 \tag{461}$$

folgt. (461) ist gleichbedeutend mit

$$\Phi(A - \mathscr{E}) = A^{-1}\mathscr{E}. \tag{462}$$

(462) ist aber für das mit Hilfe von (456) berechnete Φ richtig, denn (462) folgt aus (454) durch Rechtsmultiplikation mit A.

Multipliziert man (441) von links mit der rechten Seite von (448), so erhält man

$$(-A^{-1} - z'vu^T + \Phi)\, x = (-A^{-1} - z'vu^T + \Phi)\, d + p. \qquad (463)$$

Da Φd vernachlässigt werden kann, folgt aus (463)

$$p = (A^{-1} + z'vu^T)\, d - A^{-1} x - z'vu^T x + \Phi x. \qquad (464)$$

Wegen (445) ist (464) lediglich eine andere Form von (446). Damit ist bewiesen, daß (446) mit dem gemäß (456) berechneten Φ die Inversion des Nachfragezusammenhangs (441) ist.

Wir gehen nun dazu über, die Marginalbedingungen erster Ordnung zu untersuchen. Aus (446) folgt

$$U = x^T p = x^T d' + x^T (-A^{-1} - z'vu^T + \Phi)\, x. \qquad (465)$$

Infolgedessen gilt [5]:

$$\frac{\partial U}{\partial x} = d' + (-2A^{-1} - z'vu^T - z'uv^T + \Phi + \Phi^T)\, x. \qquad (466)$$

Aus (443) folgt

$$\frac{\partial K}{\partial x} = k + (2L + 2c_0 s\, s^T + 2\Gamma)\, x. \qquad (467)$$

Aus (466) und (467) ist zu entnehmen, daß die Marginalbedingungen erster Ordnung durch die folgende Matrizengleichung zum Ausdruck gebracht werden können:

$$(2A^{-1} + 2L + z'vu^T + z'uv^T + 2c_0 s\, s^T + \Phi + \Phi^T + 2\Gamma)\, x = d' - k. \qquad (468)$$

Da die Mengeneinheiten so normiert sind, daß sich $1/a_i$ und c_i zu 1 ergänzen, gilt

$$A^{-1} + L = E. \qquad (469)$$

Bezeichnet man wie im vorigen Kapitel den Vektor $d' - k$ mit B und ersetzt man in (468) den Vektor s durch den Vektor w, so erhält man mit Hilfe von (469) die folgende Form der Marginalbedingungen erster Ordnung:

$$(2E + z'vu^T + z'uv^T + 2c_0 w\, w^T + \Phi + \Phi^T + 2\Gamma)\, x = B. \qquad (470)$$

Diese Gleichung unterscheidet sich nur durch die in der Klammer enthaltenen Abweichungsmatrizen von der Gl. (365) aus Abschnitt 6.3, in

---

[5] $\partial U / \partial x$ ist der Gradient von U nach x. Der Begriff des Gradienten und einige Regeln für die Berechnung von Gradienten sind in Abschnitt 4.2 erläutert worden.

der die Marginalbedingungen erster Ordnung für das linear-quadratische
Modell mit einfacher Kostenverbundenheit und einfacher Nachfrageverbundenheit zum Ausdruck kommen. Daraus ist zu erkennen, daß
der mit Hilfe des Gleichungssystems (367), (368) und (369) in Abschnitt 6.3 ermittelte optimale Mengenvektor $\tilde{x}$ jedenfalls dann auch
die Gl. (470) erfüllt, wenn für diesen Vektor

$$(\Phi + \Phi^T + 2\Gamma)\,\tilde{x} = 0 \qquad (471)$$

gilt. (Hierbei steht 0 für den Nullvektor.) Den Gln. (376) aus Abschnitt 6.3 entnehmen wir die folgende Gleichung für $\tilde{x}$:

$$\tilde{x} = \tfrac{1}{2}B - \tfrac{1}{2}z'v\,\tilde{x}_u - \tfrac{1}{2}z'u\,\tilde{x}_v - c_0 w\,\tilde{x}_w. \qquad (472)$$

Da die Produkte von Φ, Φ^T und Γ mit B, v, u und w wegen der Aggregierbarkeitsvoraussetzung (A) und ihrer Übertragbarkeit auf Φ vernachlässigt werden können, erhält man tatsächlich den Nullvektor,
wenn man die rechte Seite von (472) auf der linken Seite von (471) für $\tilde{x}$
einsetzt. Damit ist gezeigt, daß $\tilde{x}$ auch die Marginalbedingungen (470)
erfüllt.

　　Die Einführung unsystematischer Abweichungen ändert also nichts
an den optimalen Mengen, die sich für das linear-quadratische Modell
mit einfacher Kostenverbundenheit und einfacher Nachfrageverbundenheit ergeben. Wir können leicht zeigen, daß das auch für die optimalen
Preise gilt. Der optimale Preisvektor $\tilde{p}$ des Abschnitts 6.3 kann mit
Hilfe von (444) aus $\tilde{x}$ berechnet werden. Da wegen (472) aus der Aggregierbarkeitsvoraussetzung (A) folgt, daß $\Phi\tilde{x}$ durch den Nullvektor
ersetzt werden kann, kommt man zu demselben Ergebnis, wenn man $\tilde{p}$
ermittelt, indem man $\tilde{x}$ in die Gl. (446) einsetzt.

　　Ergebnis. Wenn für das durch die Gln. (440) und (443) beschriebene
linear-quadratische Modell die in den Matrizen $\mathscr{E}$ und Γ zum Ausdruck
kommenden Abweichungen von der einfachen Kostenverbundenheit
und der einfachen Nachfrageverbundenheit im Sinne der Aggregierbarkeitsvoraussetzung (A) regellos sind und wenn außerdem die Annahme
der Kostenkonvexität, die Voraussetzung überwiegender negativer unmittelbarer Preiswirkungen und die Aggregierbarkeitsvoraussetzung (B)
erfüllt sind, dann können die optimalen Mengen und die optimalen
Preise mit Hilfe der Formeln des Abschnitts 6.3 berechnet werden. (Die
Abweichungsmatrizen $\mathscr{E}$ und Γ haben dann keinen Einfluß auf die
optimalen Mengen und Preise.)

　　Da sich für das hier untersuchte Modell hinsichtlich der Berechnung
der optimalen Mengen und Preise gegenüber dem Modell der Abschnitte 6.3 und 6.4 nichts geändert hat, braucht über die Eigenschaften
des Optimums kaum noch etwas gesagt zu werden. Das am Ende des

Abschnitts 6.3 formulierte Ergebnis trifft auch hier zu. Es ist jedoch zu
beachten, daß in dem Modell dieses Kapitels auch dann, wenn alle q_i,
r_i und s_i positiv sind, der Nachfragezusammenhang und die Kostenfunktion wegen der Abweichungen keineswegs entweder vollsubstitutional oder vollkomplementär sein müssen. Veränderungen von z und
c_0 wirken sich aber nach wie vor in derselben Weise auf die Substitutionalität und Komplementarität der Kostenverbundenheit und der
Nachfrageverbundenheit aus. Die am Ende des Abschnitts 6.4 formulierten Ergebnisse (c), (d), (e) und (f) können ohne weiteres auf das hier
untersuchte Modell übertragen werden.

7.3 Vergleich mit dem linear-quadratischen Modell bei einfacher Kostenverbundenheit und einfacher Nachfrageverbundenheit

Da sich das in diesem Kapitel behandelte Modell nur durch regellose
Abweichungen von dem Modell der Abschnitte 6.3 und 6.4 unterscheidet, ist es nicht von vornherein klar, ob es uns mit Hilfe der Aggregierbarkeitsvoraussetzung (A) wirklich gelungen ist, den Geltungs-
bereich der Ergebnisse der Abschnitte 6.3 und 6.4 wesentlich auszuweiten. Um eine Antwort auf diese Frage geben zu können, werden
wir untersuchen, wie groß die Zahl der Freiheitsgrade ist, die das linear-
quadratische Modell durch die Annahmen der einfachen Kostenverbundenheit und der einfachen Nachfrageverbundenheit einerseits und
durch die Aggregierbarkeitsvoraussetzung (A) andererseits verliert.
(Die Aggregierbarkeitsvoraussetzung (B) hat keinen Einfluß auf die
Zahl der Freiheitsgrade.)

Es muß zunächst etwas genauer gesagt werden, was mit der Anzahl
der Freiheitsgrade gemeint ist. Hierzu wollen wir ein System von
Kennzahlen, die Funktionen der Parameter eines Modells sind, als eine
Basis bezeichnen, wenn alle Funktionen des Modells durch die Kennzahlen des Systems eindeutig bestimmt sind. Die Minimalzahl der
Kennzahlen, die eine Basis eines Modells enthalten muß, ist die Anzahl
seiner Freiheitsgrade.

Der Anwendung dieser Definition auf das linear-quadratische Modell
bei einfacher Kostenverbundenheit und einfacher Nachfrageverbundenheit stehen keine grundsätzlichen Schwierigkeiten entgegen. Eine etwas
andere Situation liegt aber für das in diesem Kapitel untersuchte
Modell vor. Da die Aggregierbarkeitsvoraussetzung (A) lediglich den
Charakter eines Approximationsprinzips hat, können wir sie nicht unmittelbar als eine Bedingung ansehen, der die Parameter des Modells
unterworfen sind. Wir können aber überall dort, wo wir Produkte von
der Form $\mathscr{E}\alpha$, $\mathscr{E}^T\alpha$ oder $\Gamma\alpha$ vernachlässigt haben, die Frage stellen, wie

es sich auf die Zahl der Freiheitsgrade auswirkt, wenn angenommen wird, daß alle Komponenten dieser Vektoren exakt gleich Null sind. Auf diese Weise gelangt man zu einer Anzahl von Freiheitsgraden, die sinnvoll mit der für das linear-quadratische Modell bei einfacher Kostenverbundenheit und einfacher Nachfrageverbundenheit verglichen werden kann.

Zur Vorbereitung dieses Vergleichs ist es notwendig, alle in den Beweisen des vorigen Abschnitts enthaltenen Anwendungen der Aggregierbarkeitsvoraussetzung (A) zusammenzustellen. Es ist natürlich auch aus anderen Gründen interessant, einen Überblick darüber zu gewinnen, welche Folgerungen wir aus der Aggregierbarkeitsvoraussetzung (A) gezogen haben. Die Frage, ob ein derartiges allgemeines Approximationsprinzip gerechtfertigt ist, kann ja eigentlich nicht unabhängig davon beantwortet werden, welcher Gebrauch von ihm gemacht wird.

Bei dem Übergang von (450) zu (451) haben wir $\mathscr{E}v$ vernachlässigt und bei der Herleitung von (461) haben wir $u^T\mathscr{E}$ und Φr durch den Nullvektor ersetzt. In (463) ist Φd vernachlässigt worden. Aus dem Beweis für die Übertragbarkeit der Aggregierbarkeitsvoraussetzung (A) ist zu entnehmen, daß $\Phi\alpha = 0$ gilt, wenn $\mathscr{E}A^{-1}\alpha = 0$ richtig ist. Da v nichts anderes ist als $A^{-1}r$, stimmen also die Bedingungen $\mathscr{E}v = 0$ und $\Phi r = 0$ überein. Wie sich aus dem Bisherigen ergibt, haben wir bei der Umkehrung des Nachfragezusammenhangs die folgenden Bedingungen als erfüllt unterstellt:

$$\mathscr{E}v = 0, \tag{473}$$

$$\mathscr{E}^T u = 0, \tag{474}$$

$$\Phi d = 0. \tag{475}$$

Bei der Untersuchung der Marginalbedingungen erster Ordnung wurden die Produkte von Φ, Φ^T und Γ mit B, v, u und w vernachlässigt. Daraus ergeben sich die folgenden Bedingungen:

$$\Phi B = \Phi^T B = \Gamma B = 0, \tag{476}$$

$$\Phi v = \Phi^T v = \Gamma v = 0, \tag{477}$$

$$\Phi u = \Phi^T u = \Gamma u = 0, \tag{478}$$

$$\Phi w = \Phi^T w = \Gamma w = 0. \tag{479}$$

Mit (473) bis (479) haben wir alle Anwendungen erfaßt, die wir von der Aggregierbarkeitsvoraussetzung (A) gemacht haben. Eine Bedingung von der Form $\Phi\alpha = 0$ ist ein System von n linearen Gleichungen für die α_i. In den Bedingungen (473) bis (479) sind 15 Gleichungssysteme dieser Art mit insgesamt $15n$ Gleichungen enthalten.

Würden wir keine einschränkenden Annahmen über $\mathscr{E}$ und Γ machen, so könnten wir jeden linearen Nachfragezusammenhang und jede quadratische Kostenfunktion auf die Form von (441) bzw. von (443) bringen. Die Zahl der Freiheitsgrade des hier untersuchten Modells ist deshalb nur wegen der Bedingungen (473) bis (479) geringer als die Zahl der Freiheitsgrade des allgemeinen linear-quadratischen Modells. Da diese Bedingungen insgesamt $15\,n$ Gleichungen haben, beträgt der Unterschied höchstens $15\,n$.

Ein allgemeiner linearer Nachfragezusammenhang enthält $n + n^2$ voneinander unabhängig wählbare Parameter, nämlich die Komponenten von d und die Elemente von N. Eine allgemeine quadratische Kostenfunktion enthält $1 + n + n(n+1)/2$ voneinander unabhängig wählbare Parameter, nämlich F, die Komponenten von k und $n(n+1)/2$ Elemente von C. Wegen der Symmetrie von C können nur $n(n+1)/2$ von den n^2 Elementen c_{ij} unabhängig voneinander gewählt werden. Das allgemeine linear-quadratische Modell hat deshalb

$$n + n^2 + 1 + n + n(n+1)/2 = \tfrac{3}{2}n^2 + \tfrac{5}{2}n + 1 \tag{480}$$

Freiheitsgrade.

Das linear-quadratische Modell mit einfacher Kostenverbundenheit und einfacher Nachfrageverbundenheit enthält mit den d_i, a_i, r_i, q_i, k_i, c_i, s_i und den Konstanten z, c_0 und F insgesamt $7n+3$ Parameter. Wie wir in den Abschnitten 6.1 und 6.2 gesehen haben, könnten z und c_0 ohne Einschränkung der Allgemeinheit weggelassen werden. Das linear-quadratische Modell mit einfacher Kostenverbundenheit und einfacher Nachfrageverbundenheit hat also höchstens $7n+1$ Freiheitsgrade. Bezeichnet man mit $\tau_1(n)$ den Quotienten, der sich ergibt, wenn man die Anzahl der Freiheitsgrade dieses Modells durch die Anzahl der Freiheitsgrade des allgemeinen linear-quadratischen Modells dividiert, so ist

$$\tau_1(n) \leqq \frac{7n+1}{\tfrac{3}{2}n^2 + \tfrac{5}{2}n + 1}. \tag{481}$$

Der rechts stehende Bruch nähert sich mit wachsendem n dem Grenzwert Null. Dieser Bruch hat für $n=10$ den Wert $0{,}403$; für $n=100$ ergibt sich $0{,}046$ und für $n=1000$ erhalten wir nur noch $0{,}005$. Das linear-quadratische Modell verliert also für große n fast alle seine Freiheitsgrade, wenn es den Bedingungen der einfachen Kostenverbundenheit und der einfachen Nachfrageverbundenheit unterworfen wird.

Bezeichnet man mit $\tau_2(n)$ den Quotienten, der sich ergibt, wenn man die Anzahl der Freiheitsgrade des in den ersten beiden Abschnitten dieses Kapitels untersuchten Modells durch die Anzahl der Freiheitsgrade des allgemeinen linear-quadratischen Modells dividiert, so ist

$$\tau_2(n) \geqq 1 - \frac{15n}{\tfrac{3}{2}n^2 + \tfrac{5}{2}n + 1}. \tag{482}$$

Wir wissen ja bereits, daß das linear-quadratische Modell durch die Bedingungen (473) bis (479) höchstens $15n$ Freiheitsgrade verliert. Die rechte Seite von (482) nähert sich mit wachsendem n dem Grenzwert 1. Für $n = 10$ hat dieser Ausdruck den Wert 0,15; für $n = 100$ ergibt sich 0,80 und für $n = 1000$ erhält man 0,99. Für hinreichend große n behält also das linear-quadratische Modell fast alle seine Freiheitsgrade, wenn es den Bedingungen (473) bis (479) unterworfen wird.

Es ist nun zu sehen, daß die Anwendung der Aggregierbarkeitsvoraussetzung (A) dem ausgesprochenen Viel-Güter-Fall, für den ja in erster Linie das Bedürfnis nach einer Aggregationstheorie besteht, in sehr viel höherem Maße gerecht wird, als die Annahmen der einfachen Kostenverbundenheit und der einfachen Nachfrageverbundenheit. Während diese Annahmen, gemessen an dem prozentualen Anteil der dem linear-quadratischen Modell verlorengehenden Freiheitsgrade, mit zunehmenden n immer einschneidender werden, wird bei einer Beurteilung nach demselben Kriterium die Situation bei der Anwendung der Aggregierbarkeitsvoraussetzung (A) ganz im Gegensatz dazu mit zunehmendem n immer günstiger.

Für unsere Argumentation war es nicht erforderlich, die Zahl der Freiheitsgrade für die verglichenen Modelle genau zu bestimmen. Für kleine n stimmen $\tau_1(n)$ und $\tau_2(n)$ nicht mit den in (481) und (482) angegebenen Schranken überein. Man erkennt das schon daran, daß für $n < 9$ auf der rechten Seite von (482) negative Werte erscheinen.

Ergebnis. (a) Der prozentuale Anteil der Freiheitsgrade, die das linear-quadratische Modell unter den Annahmen der einfachen Kostenverbundenheit und der einfachen Nachfrageverbundenheit behält, strebt mit wachsender Güterzahl dem Grenzwert 0 zu. (b) Der prozentuale Anteil der Freiheitsgrade, die das linear-quadratische Modell behält, wenn es den Bedingungen (473) bis (479) unterworfen wird, die sich aus der Anwendung der Aggregierbarkeitsvoraussetzungen (A) ergeben, nähert sich mit wachsender Güterzahl dem Grenzwert von 100%.

8 Grundlagen einer nichtkooperativen Theorie gleichmäßiger Mehrproduktenoligopole

Die Art und Weise, in der wir uns in diesem und dem nächsten Kapitel dem Problem des Mehrproduktenoligopols nähern, macht eine Reihe von Vorbemerkungen erforderlich. Wenn es auch nicht das Ziel einer Arbeit über die Preispolitik der Mehrproduktenunternehmung sein kann, sich mit Grundsatzfragen der Behandlung des Oligopolproblems auseinanderzusetzen, so müssen wir doch begründen, warum wir es für richtig halten, unsere Untersuchungen auf dem der nichtkooperativen Spieltheorie entnommenen Lösungskonzept des Gleichgewichtspunktes in reinen Strategien aufzubauen[1].

8.1 Über die Behandlung statischer Oligopolmodelle mit den Mitteln der nichtkooperativen Spieltheorie

Unter einem statischen Oligopolmodell soll im Rahmen dieses Kapitels ein Modell verstanden werden, das die folgende allgemeine Struktur hat: Jeder von n Oligopolisten, die wir uns von 1 bis n durchnumeriert denken, verfügt über eine endliche Anzahl von Aktionsparametern; der Gewinn des Oligopolisten i ist eine Funktion der Aktionsparameter aller Oligopolisten $(i = 1, \ldots, n)$.

Diese Definition erhebt nicht den Anspruch, so umfassend zu sein, daß sich ihr alle denkbaren Modelle unterordnen lassen, die mit Recht als statische Oligopolmodelle bezeichnet werden können[2]. Es ist aber zu sehen, daß es sich trotzdem um einen sehr allgemeinen Begriff eines statischen Oligopolmodells handelt, denn es wird nichts darüber vorausgesetzt, welcher Art die Aktionsparameter der Oligopolisten sind.

Anders als in der Monopoltheorie reicht in der Oligopoltheorie die Gewinnmaximierungshypothese für die Determination des rationalen Verhaltens nicht aus. Die traditionellen Oligopoltheorien ergänzen daher die Gewinnmaximierungshypothese durch weitere Verhaltensannahmen. Die Cournotsche Oligopoltheorie geht z. B. von der Hypothese des

---

[1] In der Spieltheorie unterscheidet man zwischen reinen und gemischten Strategien. Bei der Verwendung einer gemischten Strategie macht ein Spieler seine Entscheidungen vom Zufall abhängig. Die in diesem Kapitel entwickelte Theorie kommt ohne gemischte Strategien aus.

[2] Man könnte z. B. an Modelle denken, die eine unendliche Zahl von Aktionsparametern enthalten.

autonomen Verhaltens aus[3]. Ein Oligopolist verhält sich autonom, wenn er seinen Entscheidungen die Erwartung zugrunde legt, daß die Aktionsparameter seiner Konkurrenten konstant bleiben. Aus der Hypothese des autonomen Verhaltens resultiert im Cournotschen Modell ein Anpassungsprozeß, der zu dem Cournotschen Oligopolgleichgewicht führt.

Es ist hier nicht möglich, auf die verwirrende Vielfalt der Oligopoltheorien, denen die unterschiedlichsten Verhaltensannahmen zugrunde liegen, auch nur andeutungsweise näher einzugehen[4]. Da gegen alle Verhaltensannahmen, die bisher vorgeschlagen wurden, schwerwiegende Einwände erhoben werden können, hat sich bisher keine dieser Theorien allgemein durchgesetzt.

Die Unterschiede zwischen den bisher bekannten Oligopoltheorien sind zum Teil auch darauf zurückzuführen, daß ein und dasselbe formale Modell auf sehr verschiedene ökonomische Situationen angewandt werden kann. Die Funktionen, in denen die Kosten- und Nachfragesituation der Oligopolisten zum Ausdruck kommt, geben uns keine Auskunft darüber, welchen Informations- und Kommunikationsbedingungen die Oligopolisten unterworfen sind, wie weit es ihnen erlaubt und möglich ist, wettbewerbsbeschränkende Abkommen abzuschließen und welche Mittel ihnen zur Verfügung stehen, um die Einhaltung von stillschweigenden oder ausdrücklichen Übereinkommen zu kontrollieren und zu sichern. Welche Rahmenbedingungen in dieser Hinsicht als erfüllt angesehen werden können, scheint uns für die Beantwortung der Frage nach der angemessenen Oligopoltheorie ausschlaggebend zu sein.

Auch die Spieltheorie hat Hoffnungen auf eine endgültige und einheitliche Lösung des Oligopolproblems nicht erfüllen können[5]. Ein wich-

---

[3] Die Cournotsche Oligopoltheorie (Cournot, 1838), ist auch heute noch für die ökonomische Theorie von großer Bedeutung. Sie ist zunächst nicht beachtet worden und wurde später häufig heftig angegriffen, so z.B. von Bertrand, Edgeworth und Pareto (Bertrand, 1883; Edgeworth, 1925, 1; Pareto, 1906). Sie hat aber auch überzeugte Verteidiger gefunden, so z.B. Amoroso, Wicksell, Schumpeter und E. Schneider (Amoroso, 1930; Wicksell, 1927; Schumpeter, 1927; Schneider, 1932).

[4] R. Richter hat in seiner Arbeit über das Konkurrenzproblem im Oligopol einen instruktiven Überblick über die Entwicklung der traditionellen Oligopoltheorie gegeben (Richter, 1954).

[5] Die Anwendung der Spieltheorie hat jedoch schon viel zur Klärung des Oligopolproblems beigetragen. Wir denken hier vor allem an das grundlegende Buch von Shubik (Shubik, 1959). In diesem Werk setzt sich Shubik auch mit der traditionellen Oligopoltheorie auseinander. Wir verweisen auch auf einen Aufsatz von Mayberry, Nash und Shubik (Mayberry-Nash-Shubik, 1953) und einen Artikel von Reichhardt (Reichhardt, 1962), der eine Reihe von interessanten Spezialmodellen spieltheoretisch untersucht. Zu den spieltheoretischen Behandlungen des Oligopolproblems kann auch die Duopoltheorie von Krelle gerechnet werden, die von spieltheoretischen Begriffsbildungen ausgeht und als ein Lösungskonzept für allgemeine 2-Personenspiele betrachtet werden kann (Krelle, 1961, S. 247—273). Mit Hilfe der nichtkooperativen Spieltheorie können auch dynamische Oligopolmodelle untersucht werden (Selten, 1965, 1, und 1965, 2).

tiger Grund dafür besteht darin, daß der mathematische Spielbegriff ganz ähnlich wie die Marktmodelle der Oligopoltheorie Rahmenbedingungen unformalisiert läßt, von denen es abhängt, ob ein spieltheoretisches Lösungskonzept angemessen ist oder nicht[6]. Die Spieltheorie trägt diesem Umstand bis zu einem gewissen Grade dadurch Rechnung, daß sie zwischen kooperativen und nichtkooperativen Theorien unterscheidet.

In der kooperativen Spieltheorie ist es bisher noch nicht gelungen, zu einer einheitlichen Auffassung zu gelangen. Es gibt hier eine ganze Reihe von Lösungskonzepten, die zum Teil stark voneinander abweichen[7]. Die Anwendung dieser Lösungskonzepte auf die statische Oligopoltheorie ist eine keineswegs einfache Aufgabe, deren Behandlung hier schon allein deshalb nicht möglich ist, weil wir uns damit zu weit von unserem eigentlichen Thema entfernen müßten.

Glücklicherweise befindet sich die nichtkooperative Spieltheorie in einem ganz anderen Zustand als die kooperative. In der nichtkooperativen Spieltheorie gibt es ein allgemein akzeptiertes Lösungskonzept. Es ist dies der von Nash stammende Begriff des spieltheoretischen Gleichgewichtspunktes[8]. Wir haben deshalb eine sichere Grundlage für die Behandlung der von uns untersuchten statischen Oligopolmodelle, wenn wir uns auf den Standpunkt der nichtkooperativen Spieltheorie stellen.

Eine spieltheoretische Orientierung scheint uns für eine oligopoltheoretische Untersuchung, die von der Hypothese des rationalen Verhaltens ausgeht, unbedingt erforderlich zu sein. Die Spieltheorie hat einen leistungsfähigen Begriffsapparat für die Darstellung und die rationale Analyse zwischenmenschlicher Konfliktsituationen entwickelt, der dem Begriffsapparat der traditionellen Oligopoltheorie überlegen ist. Es ist aber nicht so, daß die Spieltheorie immer zu Ergebnissen führt, die von denen der traditionellen Oligopoltheorie grundsätzlich verschieden sind. Für die Art und Weise, in der wir uns in diesem Kapitel

---

[6] Man wird wahrscheinlich erst im Laufe der Zeit in vollem Umfang darüber Klarheit gewinnen, welche Rahmenbedingungen zu berücksichtigen sind und wie sie zu formalen Bestandteilen der Theorie gemacht werden können. Es ist in diesem Zusammenhang interessant, daß die wichtige Rolle der Selbstbindungskraft (commitment power), die zuerst von Schelling hervorgehoben wurde, lange Zeit nicht erkannt worden war (Schelling, 1960).

[7] Einen Überblick über die kooperative Spieltheorie gewinnt man am besten mit Hilfe des Buches von Luce und Raiffa (Luce-Raiffa, 1957). Unter den erst nach Erscheinen dieses Werkes entwickelten Theorien ist diejenige von Aumann und Maschler besonders vielversprechend (Aumann-Maschler, 1964).

[8] J. Nash hat bewiesen, daß jedes endliche n-Personenspiel in Normalform mindestens einen Gleichgewichtspunkt in gemischten Strategien hat (Nash, 1950). Der Sattelpunkt der 2-Personen-Nullsummentheorie (von Neumann, 1928; von Neumann-Morgenstern, 1944) kann als ein Spezialfall des Gleichgewichtspunktes betrachtet werden.

dem Oligopolproblem nähern, ist eher das Gegenteil richtig. Das Konzept des Gleichgewichtspunktes in reinen Strategien, das wir auf die von uns untersuchten Modelle anwenden wollen, führt im wesentlichen zu demselben Ergebnis wie die Annahme des autonomen Verhaltens. Das Cournotsche Oligopolgleichgewicht ist spieltheoretisch gesehen ein Gleichgewichtspunkt in reinen Strategien.

Die Anwendung des Konzepts des Gleichgewichtspunktes in reinen Strategien ist natürlich nur dann sinnvoll, wenn die institutionellen Rahmenbedingungen für das Zustandekommen einer Kooperation zwischen den Oligopolisten ungünstig sind. Einige Rahmenbedingungen, die sich in dieser Richtung auswirken können, sind die folgenden: 1. Die Oligopolisten sind nicht in der Lage, bindende Verträge über die Auswahl ihrer Aktionsparameter abzuschließen, weil solche Verträge verboten sind oder weil für solche Verträge kein Rechtsschutz gewährt wird. 2. Die Oligopolisten verfügen über keine Selbstbindungskraft, d. h. ein Oligopolist kann sich nicht einseitig auf ein bestimmtes zukünftiges Verhalten unwiderruflich festlegen. 3. Kampfmaßnahmen gegen Oligopolisten, die sich nicht an eine getroffene Absprache halten, sind nicht möglich, weil sie eine starke negative Reaktion der öffentlichen Meinung hervorrufen würden oder weil sie mit Gesetzen gegen den „ruinösen Wettbewerb" in Konflikt geraten würden. 4. Die Oligopolisten schützen ihre Unabhängigkeit von jeder Vereinbarung höher ein als den zusätzlichen Gewinn, den sie durch Kooperation erreichen könnten. 5. Die Oligopolisten befürchten, daß die mit einer Absprache verbundenen höheren Profite neue Konkurrenten auf den Markt locken würden. 6. Die Oligopolisten verfügen über sehr viele schwer zu beobachtende Aktionsparameter (es kann sich z.B. um ein kompliziertes System von Rabattsätzen handeln, die zum Teil geheimgehalten werden), wodurch eine wirksame Kontrolle der Einhaltung gewinnbringender Absprachen so gut wie unmöglich gemacht wird [9].

Wenn die Bedingung 1 nicht erfüllt ist, könnte eine Vereinbarung immer noch durch ein System von Drohungen gegen mögliche Verstöße abgesichert werden. Wenn sich aber die Oligopolisten auf solche Drohungen nicht unwiderruflich festlegen können, verliert diese Möglichkeit an Bedeutung. Deshalb haben wir die Bedingung 2 in die obige Aufzählung aufgenommen. Bedingung 3 wirkt sich ebenfalls dahingehend aus, daß es unmöglich wird, Absprachen auf dem Wege der Androhung von gezielten Kampfmaßnahmen zu stabilisieren. Die mit diesen Bemerkungen angedeuteten Probleme können hier nicht genauer untersucht werden, weil uns das von unserem eigentlichen Ziel zu weit entfernen würde.

---

[9] Stigler hat sich ganz speziell mit der Theorie derjenigen Oligopole befaßt, in denen versteckte Preisunterbietungen auf dem Umweg über geheimgehaltene Rabattsätze möglich sind (Stigler, 1964).

Es soll hier auch nicht erörtert werden, inwieweit die oben aufgezählten institutionellen Rahmenbedingungen auf reale Oligopole zutreffen oder nicht. Man muß damit rechnen, daß in dieser Hinsicht kaum etwas generelles gesagt werden kann, weil in jeder Branche andere Verhältnisse herrschen.

8.2 Der Begriff des Gleichgewichtspunktes in reinen Strategien und seine Anwendung auf statische Oligopolmodelle

Ein statisches Oligopolmodell kann in sehr naheliegender Weise als ein Spiel aufgefaßt werden. Bezeichnet man mit $a_{i1}, \ldots, a_{im_i}$ die Aktionsparameter des Oligopolisten i — die Anzahl m_i der Aktionsparameter braucht nicht für alle Oligopolisten dieselbe zu sein — so besteht das Entscheidungsproblem des Oligopolisten i in der Auswahl einer Kombination

$$\pi_i = (a_{i1}, \ldots, a_{im_i}). \tag{483}$$

Betrachtet man das statische Oligopolmodell als ein Spiel, in dem die Oligopolisten die Spieler sind, so ist eine derartige Kombination von Werten für die Aktionsparameter des Oligopolisten i eine reine Strategie des Spielers i. Da wir den Begriff der gemischten Strategie im folgenden nicht benötigen, werden wir unter einer Strategie immer eine reine Strategie verstehen. Ein n-tupel von Strategien

$$\pi = (\pi_1, \ldots, \pi_n), \tag{484}$$

das für jeden Spieler i genau eine seiner Strategien π_i enthält, wird von uns als eine Strategienkombination bezeichnet. Der Gewinn G_i des Oligopolisten i kann als eine Funktion

$$G_i = H_i(\pi) \tag{485}$$

der von den Oligopolisten gewählten Strategienkombination π aufgefaßt werden. Die Funktion H, die jeder Strategienkombination π den Vektor

$$H(\pi) = \big(H_1(\pi), \ldots, H_n(\pi)\big) \tag{486}$$

zuordnet, ist die Auszahlungsfunktion des Spiels. Den Bereich Π_i derjenigen Strategien π_i, die dem Oligopolisten i zur Verfügung stehen, nennen wir die Strategienmenge des Spielers i. Unter dem Strategienmengenvektor verstehen wir den Vektor

$$\Pi = (\Pi_1, \ldots, \Pi_n), \tag{487}$$

dessen Komponenten die Strategienmengen Π_i sind.

Ein Spiel $N = (\Pi, H)$, das durch einen Strategienmengenvektor und eine zugehörige Auszahlungsfunktion gegeben ist, bezeichnet man als ein Spiel in Normalform oder auch kurz als eine Normalform. Wie wir gesehen haben, gehört zu jedem statischen Oligopolmodell eine Normalform.

Es sei $\pi = (\pi_1, \ldots, \pi_n)$ eine Strategienkombination und es sei π_i' eine Strategie des Spielers i. Ersetzt man in π die Komponente π_i durch π_i' und läßt man gleichzeitig alle anderen Strategien unverändert, so entsteht eine neue Strategienkombination, die wir π/π_i' nennen. Es ist also

$$\pi/\pi_i' = (\pi_1, \ldots, \pi_{i-1}, \pi_i', \pi_{i+1}, \ldots, \pi_n). \tag{488}$$

Mit Hilfe dieser Schreibweise können wir die folgende Definition eines Gleichgewichtspunktes in reinen Strategien formulieren. Ein Gleichgewichtspunkt in reinen Strategien ist eine Strategienkombination

$$\pi^* = (\pi_1^*, \ldots, \pi_n^*), \quad \text{mit der für} \quad i = 1, \ldots, n$$

die Ungleichung

$$H_i(\pi^*) \geqq H_i(\pi^*/\pi_i) \quad \text{für alle} \quad \pi_i \in \Pi_i \tag{489}$$

erfüllt ist. — Da wir von dem Begriff der gemischten Strategien keinen Gebrauch machen, werden wir im folgenden unter einem Gleichgewichtspunkt immer einen Gleichgewichtspunkt in reinen Strategien verstehen.

Wenn ein Spieler j erwartet, daß die anderen Spieler ihre Gleichgewichtsstrategien π_i^* verwenden, so maximiert er seine erwartete Auszahlung, indem er seine Gleichgewichtsstrategie π_j^* wählt. In der Definition des Gleichgewichtspunktes kann (489) durch

$$H_i(\pi^*) = \max_{\pi_i \in \Pi_i} H_i(\pi^*/\pi_i) \tag{490}$$

ersetzt werden.

Bei der Anwendung des Konzepts des Gleichgewichtspunktes in reinen Strategien auf statische Oligopolmodelle entsteht ein Existenzproblem und ein Eindeutigkeitsproblem. Das Existenzproblem besteht darin, daß nicht jede Normalform einen Gleichgewichtspunkt in reinen Strategien hat, und das Eindeutigkeitsproblem ergibt sich daraus, daß Normalformen mit mehreren Gleichgewichtspunkten durchaus vorkommen können. Wir werden uns deshalb auf die Behandlung einer durch ökonomisch sinnvolle Bedingungen abgegrenzte Klasse von statischen Oligopolmodellen beschränken, für die wir die mit dem Existenzproblem und dem Eindeutigkeitsproblem zusammenhängenden Fragen beantworten können.

Für die Theorie, die wir in diesem Kapitel entwickeln werden, kommt es nicht darauf an, von welcher Art die Aktionsparameter sind, über die die Oligopolisten verfügen. Wir wollen die Allgemeinheit unserer

Untersuchungen in dieser Hinsicht nicht unnötig einschränken, obwohl natürlich nach wie vor die Preise als Aktionsparameter im Mittelpunkt unseres Interesses stehen.

In den Marktmodellen, die wir „statische Oligopolmodelle" nennen, muß n nicht unbedingt eine kleine Zahl sein. Da um so eher mit einem nichtkooperativen Verhalten zu rechnen ist, je größer die Anzahl der beteiligten Unternehmungen ist, bestehen sogar günstigere Voraussetzungen für eine Anwendbarkeit des Lösungskonzepts des Gleichgewichtspunktes in reinen Strategien, wenn n eine größere Zahl ist. In solchen Fällen sollte man aus sprachlichen Gründen eigentlich nicht von Oligopolen, sondern eher von „Polypolen" sprechen[10]. Da wir aber in unserer Theorie zwischen Oligopolen und Polypolen nicht zu unterscheiden brauchen, verwenden wir der Einfachheit halber wie schon bisher immer nur die Ausdrücke „Oligopol" und „Oligopolist".

8.3 Die Klasse der gleichmäßigen und eingipfligen Kontinuumsspiele

In diesem Abschnitt werden wir eine Klasse von Spielen in Normalform abgrenzen, die wir die Klasse der gleichmäßigen und eingipfligen Kontinuumsspiele nennen. Bei den Eigenschaften, die für die gleichmäßigen und eingipfligen Kontinuumsspiele kennzeichnend sind, handelt es sich, wie wir sehen werden, um Annahmen, die für statische Oligopolmodelle ökonomisch sinnvoll sind. Die wichtigste dieser Eigenschaften wird von uns „Gleichmäßigkeit" genannt. Wegen der großen Bedeutung, die die Gleichmäßigkeitsannahme für unsere Untersuchungen hat, ist schon in der Kapitelüberschrift zum Ausdruck gebracht worden, daß hier nur gleichmäßige Mehrproduktenoligopole behandelt werden.

Es sei $\Gamma = (\Pi, H)$ mit $\Pi = (\Pi_1, \ldots, \Pi_n)$ ein Spiel in Normalform. Wir bezeichnen Γ als ein Kontinuumsspiel, wenn folgende Bedingungen erfüllt sind: (a) Jede der Strategienmengen Π_i ist ein Kontinuum; hierbei ist unter einem Kontinuum eine abgeschlossene, beschränkte, zusammenhängende und nichtleere Teilmenge eines euklidischen Raumes zu verstehen[11]. (b) Der Auszahlungsvektor $H(\pi) = \big(H_1(\pi), \ldots, H_n(\pi)\big)$ ist eine stetige Funktion der Strategienkombination $\pi = (\pi_1, \ldots, \pi_n)$.

---

[10] Der Ausdruck „Polypol" findet sich z.B. bei R. Frisch (Frisch, 1933).

[11] Diese Definition eines Kontinuums ist spezieller als die sonst übliche. In der Topologie versteht man unter einem Kontinuum ein nichtleeres zusammenhängendes Kompaktum (Franz, 1960, S. 91). Unsere Ergebnisse bleiben auch dann richtig, wenn der in (a) eingeführte spezielle Begriff eines Kontinuums durch den allgemeineren topologischen Begriff ersetzt wird. Das wird für den mit der mengentheoretischen Topologie vertrauten Leser immer leicht zu sehen sein.

Wir geben den Voraussetzungen, durch die die Klasse der gleichmäßigen Spiele abgegrenzt ist, Nummern von der Form (V...). Die
erste dieser Voraussetzungen ist die folgende:

(V 1) **Kontinuumsspieleigenschaft.** $\Gamma = (\Pi, H)$ ist ein Kontinuumsspiel.

Die Bedingung (a) aus der Definition des Kontinuumsspiels ist für
statische Oligopolmodelle, in denen die Aktionsparameter Preise sind,
eine ökonomisch unproblematische Annahme. Die Beschränktheit der
Π_i kann ebenso gerechtfertigt werden wie die Beschränktheit des Preisbereichs P in Abschnitt 1.2. Die Bedingung (b) bedeutet für solche
Oligopolmodelle, daß der Gewinn stetig von den Preisen abhängen muß.
Das ist jedenfalls dann der Fall, wenn die Absatzmengen stetig von
den Preisen abhängen. Durch (V 1) werden aber diejenigen Oligopolmodelle ausgeschlossen, in denen ein Anbieter im Rahmen seiner Kapazitätsgrenzen die ganze Nachfrage auf sich zieht, falls er einen Preis
festsetzt, der niedriger ist als der seiner Konkurrenten. Da es auf die
Größe der Preisunterschiede hierbei nicht ankommt, entspricht dies
einem unstetigen Zusammenhang zwischen Preisen und Absatzmengen[12].

Es sei π' eine Strategienkombination für $\Gamma = (\Pi, H)$. Eine Strategie
π_j'' eines Spielers j heißt „beste Antwort" des Spielers j auf π', wenn
π_j'' die Bedingung

$$H_j(\pi'/\pi_j'') = \max_{\pi_j \in \Pi_j} H_j(\pi'/\pi_j) \tag{491}$$

erfüllt. Ob π_j'' eine beste Antwort auf π' ist oder nicht, hängt natürlich
nur von den Komponenten π_i' von π' mit $i \neq j$ ab. Wir haben für die
nun folgende Voraussetzung (V 2) den Namen „Eingipfligkeit" gewählt,
weil sie verlangt, daß $H_j(\pi'/\pi_j)$ als Funktion von π_j in dem Sinne
eingipflig ist, daß das Maximum nur an einer Stelle angenommen wird.
Daß ein derartiges Maximum an mindestens einer Stelle angenommen
wird, ergibt sich daraus, daß wegen (V 1) der Bereich Π_j beschränkt
und abgeschlossen und die Funktion H_j stetig ist.

(V 2) **Eingipfligkeit.** Zu jeder Strategienkombination π' für $\Gamma =
(\Pi, H)$ gibt es für jeden Spieler j eine eindeutig bestimmte beste Ant-
wort π_j''.

---

[12] Oligopolmodelle dieser Art sind von Bertrand und Edgeworth untersucht
worden (Bertrand, 1883; Edgeworth, 1925, 1). Solche Modelle haben nicht immer
Gleichgewichtspunkte in reinen Strategien; wenn es keine Gleichgewichtspunkte
in reinen Strategien gibt, ist es immer noch möglich, nach Gleichgewichtspunkten
in gemischten Strategien zu suchen, wie es Shubik, Shapley und Beckmann getan
haben (Shubik, 1955; Shubik, 1959; Shapley, 1957; Beckmann, 1967).

Wir bezeichnen die nach (V 2) eindeutig bestimmte beste Antwort π_j'' des Spielers j auf π' mit $\alpha_j(\pi)$ und nennen die Strategienkombination

$$\alpha(\pi') = \big(\alpha_1(\pi'), \ldots, \alpha_n(\pi')\big) \tag{492}$$

die Kombination der besten Antworten oder kürzer die „Antwortkombination" zu π'.

Um zu erkennen, was die Forderung der Eingipfligkeit für statische Oligopolmodelle bedeutet, in denen die Aktionsparameter Preise sind, betrachten wir die Monopolmodelle, die man aus einem derartigen Oligopolmodell gewinnen kann, indem man nur die Preise eines bestimmten Oligopolisten j als variabel ansieht und für alle Preise seiner Konkurrenten beliebig gewählte feste Werte einsetzt. Wenn für alle „abgeleiteten" Monopolmodelle, die man auf diese Weise erhält, die Forderungen (A) bis (I) aus Abschnitt 1.2 erfüllt sind und infolgedessen, wie wir dort gezeigt haben, das Gewinnmaximum eindeutig bestimmt ist, so ist (V 2) für das betreffende Oligopolmodell richtig. Was wir hinsichtlich der Forderungen (A) bis (I) in Kapitel 1 gesagt haben, trifft auch auf die hier betrachteten abgeleiteten Monopolmodelle zu.

Es sei N die Menge der n Spieler von $\Gamma = (\Pi, H)$. Eine Untermenge C von N wird eine „Koalition" genannt. Wir nennen C eine „echte" Koalition, wenn außerdem C weder die leere Menge noch die Menge N selbst ist. Die Spieler in N, die nicht zu einer Koalition C gehören, bilden zusammen die „Gegenkoalition" $N - C$.

Wir benötigen diese an sich in den Bereich der kooperativen Spieltheorie gehörenden Begriffsbildungen hier nur deshalb, weil wir mit ihrer Hilfe die Gleichmäßigkeitseigenschaft (V 3) leichter zum Ausdruck bringen können.

Die Anzahl der Mitglieder einer Koalition C wird mit $|C|$ bezeichnet. Eine „Koalitionsstrategie" π_C ist ein $|C|$-tupel von Strategien, das für jedes Mitglied von C genau eine seiner Strategien enthält. Ist π_C eine Koalitionsstrategie für C und ist π_{N-C} eine Koalitionsstrategie für die Gegenkoalition $N - C$, so bilden die in π_C und π_{N-C} vorkommenden Strategien zusammen eine Strategienkombination, die wir mit $\pi_C \pi_{N-C}$ bezeichnen.

(V 3) **Gleichmäßigkeitseigenschaft.** Es seien π_C und π_C' zwei Koalitionsstrategien einer echten Koalition C in $\Gamma = (\Pi, H)$. Dann gilt entweder (493) oder (494) oder (495).

$$H_j(\pi_C' \pi_{N-C}) > H_j(\pi_C \pi_{N-C}) \qquad \begin{array}{l} \text{für alle } j \in N - C \\ \text{und alle } \pi_{N-C} \in \Pi_{N-C}. \end{array} \tag{493}$$

$$H_j(\pi_C' \pi_{N-C}) = H_j(\pi_C \pi_{N-C}) \qquad \begin{array}{l} \text{für alle } j \in N - C \\ \text{und alle } \pi_{N-C} \in \Pi_{N-C}. \end{array} \tag{494}$$

$$H_j(\pi'_C \pi_{N-C}) < H_j(\pi_C \pi_{N-C}) \qquad \begin{array}{l} \text{für alle } j \in N - C \\ \text{und alle } \pi_{N-C} \in \Pi_{N-C}. \end{array} \tag{495}$$

Hierbei ist Π_{N-C} die Menge aller Koalitionsstrategien π_{N-C} von $N - C$ in $\Gamma = (\Pi, H)$.

Die Gleichmäßigkeitseigenschaft betrifft die Auszahlungsveränderungen, die sich aus einem Übergang von π_C zu π'_C ergeben. Über die Auszahlungen an die Mitglieder von C wird dabei jedoch nichts gesagt. Von den Auszahlungen an die Mitglieder der Gegenkoalition wird verlangt, daß sie bei einem derartigen Übergang entweder alle zunehmen oder alle gleichbleiben oder alle abnehmen. Außerdem wird verlangt, daß es nicht von der festgehaltenen Koalitionsstrategie π_{N-C} abhängt, welcher dieser drei Fälle vorliegt. Es wird also vorausgesetzt, daß die Wirkung des Übergangs von π_C nach π'_C sowohl hinsichtlich der Mitglieder von $N - C$ als auch hinsichtlich der festgehaltenen Koalitionsstrategie π_{N-C} eine gleichmäßige ist.

Wenn wir an ein statisches Oligopolmodell denken, in dem die Aktionsparameter Preise sind, so ist es unmittelbar einleuchtend, daß sich ein Übergang von π_C zu π'_C im Sinne der Gleichmäßigkeitseigenschaft auf die Gewinne der Oligopolisten in $N - C$ auswirkt, wenn dieser Übergang darin besteht, daß alle Oligopolisten in C alle ihre Preise senken, oder auch darin, daß alle Oligopolisten in C alle ihre Preise erhöhen. Die Gleichmäßigkeitseigenschaft verlangt aber, daß ein derartiger Übergang auch dann der Voraussetzung (V 3) entspricht, wenn dabei die Oligopolisten in C einige ihrer Preise senken und andere erhöhen. Es ist nicht unvernünftig davon auszugehen, daß das für viele reale Märkte zumindest annäherungsweise richtig ist, aber es ist sicherlich ebenso richtig, daß es viele Märkte gibt, auf denen ein und dieselbe preispolitische Maßnahme die Gewinne zweier Konkurrenten in unterschiedlicher Richtung beeinflussen kann. Die Gleichmäßigkeitseigenschaft ist deshalb eine einschneidende Voraussetzung, deren generelle Gültigkeit hier gar nicht behauptet werden soll.

Es sei $\Gamma = (\Pi, H)$ ein Spiel, das die Voraussetzungen (V 1), (V 2) und (V 3) erfüllt. (V 3) gibt uns die Möglichkeit, die Koalitionsstrategien einer echten Koalition C folgendermaßen hinsichtlich ihrer „Aggressivität" miteinander zu vergleichen: Wir nennen eine Koalitionsstrategie π_C „aggressiver" als eine Koalitionsstrategie π'_C, wenn die Bedingung (493) erfüllt ist und bringen diese Beziehung zwischen π_C und π'_C durch die Schreibweise $\pi_C \succ \pi'_C$ zum Ausdruck. Die Verwendung des Wortes „aggressiv" ist dadurch motiviert, daß ein Übergang von einer Koalitionsstrategie π'_C zu einer Koalitionsstrategie π_C mit $\pi_C \succ \pi'_C$ den Mitgliedern von $N - C$ schadet. Wenn (494) gilt, sind π_C und π'_C beide

„gleich aggressiv"; wir verwenden dann die Schreibweise $\pi_C \sim \pi'_C$. Mit $\pi_C \gtrsim \pi'_C$ wird zum Ausdruck gebracht, daß $\pi_C \succ \pi'_C$ oder $\pi_C \sim \pi'_C$ gilt.

Die Relation „$\gtrsim$" hat die formalen Eigenschaften einer Präferenzrelation. Um zu erklären, was damit gemeint ist, wollen wir unter „$\gtrsim$" für einen Augenblick nicht unbedingt eine Aggressivitätsbeziehung zwischen Koalitionsstrategien, sondern ganz allgemein eine Relation über einer Menge R verstehen. Eine derartige Relation heißt „vollständig", wenn zwischen je zwei Elementen $x \in R$ und $y \in R$ mindestens eine der beiden Beziehungen $x \gtrsim y$ oder $y \gtrsim x$ besteht, und sie heißt „transitiv", wenn aus $x \gtrsim y$ und $y \gtrsim z$ stets $x \gtrsim z$ folgt. Von Präferenzrelationen wird im allgemeinen angenommen, daß sie vollständig und transitiv sind. Auch die über der Menge Π_C aller Koalitionsstrategien einer echten Koalition erklärte Aggressivitätsbeziehung „$\gtrsim$" hat diese Eigenschaften.

Das Zeichen „$\gtrsim$" soll nun wieder ausschließlich zur Kennzeichnung von Aggressivitätsbeziehungen verwendet werden. Ebenso wie eine Präferenzrelation unter bestimmten Voraussetzungen durch einen stetigen ordinalen Nutzenindex zum Ausdruck gebracht werden kann[13], ist es auch in unserem Falle möglich, die für die Koalitionsstrategien π_C einer echten Koalition C erklärte Aggressivitätsrelation „$\gtrsim$" durch einen stetig von π_C abhängigen Aggressivitätsindex s_C zu beschreiben, der jedem π_C eine reelle Zahl $s_C(\pi_C)$ zuordnet, wobei für $\pi_C \succ \pi'_C$ stets $s_C(\pi_C) > s_C(\pi'_C)$ und für $\pi_C \sim \pi'_C$ stets $s_C(\pi_C) = s_C(\pi'_C)$ gilt. Man kann einen derartigen Aggressivitätsindex sehr leicht dadurch erhalten, daß man eine feste Koalitionsstrategie π^*_{N-C} für die Gegenkoalition auswählt und dann $s_C(\pi_C)$ der Auszahlung $H_j(\pi_C \pi^*_{N-C})$ an einen bestimmten Spieler $j \in N - C$ gleichsetzt. Wegen der Stetigkeit von H ist jeder so konstruierte Aggressivitätsindex s_C eine stetige Funktion von π_C.

Die Aggressivitätsindices s_C sind ebenso wie ordinale Nutzenindices nicht eindeutig bestimmt. Wendet man eine streng monoton steigende stetige Transformation f auf einen stetigen Aggressivitätsindex an, so erhält man einen anderen stetigen Aggressivitätsindex $s'_C = f(s_C)$, der die Aggressivitätsrelation „$\gtrsim$" ebenfalls richtig wiedergibt.

Der Aggressivitätsindex, der zu der Koalition (i) gehört, die nur aus dem Spieler i besteht, sollte eigentlich mit $s_{(i)}$ bezeichnet werden; wir verwenden stattdessen die einfachere Bezeichnungsweise s_i.

Da die Strategienmenge Π_i ein Kontinuum ist, wird sie durch die stetige Funktion s_i auf ein abgeschlossenes Intervall P_i abgebildet[14].

---

[13] Näheres über die Voraussetzungen der Darstellung einer Präferenzrelation durch eine stetige Funktion findet man bei G. Debreu (Debreu, 1954).

[14] Das stetige Bild eines Kontinuums bei einer stetigen Abbildung in einen euklidischen Raum ist stets ein Kontinuum (Franz, 1960, S. 91). Ein Kontinuum im 1-dimensionalen euklidischen Raum ist ein abgeschlossenes Intervall.

P_i kann nicht leer sein, aber es kann vorkommen, daß P_i nur einen Punkt enthält.

Ein Spiel $\Gamma = (\Pi, H)$, das die Voraussetzungen (V1), (V2) und (V3) erfüllt, wird von uns als ein gleichmäßiges und eingipfliges Kontinuumsspiel bezeichnet.

Ergebnis. Wenn $\Gamma = (\Pi, H)$ ein gleichmäßiges und eingipfliges Kontinuumsspiel ist, dann gibt es zu jeder echten Koalition C in Γ einen stetig von π_C abhängenden Aggressivitätsindex s_C mit $s_C(\pi_C) > s_C(\pi_C')$ für $\pi_C \succ \pi_C'$ und $s_C(\pi_C) = s_C(\pi_C')$ für $\pi_C \sim \pi_C'$. Der Aggressivitätsindex s_i bildet die Strategienmenge Π_i auf ein abgeschlossenes Intervall P_i ab.

8.4 Die Stetigkeit der besten Antwort

In diesem Abschnitt soll gezeigt werden, daß die beste Antwort $\alpha(\pi)$ eine stetige Funktion der Strategienkombination π ist. Außerdem werden wir nachweisen, daß in gleichmäßigen und eingipfligen Kontinuumsspielen die beste Antwort $\alpha(\pi)$ nur von den Aggressivitäten $s_i(\pi_i)$ der Komponenten von π abhängt. Die Tatsache ermöglicht es uns, eine „Reaktionsfunktion" φ zu definieren, die den Aggressivitäten einer Kombination π die Aggressivitäten der besten Antwort $\alpha(\pi)$ zuordnet. Der Zusammenhang dieser Reaktionsfunktion mit den Reaktionsfunktionen der Cournotschen Oligopoltheorie wird jedoch erst im Kapitel 9 erörtert. Im folgenden sollen zunächst einige mengentheoretische Begriffsbildungen erläutert werden.

Wie bereits im vorigen Abschnitt ausgeführt wurde, verstehen wir unter einem Kontinuum eine abgeschlossene, beschränkte, zusammenhängende und nicht leere Teilmenge eines euklidischen Raums. Es sei X ein Kontinuum im k-dimensionalen und Y ein Kontinuum im m-dimensionalen euklidischen Raum. Die Punkte in X sind dann k-tupel $x = (x_1, \ldots, x_k)$ und die Punkte in Y sind dann m-tupel $y = (y_1, \ldots, y_m)$ von reellen Zahlen. Die Menge aller $(k+m)$-tupel von der Form

$$(x; y) = (x_1, \ldots, x_k; y_1, \ldots, y_m) \tag{496}$$

mit $x \in X$ und $y \in Y$ wird das „topologische Produkt" von X und Y genannt und mit $X \times Y$ bezeichnet. In ganz analoger Weise können aus mehr als zwei Faktoren topologische Produkte gebildet werden. Das topologische Produkt von X und Y ist eine Teilmenge des $(k+m)$-dimensionalen euklidischen Raums, die ebenso wie X und Y abgeschlossen, beschränkt, zusammenhängend und nicht leer ist. Ein topologisches Produkt von Kontinuen ist stets ein Kontinuum.

Eine „Kontinuumszuordnung" f ist eine Zuordnung zwischen den Punkten x eines Kontinuums X und den Punkten y eines Kontinuums Y;

unter dem „Graph" von f versteht man die Menge aller Punkte $(x; y)$ im Produktraum $X \times Y$, für die x und y durch f einander zugeordnet sind. Eine Kontinuumszuordnung f braucht weder in der einen noch in der anderen Richtung eindeutig zu sein. Einem x können mehrere y entsprechen und einem y können mehrere x zugeordnet sein. Die Umkehrung f^{-1} einer Kontinuumszuordnung f ist ebenfalls eine Kontinuumszuordnung; f^{-1} unterscheidet sich nur dadurch von f, daß der Graph von f^{-1} nicht in $X \times Y$, sondern in $Y \times X$ liegt.

Wir bezeichnen eine Kontinuumszuordnung f zwischen X und Y als „stetig", wenn der Graph von f im Produktraum $X \times Y$ abgeschlossen ist[15]. Diese Definition der Stetigkeit von Kontinuumszuordnungen stimmt mit der aus der Differential- und Integralrechnung bekannten Stetigkeitsdefinition überein, wenn f eine Funktion ist, die jedem x genau ein y zuordnet. Eine stetige Funktion ist daher immer auch eine stetige Kontinuumszuordnung[16]. Aus der Definition der Stetigkeit von Kontinuumszuordnungen ergibt sich sofort, daß die Umkehrung einer stetigen Kontinuumszuordnung ebenfalls stetig ist.

Es sei f eine Kontinuumszuordnung zwischen X und Y und es sei g eine Kontinuumszuordnung zwischen Y und Z. Wir können f und g zu einer Kontinuumszuordnung zwischen X und Z zusammensetzen, die wir mit $f \circ g$ bezeichnen; durch $f \circ g$ sind alle Paare (x, z) mit $x \in X$ und $z \in Z$ einander zugeordnet, zu denen es ein $y \in Y$ gibt, so daß x und y durch f und y und z durch g einander zugeordnet sind. Wir werden nun zeigen, daß folgendes richtig ist:

Lemma. *Wenn f und g stetig sind, ist auch $f \circ g$ stetig.*

Beweis. Es sei M die Menge aller Punkte $(x; y; z)$ in dem Produktraum $X \times Y \times Z$, für die x und y durch f und y und z durch g einander zugeordnet sind. Um zu zeigen, daß M abgeschlossen ist, genügt es, nachzuweisen, daß der Grenzwert einer konvergenten Folge von Punkten aus M zu M gehören muß. Es seien $(x^j; y^j; z^j)$ mit $j = 1, 2, \ldots$ die Punkte einer derartigen Folge und es sei $(\bar{x}; \bar{y}; \bar{z})$ der Grenzwert, dem die Folge mit wachsendem j zustrebt. Da die Graphen von f und g wegen der Stetigkeit von f und g abgeschlossen sind, muß $(\bar{x}; \bar{y})$ zum Graphen von f und $(\bar{y}; \bar{z})$ zum Graphen von g gehören. $(\bar{x}; \bar{y}; \bar{z})$ gehört daher zu M. Die Menge M ist also abgeschlossen. Aus der Beschränktheit von X, Y und Z ergibt sich sofort, daß auch M beschränkt ist.

---

[15] Diese Art der Stetigkeit wird von Debreu „obere Halbstetigkeit" (upper semicontinuity) genannt (Debreu, 1959, S. 17). Da wir aber hier keine andere Art der Stetigkeit betrachten, schließen wir uns der Einfachheit halber dieser Terminologie nicht an.

[16] Warum das so ist, soll hier nicht näher erläutert werden. Wir verweisen in diesem Zusammenhang auf das Buch von Debreu (Debreu, 1959, S. 18).

Wir betrachten nun die Projektion von M auf $X \times Z$; unter der Projektion von M auf $X \times Z$ ist hierbei diejenige Abbildung h zu verstehen, die jedem Punkt $(x; y; z)$ aus M den entsprechenden Punkt $(x; z)$ aus $X \times Z$ zuordnet. Die Bildmenge $h(M)$, auf die M durch h abgebildet wird, ist offensichtlich nichts anderes als der Graph von $f \circ g$. Um zu zeigen, daß $f \circ g$ stetig ist, müssen wir beweisen, daß $h(M)$ abgeschlossen ist. Hierbei werden wir uns auf wohlbekannte Ergebnisse der Topologie stützen, die sich auf kompakte Räume beziehen. Wir können das tun, ohne genauer darauf eingehen zu müssen, was unter einem kompakten Raum zu verstehen ist[17]. Für unsere Zwecke ist es ausreichend zu wissen, daß eine Teilmenge eines euklidischen Raums genau dann ein kompakter Raum ist, wenn sie beschränkt und abgeschlossen ist[18]. Aus der Topologie ist bekannt, daß eine stetige Abbildung eines kompakten Raums in einen euklidischen Raum eine kompakte Bildmenge hat[19]. M ist abgeschlossen und beschränkt und deshalb kompakt; h ist eine stetige Abbildung; also ist auch $h(M)$ kompakt. Infolgedessen ist $h(M)$ abgeschlossen. Damit ist gezeigt, daß $f \circ g$ stetig ist.

Wir werden das eben bewiesene Lemma dazu benutzen, einen Hilfssatz über die in Abschnitt 8.3 definierte „Beste-Antwort-Funktion" α zu beweisen, die jeder Strategienkombination π die zugehörige beste Antwort $\alpha(\pi)$ zuordnet.

Hilfssatz 1. *Wenn* $\Gamma = (\Pi, H)$ *die Bedingungen* (V1) *und* (V2) *erfüllt, so ist die zu* Γ *gehörige Beste-Antwort-Funktion* α *stetig.*

Beweis. Es sei

$$A_i(\pi') = \max_{\pi_i \in \Pi_i} H_i(\pi'/\pi_i) = H_i\big(\pi'/\alpha_i(\pi')\big) \qquad (497)$$

für $i = 1, \ldots, n$. Wegen der Stetigkeit von H_i ist auch A_i stetig. Es sei R die Menge aller Strategienkombinationen π für Γ. Diese Menge R ist nichts anderes als das topologische Produkt $\Pi_1 \times \cdots \times \Pi_n$ und sie ist deshalb ebenso wie jede der Strategienmengen Π_i ein Kontinuum. Für die Zwecke dieses Beweises betrachten wir auch „Mischkombinationen" von der Form

$$\pi'/H_i(\pi) = (\pi'_1, \ldots, \pi'_{i-1}, H_i(\pi), \pi'_{i+1}, \ldots, \pi'_n). \qquad (498)$$

Es sei L_i ein abgeschlossenes Intervall, das alle $H_i(\pi)$ mit $\pi \in R$ enthält. Da R abgeschlossen und beschränkt ist und H stetig ist, gibt es für $i = 1, \ldots, n$ derartige Intervalle L_i. Die Mischkombinationen $\pi/A_i(\pi)$

---

[17] Die Definition der Kompaktheit findet man z.B. in dem Lehrbuch von Franz (Franz, 1960, S. 66f.).

[18] Vgl. hierzu Franz (1960), S. 67.

[19] Das folgt z.B. aus dem Satz 18.1 in dem Lehrbuch von Franz (Franz, 1960, S. 72).

liegen alle in dem Kontinuum

$$R/L_i = \Pi_1 \times \cdots \times \Pi_{i-1} \times L_i \times \Pi_{i+1} \times \cdots \times \Pi_n. \qquad (499)$$

Versteht man unter I die identische Abbildung, die jedem $\pi \in R$ diese Strategienkombination selbst zuordnet, so bietet sich für eine Abbildung, die jedem $\pi \in R$ eine zugehörige Kombination $\pi/\varrho_i(\pi)$ zuordnet, wobei ϱ_i eine beliebige Funktion von π ist, die Bezeichnungsweise I/ϱ_i an. Wir betrachten nun die in diesem Sinne zu verstehenden Abbildungen I/α_i, I/H_i und I/A_i. Die Abbildung I/α_i ist eine Abbildung von R in R und die Abbildungen I/H_i und I/A_i sind Abbildungen von R in R/L_i. Da R und R/L_i Kontinuen sind, sind I/α_i, I/H_i und I/A_i Kontinuumszuordnungen. Das Schema der Abb. 15 verdeutlicht die Beziehungen zwischen I/α_i, I/A_i und I/H_i. Wir beweisen, daß α stetig ist, indem wir zeigen, daß I/α_i stetig ist. I/A_i und I/H_i sind wegen der Stetigkeit von A_i und H_i stetige Kontinuumszuordnungen. Aus dem in diesem Abschnitt bewiesenen Lemma geht hervor, daß infolgedessen auch die zusammengesetzte Kontinuumszuordnung $I/A_i \circ (I/H_i)^{-1}$ stetig ist. Mit Hilfe des Schemas der Abb. 15 können wir leicht nachweisen, daß $I/A_i \circ (I/H_i)^{-1}$ nichts anderes ist als I/α_i. Es seien π und $\pi' = \pi/\alpha_i(\pi)$ zwei durch I/α_i verbundene Strategienkombinationen. Offenbar werden π durch I/A_i und π' durch I/H_i in dieselbe Mischkombination $\pi/A_i(\pi)$ abgebildet; π und π' sind also auch durch $I/A_i \circ (I/H_i)^{-1}$ einander zugeordnet. Es seien nun π^0 und π^1 zwei beliebige

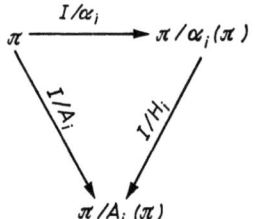

Abb. 15. Zusammenhang zwischen I/α_i, I/A_i und I/H_i

durch $I/A_i \circ (I/H_i)^{-1}$ einander zugeordnete Strategienkombinationen. Aus der Definition von $I/A_i \circ (I/H_i)^{-1}$ ist zu erkennen, daß $\pi^0/A_i(\pi^0)$ und $\pi^1/H_i(\pi^1)$ übereinstimmen müssen; π^0 und π^1 müssen also in allen Komponenten außer der i-ten übereinstimmen und es muß $A_i(\pi^0) = H_i(\pi^1)$ gelten. Da wegen der Eingipfligkeit das Maximum

$$A_i''(\pi^0) = A_i(\pi^1) = \max_{\pi_i \in \Pi_i} H_i(\pi^0/\pi_i) \qquad (500)$$

nur an einer Stelle, nämlich an der Stelle $\alpha_i(\pi^0) = \alpha_i(\pi^1)$ angenommen wird, gilt infolgedessen $\pi^1 = \pi^0/\alpha_i(\pi^0)$. Die Kombinationen π^0 und π^1

sind also durch I/α_i einander zugeordnet. Damit ist gezeigt, daß I/α_i die Kontinuumszuordnung $I/A_i \circ (I/H_i)^{-1}$ ist und deshalb eine stetige Funktion ist. Die Beste-Antwort-Funktion α ist also stetig.

In Hilfssatz 1 wurde von der Gleichmäßigkeitsannahme (V3) kein Gebrauch gemacht. Es soll aber jetzt wieder vorausgesetzt werden, daß $\Gamma = (\Pi, H)$ ein Spiel ist, das (V1), (V2) und (V3) erfüllt. Es seien $s_1, \ldots, s_n$ fest gewählte stetige Aggressivitätsindices für die Koalitionen, die nur einen Spieler enthalten. Jeder Strategienkombination π in Γ kann eine „Aggressivitätenkombination"

$$s(\pi) = \big(s_1(\pi_1), \ldots, s_n(\pi_n)\big) \tag{501}$$

zugeordnet werden. Wir werden nun zeigen, daß die beste Antwort als eine Funktion der Aggressivitätenkombination aufgefaßt werden kann. Es sei $\pi = (\pi_1, \ldots, \pi_n)$ eine beliebige Strategienkombination und es sei π_i' eine Strategie des Spielers i mit $s_i(\pi_i) = s_i(\pi_i')$. Es muß dann mit $C = (i)$ die Bedingung (494) erfüllt sein. Infolgedessen gilt

$$H_j(\pi/\pi_i') = H_j(\pi) \tag{502}$$

für $j = 1, \ldots, n$ und $j \neq i$. Da (502) auch dann richtig bleibt, wenn wir anstelle von π eine Strategienkombination π/π_j' betrachten, gilt auch

$$H_j(\pi/\pi_i'/\pi_j') = H_j(\pi/\pi_j') \tag{503}$$

für $j = 1, \ldots, n$ und $j \neq i$. Beide Seiten von (503) nehmen ihr Maximum bezüglich π_j' an derselben Stelle an; daher gilt

$$\alpha_j(\pi/\pi_i') = \alpha_j(\pi). \tag{504}$$

Da α_j gar nicht von der j-ten Komponente der Strategienkombination abhängt, ist (504) auch für $j = i$ richtig. $\alpha(\pi/\pi_i')$ und $\alpha(\pi)$ stimmen daher für $s_i(\pi_i) = s_i(\pi_i')$ stets überein. Wenn π und π' zwei verschiedene Strategienkombinationen mit $s(\pi) = s(\pi')$ sind, können also nacheinander alle Komponenten von π durch die entsprechenden Komponenten von π' ersetzt werden, ohne daß sich an der besten Antwort etwas ändert. Deshalb gilt für $s(\pi) = s(\pi')$ stets $\alpha(\pi) = \alpha(\pi')$. Die beste Antwort kann daher als eine Funktion der Aggressivitätenkombination aufgefaßt werden. Wir nennen die durch

$$\beta\big(s(\pi)\big) = \alpha(\pi) \tag{505}$$

definierte Funktion β die „Anpassungsfunktion". Eine mit der Anpassungsfunktion β eng zusammenhängende Funktion ist die durch

$$\varphi\big(s(\pi)\big) = s\big(\beta(s(\pi))\big) \tag{506}$$

definierte „Reaktionsfunktion" φ, die jeder Aggressivitätenkombination $s(\pi)$ die zu der besten Antwort $\alpha(\pi)$ gehörige Aggressivitätenkombination $s\big(\alpha(\pi)\big)$ zuordnet. Wir beweisen nun den folgenden Hilfssatz:

Hilfssatz 2. *Wenn $\Gamma = (\Pi, H)$ die Bedingungen* (V 1), (V 2) *und* (V 3) *erfüllt, so sind die Anpassungsfunktion β und die Reaktionsfunktion φ beide stetig.*

Beweis. Das Schema der Abb. 16 zeigt, wie die Funktionen s, α, β und φ zusammenhängen. s ist eine Abbildung der Menge R aller Strategienkombinationen π in das topologische Produkt der Intervalle P_i, in denen die Aggressivitäten s_i liegen müssen. β bildet $P_1 \times \cdots \times P_n$ in R

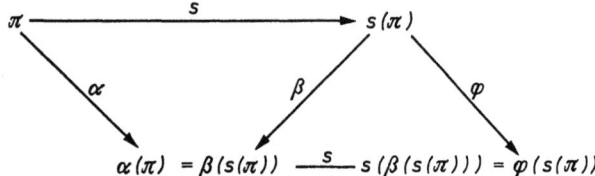

Abb. 16. Zusammenhang zwischen s, α, β und φ

ab, und φ ist eine Abbildung dieses topologischen Produkts in sich. s, α, β und φ sind also Kontinuumszuordnungen. Da die beste Antwort nur von der Aggressivitätenkombination abhängt, stimmt β mit der Kontinuumszuordnung $s^{-1} \circ \alpha$ überein. Da s und α stetig sind, ist also auch β stetig. φ ist nichts anderes als $\beta \circ s$ und ist deshalb ebenfalls stetig.

8.5 Kardinale Messung der Aggressivität von Strategien

In diesem Abschnitt werden wir einen Satz beweisen, aus dem hervorgeht, daß die in Abschnitt 8.3 als ordinales Maß eingeführte Aggressivität unter bestimmten Voraussetzungen durch ein bis auf Maßstabsänderungen und Verschiebungen des Nullpunkts eindeutig bestimmtes kardinales Maß gemessen werden kann.

Die Formulierung des Satzes soll nun durch einige Definitionen vorbereitet werden. Wenn alle Strategien eines Spielers i dieselbe Aggressivität haben, so bezeichnen wir den betreffenden Spieler als „inessentiell". Ein „essentieller" Spieler ist dementsprechend ein Spieler i, für den $s_i(\pi_i)$ nicht konstant ist. Wenn wir eine Gleichung mit dem Zusatz „mit π_i in π_C" versehen, so meinen wir damit, daß in dieser Gleichung unter den π_i die in π_C enthaltenen Strategien der Mitglieder von C zu verstehen sind.

Satz 1. *Wenn* $\Gamma = (\Pi, H)$ *ein gleichmäßiges und eingipfliges Kontinuumsspiel mit mehr als drei Spielern ist, von denen mindestens vier essentiell sind, so gibt es für Γ ein System von stetigen Aggressivitätsindices s_C mit $s_C(\pi_C) > s_C(\pi'_C)$ für $\pi_C \succ \pi'_C$ und $s_C(\pi_C) = s_C(\pi'_C)$ für $\pi_C \sim \pi'_C$, das für jede echte Koalition C die Bedingung*

$$s_C(\pi_C) = \sum_{i \in C} s_i(\pi_i) \quad mit \quad \pi_i \text{ in } \pi_C \tag{507}$$

erfüllt. Das System der s_C ist bis auf ein System von linearen Transformationen

$$s'_C = \lambda s_C + b_C \quad mit \quad \lambda > 0 \tag{508}$$

eindeutig bestimmt.

Für das Verständnis dieses Satzes ist es wichtig, daß λ in (508) nicht von C abhängt; b_C kann dagegen von C abhängig sein. Da ein Maß, das bis auf eine lineare Transformation mit positiver Steigung eindeutig bestimmt ist, eine Intervallskala genannt wird, können wir das System der s_C als ein System von verbundenen Intervallskalen bezeichnen.

Bei dem Beweis des Satzes 1 werden wir uns auf ein Ergebnis von G. Debreu stützen[20]. Der Satz von Debreu geht von der folgenden Situation aus: Es sei $R = R_1 \times \cdots \times R_m$ das topologische Produkt von m zusammenhängenden, separablen Räumen, und es sei „$\succsim$" eine vollständige und transitive Präferenzrelation über R[21]. Über den topologischen Begriff „separabel" braucht hier nur so viel gesagt zu werden, daß Kontinuen stets separable Räume sind[22].

Ein Element von R ist eine Kombination $x = (x_1, \ldots, x_m)$ mit $x_i \in R_i$. Der Raum R_i heißt „essentiell" für die Präferenzrelation „$\succsim$", wenn es in R zwei Kombinationen x und y gibt, die sich nur hinsichtlich ihrer i-ten Komponente voneinander unterscheiden und für die $x \succ y$, d.h. $x \succsim y$ und nicht zugleich $y \succsim x$ gilt. In dem Satz von Debreu wird vorausgesetzt, daß mindestens 3 der R_i essentiell sind.

Zu den Voraussetzungen des Satzes von Debreu gehört auch eine Eigenschaft der Präferenzrelation, die „Unabhängigkeit" genannt wird. Um die Unabhängigkeitsbedingung leichter formulieren zu können, führen wir die folgenden Bezeichnungen ein: es sei M die Menge der ganzen Zahlen $1, \ldots, m$. In Analogie zu den Koalitionsstrategien betrachten wir neben den Kombinationen x auch Teilkombinationen x_I,

---

[20] Gemeint ist das Theorem 3 aus dem Artikel „Topological Methods in Cardinal Utility" (Debreu, 1960, S. 21).

[21] Das Zeichen „$\succsim$" wird hier für eine beliebige Präferenzrelation verwandt. Im Zusammenhang mit Koalitionsstrategien sollen durch „$\succsim$" aber auch weiterhin immer nur Aggressivitätsbeziehungen zum Ausdruck gebracht werden.

[22] Hinsichtlich der Definition der Separabilität verweisen wir auf das Lehrbuch der Topologie von W. Franz (Franz, 1960, S. 52).

die für jedes i aus einer Untermenge I von M ein $x_i \in R_i$ enthalten. Die Schreibweise $x_I x_{M-I}$ ist ebenso zu verstehen wie die Schreibweise $\pi_C \pi_{N-C}$.

Die Präferenzrelation „$\succsim$" über $R = R_1 \times \cdots \times R_m$ heißt „unabhängig", wenn für jede Untermenge I von M mit $I \neq \emptyset$ und $I \neq M$ und für je zwei Teilkombinationen x_I und y_I mindestens eine der beiden Gln. (509) und (510) richtig ist:

$$x_I z_{M-I} \succsim y_I z_{M-I} \qquad \text{für alle } z_{M-I} \in R_{M-I}, \qquad (509)$$

$$y_I z_{M-I} \succsim x_I z_{M-I} \qquad \text{für alle } z_{M-I} \in R_{M-I}. \qquad (510)$$

Hierbei ist R_{M-I} die Menge aller Teilkombinationen x_{M-I}, die aus den Elementen der R_i mit $i \in M - I$ gebildet werden können.

Der Satz von Debreu kann nun folgendermaßen formuliert werden:

Satz von Debreu. *Es sei „$\succsim$" eine vollständige und transitive Präferenzrelation über dem topologischen Produkt $R = R_1 \times \cdots \times R_m$ von m zusammenhängenden, separablen Räumen R_i, wobei mindestens drei der R_i für „$\succsim$" essentiell sind. Wenn die Präferenzrelation „$\succsim$" unabhängig ist und außerdem für jedes $x' \in R$ die Menge $\overline{M}(x')$ aller $x \in R$ mit $x \succsim x'$ und die Menge $\underline{M}(x')$ aller $x \in R$ mit $x' \succsim x$ abgeschlossen sind, so kann „$\succsim$" durch eine stetige Nutzenfunktion*

$$u(x) = \sum_{i=1}^{m} u_i(x) \qquad (511)$$

dargestellt werden[23], *die in m stetige „Teilnutzenfunktionen" $u_i(x_i)$ für die Komponenten x_i von x additiv zerlegt werden kann. $u(x)$ ist bis auf eine lineare Transformation mit positiver Steigung eindeutig bestimmt.*

Beweis des Satzes 1. Wir können den Satz von Debreu auf die Aggressivitätsrelation „$\succsim$" über der Menge $\Pi_{N-(n)}$ aller Koalitionsstrategien $\pi_{N-(n)}$ anwenden. $\Pi_{N-(n)}$ ist das topologische Produkt $\Pi_1 \times \cdots \times \Pi_{n-1}$ der Strategienmengen der Spieler $1, \ldots, n-1$. Diese Strategienmengen sind als Kontinuen zusammenhängende, separable Räume. Wir müssen zeigen, daß auch die übrigen Voraussetzungen des Satzes von Debreu erfüllt sind.

Wir können uns eine Koalitionsstrategie $\pi_{N-(n)}$ aus einer Koalitionsstrategie π_C für eine in $N-(n)$ echt enthaltene Koalition C und einer Koalitionsstrategie $\pi_{N-(n)-C}$ für $N-(n)-C$ zusammengesetzt denken und entsprechend $\pi_{N-(n)}$ durch $\pi_C \pi_{N-(n)-C}$ zum Ausdruck bringen. Wie man aus (V 3) leicht entnehmen kann, gilt stets

$$\pi'_C \pi_{N-(n)-C} \succ \pi_C \pi_{N-(n)-C} \qquad \text{für } \pi'_C \succ \pi_C \qquad (512)$$

---

[23] Das heißt $u(y) \geqq z(x)$ gilt dann und nur dann, wenn $y \succsim x$ gilt.

und

$$\pi'_C \pi_{N-(n)-C} \sim \pi_C \pi_{N-(n)-C} \quad \text{für } \pi'_C \sim \pi_C. \tag{513}$$

Ein Spieler ist genau dann inessentiell, wenn alle seine Strategien gleich aggressiv sind. Indem man (512) und (513) auf die Koalition $C = (j)$ anwendet, erkennt man, daß die Strategienmenge Π_j eines Spielers j mit $j \neq n$ genau dann für die Aggressivitätsrelation „$\succsim$" über $\Pi_{N-(n)}$ inessentiell ist, wenn dieser Spieler j ein inessentieller Spieler ist. Da Γ mindestens vier essentielle Spieler hat, sind also mindestens drei der Π_i mit $i \neq n$ essentiell.

Aus (512) und (513) erkennt man ohne weiteres, daß die Aggressivitätsrelation „$\succsim$" über $\Pi_{N-(n)}$ die Bedingung der Unabhängigkeit erfüllt.

Wir müssen noch prüfen, ob jede Koalitionsstrategie $\pi'_{N-(n)}$ die Menge $\overline{M}(\pi'_{N-(n)})$ aller $\pi_{N-(n)}$ mit $\pi_{N-(n)} \succsim \pi'_{N-(n)}$ und die Menge $\underline{M}(\pi'_{N-(n)})$ aller $\pi_{N-(n)}$ mit $\pi'_{N-(n)} \succsim \pi_{N-(n)}$ abgeschlossen sind. Aus der Existenz eines stetigen Aggressivitätsindexes $s_{N-(n)}$, die wir im Abschnitt 8.3 nachgewiesen haben, folgt, daß diese Mengen als $s_{N-(n)}$-Urbilder abgeschlossener Mengen ebenfalls abgeschlossen sein müssen[24].

Die Voraussetzungen des Satzes von Debreu sind also erfüllt. Es gibt daher einen stetigen Aggressivitätsindex $s^n_{N-(n)}$ für die Koalitionsstrategien $\pi_{N-(n)}$, der folgendermaßen additiv zerlegt werden kann:

$$s^n_{N-(n)}(\pi_{N-(n)}) = \sum_{i=1}^{n-1} s^n_i(\pi_i) \quad \text{mit } \pi_i \text{ in } \pi_{N-(n)}. \tag{514}$$

Aus (512) und (513) für $C = (i)$ erkennt man sofort, daß für jedes der s_i auf der rechten Seite von (514) für $\pi_i > \pi'_i$ stets $s^n_i(\pi_i) > s^n_i(\pi'_i)$ und für $\pi_i \sim \pi'_i$ stets $s^n_i(\pi_i) = s^n_i(\pi'_i)$ gelten muß. Die $s^n_1, \ldots, s^n_{n-1}$ sind also stetige Aggressivitätsindices, die die Aggressivitätsrelationen über den Strategienmengen $\Pi_1, \ldots, \Pi_n$ richtig wiedergeben. Es ist auch zu sehen, daß die Aggressivitätsrelationen über der Menge Π_C aller Koalitionsstrategien für eine in $N - (n)$ enthaltene Koalition C durch den Aggressivitätsindex

$$s^n_C(\pi_C) = \sum_{i \in C} s^n_i(\pi_i) \quad \text{mit } \pi_i \text{ in } \pi_C \tag{515}$$

dargestellt wird.

Wir können die Überlegungen, die uns zu der Gl. (514) geführt haben, ohne weiteres von $N - (n)$ auf andere Koalitionen $N - (j)$ mit $n - 1$ Mitgliedern übertragen. Auf diese Weise erhalten wir auch für $j = 1, \ldots, n - 1$ additiv stetige Aggressivitätsindices für die Koalitions-

---

[24] $s_{N-(n)}$ ist eine stetige Abbildung von $\Pi_{N-(n)}$ auf ein Intervall. Eine Abbildung ist dann und nur dann stetig, wenn die Urbildmenge jeder abgeschlossenen Menge abgeschlossen ist (Franz, 1960, S. 34).

strategie $\pi_{N-(j)}$:

$$s^j_{N-(j)}(\pi_{N-(j)}) = \sum_{i \in N-(j)} s^j_i(\pi_i) \quad \text{mit } \pi_i \text{ in } \pi_{N-(j)}. \tag{516}$$

Die Aggressivitätsindices $s^j_{N-(j)}$ sind für $j = 1, \ldots, n$ bis auf lineare Transformationen mit positiver Steigung eindeutig bestimmt. Das gilt auch für die Aggressivitätsindices s^j_i. Wir werden nun zeigen, daß zwischen je zwei Indices s^j_i und s^k_i für den gleichen Spieler i eine Beziehung von der Form

$$s^j_i = \lambda^{jk} s^k_i + b^{jk}_i \tag{517}$$

bestehen muß. Wir beschränken uns darauf, diese Behauptung für $i = 1$, $j = n - 1$ und $k = n$ zu beweisen. Für andere Werte von i, j und k kann der Beweis ganz analog geführt werden. Wir werden auch zeigen, daß λ^{jk} von i unabhängig ist.

Da die Behauptung trivial ist, wenn Spieler 1 inessentiell ist, können wir davon ausgehen, daß Spieler 1 essentiell ist. Da voraussetzungsgemäß mindestens vier Spieler essentiell sind, muß in $N - (n) - (n-1)$ mindestens noch ein anderer essentieller Spieler sein. Wir können uns ohne Einschränkung der Allgemeinheit die Spieler so numeriert denken, daß dieser weitere essentielle Spieler der Spieler 2 ist. Die Summen $s^n_1 + s^n_2$ und $s^{n-1}_1 + s^{n-1}_2$ sind beide Maße für die Aggressivität der Koalitionsstrategien (π_1, π_2) der Koalition $(1, 2)$. Infolgedessen ist eine Ungleichung von der Form

$$s^n_1(\pi_1) + s^n_2(\pi_2) \geqq s^n_1(\pi'_1) + s^n_2(\pi'_2) \tag{518}$$

genau dann erfüllt, wenn die entsprechende Ungleichung

$$s^{n-1}_1(\pi_1) + s^{n-1}_2(\pi_2) \geqq s^{n-1}_1(\pi'_1) + s^{n-1}_2(\pi'_2) \tag{519}$$

richtig ist. Das gilt auch dann, wenn in (518) und (519) das Zeichen „$\geqq$" durch „$\leqq$" oder durch „$=$" ersetzt wird. Es ist also

$$s^n_1(\pi_1) - s^n_1(\pi'_1) \geqq s^n_2(\pi'_2) - s^n_2(\pi_2) \tag{520}$$

genau dann richtig, wenn auch

$$s^{n-1}_1(\pi_1) - s^{n-1}_1(\pi'_1) \geqq s^{n-1}_2(\pi'_2) - s^{n-1}_2(\pi_2) \tag{521}$$

zutreffend ist. Es seien π^1_1, π^2_1, π^3_1, π^4_1 vier Strategien des Spielers 1 mit

$$s^n_1(\pi^1_1) - s^n_1(\pi^2_1) \geqq s^n_1(\pi^3_1) - s^n_1(\pi^4_1) \geqq 0. \tag{522}$$

Da Spieler 2 essentiell ist, wird Π_2 durch s^n_2 auf ein abgeschlossenes Intervall P^n_2 abgebildet, das mehr als einen Punkt enthält. Wenn die Differenz auf der linken Seite von (522) nicht größer ist als die Länge von P^n_2, so können zwei Strategien π_2 und π'_2 mit

$$s^n_1(\pi^1_1) - s^n_1(\pi^2_1) \geqq s^n_2(\pi'_2) - s^n_2(\pi_2) \geqq s^n_1(\pi^3_1) - s^n_1(\pi^4_1) \tag{523}$$

gefunden werden. Ebenso wie (520) genau dann richtig ist, wenn (521) gilt, ist auch (523) genau dann richtig, wenn

$$s_1^{n-1}(\pi_1^1) - s_1^{n-1}(\pi_1^2) \geqq s_2^{n-1}(\pi_2') - s_2^{n-1}(\pi_2) \geqq s_1^{n-1}(\pi_1^3) - s_1^{n-1}(\pi_1^4) \quad (524)$$

gilt. Daraus ist zu erkennen, daß die Indices s_1^n und s_2^n nicht nur die Aggressivitäten, sondern auch hinreichend kleine Aggressivitätsunterschiede in derselben Weise ordnen. Es sei P_1^n das abgeschlossene Intervall, auf das Π_1 durch s_1^n abgebildet wird und es sei Π_1' die s_1^n-Urbildmenge eines Teilintervalls von P_1^n, dessen Länge nicht größer ist als die von P_2^n. Die Indices s_1^n und s_1^{n-1} erzeugen auf Π_1' dieselbe Anordnung der Aggressivitäten und dieselbe Anordnung der Aggressivitätsunterschiede. Aus bekannten Ergebnissen der Theorie des Messens, die hier nicht näher erläutert werden, folgt deshalb, daß s^{n-1} für $\pi_1 \in \Pi_1'$ mit s^n durch eine lineare Transformation von der Form

$$s_1^{n-1}(\pi_1) = \lambda s_1^n(\pi_1) + b_1 \quad (525)$$

mit $\lambda > 0$ verknüpft ist [25]. Wir können das Intervall P_1^n durch eine endliche Zahl von Teilintervallen $I_1, \ldots, I_L$ überdecken, die alle nicht länger sind als P_2^n und von denen je zwei aufeinanderfolgende I_k und I_{k+1} mehr als einen Punkt gemeinsam haben. Auf allen s_1^n-Urbildern $\Pi_1^1, \ldots, \Pi_1^L$ bestehen Beziehungen von der Form (524). Diese Beziehungen müssen für zwei aufeinanderfolgende Mengen Π_1^k und Π_1^{k+1} übereinstimmen, da sie auf $\Pi_1^k \cap \Pi_1^{k+1}$ nicht auseinanderfallen können. Infolgedessen besteht ein und dieselbe Beziehung von der Form (524) für alle $\pi_1 \in \Pi_1$.

Wenn s_n^{n-1} durch (525) mit s_1^n verknüpft ist, so muß auch s_2^{n-1} mit s_2^n mit derselben Konstanten λ durch eine Gleichung von der Form $s_2^{n-1} = \lambda s_2^n + b_2$ verbunden sein. Andernfalls könnten nicht $s_1^n + s_2^n$ und $s_1^{n-1} + s_2^{n-1}$ übereinstimmend die Aggressivität der Koalitionsstrategien von $(1, 2)$ messen. Ganz in derselben Weise erkennt man, daß auch für $i = 3, \ldots,$ $n-2$ mit demselben λ derartige Beziehungen zwischen s_i^{n-1} und s_i^n bestehen müssen. Damit ist die im Zusammenhang mit der Gleichung (517) aufgestellte Behauptung bewiesen.

Aus dieser Behauptung folgt sofort, daß man in (515) und (516) die Aggressivitätsindices s_i^j so wählen kann, daß stets $s_i^j = s_i^k = s_i$ gilt. Mit den so festgelegten Indices $s_1, \ldots, s_n$ und den aus ihnen gebildeten Indices

$$s_C = \sum_{i \in C} s_i \quad (526)$$

---

[25] Bei dieser Folgerung kann man sich z. B. auf den Satz 4 aus dem Buch „Die axiomatischen Grundlagen der Theorie des Messens" von J. Pfanzagl stützen (Pfanzagl, 1962, S. 21).

haben wir das in Satz 1 beschriebene System von stetigen Aggressivitätsindices gefunden. Wir müssen nur noch nachweisen, daß dieses System tatsächlich bis auf ein System von linearen Transformationen von der Form (508) eindeutig bestimmt ist.

Aus (514) folgt für $j = 1, \ldots, n-1$

$$s_j^n(\pi_i) = s_{N-(n)}^n(\pi_{N-(n)-(j)}\pi_j) - \sum_{i \in N-(n)-(j)} s_j^n(\pi_i)$$

$$\text{mit } \pi_i \text{ in } \pi_{N-(n)-(j)}.$$

(527)

Hält man in (527) die Koalitionsstrategie $\pi_{N-(n)-(j)}$ konstant, so wird auch die Summe auf der rechten Seite zu einer Konstanten. s_j stimmt also bei konstantem $\pi_{N-(n)-(j)}$ bis auf eine Konstante mit $s_{N-(n)}$ überein. Soll bei einer linearen Transformation von $s_{N-(n)}^n$ die Gl. (514) erhalten bleiben, so müssen infolgedessen alle s_j^n mit der gleichen Steigung transformiert werden wie $s_{N-(n)}^n$. Die eindeutige Bestimmtheit bis auf eine positive lineare Transformation überträgt sich auf diese Weise von $s_{N-(n)}^n$ auf die $s_1^n, \ldots, s_{n-1}^n$. Entsprechendes gilt auch für die Indices $s_{N-(j)}^j$ und s_i^j. Infolgedessen sind die oben konstruierten Indices $s_1, \ldots, s_n$ und die aus ihnen gebildeten Indices s_C bis auf ein System von linearen Transformationen mit gleichen positiven Steigungen eindeutig bestimmt. Damit ist der Satz bewiesen.

Die aufgrund des Satzes 1 kardinal meßbare Aggressivität ist zugleich eine interpersonell meßbare Aggressivität. Es ist möglich, eine Aggressivitätsdifferenz zwischen zwei Strategien eines Spielers i mit einer Aggressivitätsdifferenz zwischen zwei Strategien eines anderen Spielers j zu vergleichen. Es ist bemerkenswert, daß diese Art der kardinalen und interpersonellen Vergleichbarkeit nicht etwa auf Annahmen über eine kardinale oder sogar interpersonelle Meßbarkeit des Nutzens beruht. Die Aggressivitäten der Strategien und der Koalitionsstrategien bleiben völlig unbeeinflußt, wenn die Auszahlung $H_i(\pi)$ eines Spielers i einer stetigen und streng monoton steigenden Transformation f_i unterworfen und dementsprechend durch $f_i(H_i(\pi))$ ersetzt wird. Auch auf die Beste-Antwort-Funktion α haben derartige Transformationen keinen Einfluß. In nutzentheoretischer Hinsicht ist die hier vorgetragene Theorie eine streng ordinale Theorie.

9 Ausbau der nichtkooperativen Theorie gleichmäßiger Mehrproduktenoligopole

Mit Hilfe der Ergebnisse des Kapitels 8 wird es uns im folgenden möglich sein, die Frage nach der Existenz von Gleichgewichtspunkten in reinen Strategien für gleichmäßige und eingipflige Kontinuumsspiele positiv zu beantworten. Einen eindeutig bestimmten Gleichgewichtspunkt in reinen Strategien gibt es aber im allgemeinen nicht.

Wir werden unsere Voraussetzungen (V 1), (V 2) und (V 3) durch zwei weitere Annahmen ergänzen und so zu einer Klasse von Spielen gelangen, die wir als ,,strategisch aggregierbare Spiele'' bezeichnen. Es läßt sich zeigen, daß es in einem strategisch aggregierbaren Spiel stets einen ,,besten'' Gleichgewichtspunkt gibt, der für jeden Spieler mit einer höheren Gleichgewichtsauszahlung verbunden ist als alle anderen etwa außerdem noch vorhandenen Gleichgewichtspunkte.

9.1 Die Existenz von Gleichgewichtspunkten in reinen Strategien

In diesem Abschnitt werden wir den folgenden Satz beweisen:

Satz 2. *Jedes gleichmäßige und eingipflige Kontinuumsspiel hat mindestens einen Gleichgewichtspunkt in reinen Strategien.*

Bei dem Beweis dieses Satzes werden wir uns auf den Brouwerschen Fixpunktsatz stützen[1]. Wir können diesen Satz für unsere Zwecke folgendermaßen formulieren: Es sei $I = I_1 \times \cdots \times I_n$ das topologische Produkt von n abgeschlossenen Intervallen I_i; jede stetige Abbildung f von I in sich hat mindestens einen Fixpunkt. — Hierbei ist unter einem Fixpunkt von f ein Punkt $y \in I$ zu verstehen, für den $y = f(y)$ gilt.

Beweis des Satzes 2. Dem Hilfssatz 2 aus Abschnitt 8.4 ist zu entnehmen, daß die Reaktionsfunktion φ eine stetige Abbildung von $P = P_1 \times \cdots \times P_n$ in sich ist. φ erfüllt also die Voraussetzungen des Brouwerschen Fixpunktsatzes und hat infolgedessen einen Fixpunkt $y \in P$ mit $y = \varphi(y)$. Dieser Fixpunkt ist eine Aggressivitätenkombina-

---

[1] Einen Beweis dieses zuerst von L. E. J. Brouwer bewiesenen Satzes findet man z. B. in dem Spieltheorielehrbuch von Burger oder in dem Topologielehrbuch von Lefschetz (Burger, 1958, S. 162—164; Lefschetz, 1949, S. 117—119).

tion $y = (y_1, \ldots, y_n)$. Es sei $\pi^* = \beta(y)$ die zu den Strategienkombinationen mit dieser Aggressivitätenkombination gehörige beste Antwort. Da $\varphi(y)$ nichts anderes ist als $s\big(\beta(y)\big)$, ist y auch die zu π^* gehörige Aggressivitätenkombination $s(\pi^*)$. Infolgedessen ist π^* die beste Antwort auf sich selbst, d. h. es gilt $\pi^* = \alpha(\pi^*)$. Daraus ergibt sich, daß π^* ein Gleichgewichtspunkt ist. Damit ist der Satz bewiesen.

Da es nur eine Strategienkombination π^* mit $\pi^* = \beta(y)$ gibt, kann einem Fixpunkt z immer nur ein Gleichgewichtspunkt π^* entsprechen.

Anmerkung zu Satz 2. Jedem Fixpunkt y der Reaktionsfunktion φ entspricht genau ein Gleichgewichtspunkt π^* mit $y = s(\pi^*)$. Zu jedem Gleichgewichtspunkt π^* gehört ein Fixpunkt y von φ mit $y = s(\pi^*)$.

Der zweite Teil dieser Anmerkung ist eine unmittelbare Folge davon, daß π^* dann und nur dann ein Gleichgewichtspunkt ist, wenn $\pi^* = \alpha(\pi^*)$ gilt. Das Bestehen einer eineindeutigen Zuordnung zwischen Gleichgewichtspunkten und den Fixpunkten von φ hat zur Folge, daß man anstelle der Gleichgewichtspunkte die Fixpunkte von φ untersuchen kann.

9.2 Die Klasse der strategisch aggregierbaren Spiele

Der in Abschnitt 8.5 bewiesene Satz 3 läßt die Möglichkeit offen, daß es gleichmäßige und eingipflige Kontinuumsspiele gibt, für die eine dem Satz 3 entsprechende kardinale Aggressivitätsmessung nicht möglich ist. Es kann sich dabei natürlich nur um Spiele mit weniger als vier essentiellen Spielern handeln. Wenn auf derartige Spiele die Behauptung des Satzes 3 nicht zutrifft, so können zwei grundsätzlich verschiedene Fälle vorliegen. Es kann sein, daß es unmöglich ist, die Aggressivitätsbeziehungen durch ein System von Aggressivitätsindices mit der Eigenschaft (507) darzustellen. Dieser erste Fall ist vermutlich von geringer Bedeutung. Es kann aber auch sein, daß eine Darstellung durch Aggressivitätsindices zwar möglich, aber nicht bis auf ein System von linearen Transformationen von der Form (508) eindeutig bestimmt ist. Diese Situation liegt trivialerweise für $n = 2$ vor; da es hier neben den Koalitionen (1) und (2) keine weiteren echten Koalitionen gibt, ist die Bedingung (507) mit zwei beliebigen stetigen Aggressivitätsindices s_1 und s_2 erfüllt. Wie wir in Abschnitt 8.3 gesehen haben, ist es immer möglich, stetige Aggressivitätsindices zu konstruieren.

Spiele, auf die die Behauptung des Satzes 3 nicht zutrifft, weil der erste der beiden oben beschriebenen Fälle vorliegt, müssen für den weiteren Ausbau unserer Theorie von der Betrachtung ausgeschlossen werden. Wir ergänzen deshalb die Voraussetzungen (V 1), (V 2) und (V 3) durch die folgende Annahme:

(V4) Existenz additiver Aggressivitätsindices. Die Aggressivitätsbeziehungen können durch ein System von stetigen Aggressivitätsindices s_C dargestellt werden [2], das für jede echte Koalition C die Bedingung

$$s_C(\pi_C) = \sum_{i \in C} s_i(\pi_i) \qquad \text{mit } \pi_i \text{ in } \pi_C \tag{528}$$

erfüllt.

Für gleichmäßige und eingipflige Kontinuumsspiele, in denen alle
Spieler essentiell sind — was in statischen Oligopolmodellen, die zu
dieser Klasse von Spielen gehören, im allgemeinen der Fall sein dürfte —
ist die Voraussetzung (V 4) für $n = 2$ und $n = 4, 5, \ldots$ erfüllt. Das ergibt
sich aus Satz 1 und aus unseren Bemerkungen über Spiele mit $n = 2$.
Ein für beliebige n formuliertes Oligopolmodell, das die Eigenschaft (V 4)
für $n = 2$ und $n = 4, 5, \ldots$ hat, während es für $n = 3$ diese Bedingung
verletzt, ist aber kaum vorstellbar. Wir neigen daher zu der Auffassung,
daß die Voraussetzungen (V 1), (V 2) und (V 3) durch die Hinzufügung
von (V 4) nur unwesentlich verschärft werden.

Im weiteren Verlauf unserer Untersuchungen werden wir die Sym-
bole $s_1, \ldots, s_n$ und s_C immer nur für ein festes System von Aggressivitätsindices mit den in (V 4) beschriebenen Eigenschaften verwenden;
dieses System soll außerdem so gewählt sein, daß die Strategienmengen
Π_i durch die Indices s_i auf Intervalle P_i von der Form $0 \leqq s_i \leqq \bar{s}_i$ abgebildet werden. Den Strategien minimaler Aggressivität wird also der
Wert 0 zugeordnet. Wir bezeichnen die so festgelegten Aggressivitätsindices als „normierte additive Aggressivitäten".

Die Anpassungsfunktion β und die Reaktionsfunktion φ, die wir in
Abschnitt 8.4 auf der Grundlage beliebig gewählter stetiger Aggressivitätsindices definiert haben, sollen von jetzt ab immer im Sinne einer auf
die normierten additiven Aggressivitäten bezogenen Definition verstanden werden.

Obwohl unsere ursprüngliche Definition von „aggressiver als" keine
Aggressivitätsvergleiche zwischen Strategienkombinationen zuläßt, können wir mit Hilfe der normierten additiven Aggressivitäten in ganz
natürlicher Weise jeder Strategienkombination $\pi = (\pi_1, \ldots, \pi_n)$ eine
„Gesamtaggressivität"

$$S(\pi) = \sum_{i=1}^{n} s_i(\pi_i) \qquad \text{mit } \pi_i \text{ in } \pi \tag{529}$$

zuordnen. Diese Gesamtaggressivität wird bei dem Ausbau unserer
Theorie eine wichtige Rolle spielen.

Ersetzt man in einer Strategienkombination $\pi = \pi_i \pi_{N-(i)}$ die
Koalitionsstrategie $\pi_{N-(i)}$ durch eine andere Koalitionsstrategie

---

[2] Das heißt es gilt $s_C(\pi_C) > s_C(\pi'_C)$ für $\pi_C > \pi'_C$ und $s_C(\pi_C) = s_C(\pi'_C)$ für $\pi_C \sim \pi'_C$.

$\pi'_{N-(i)}$ mit $\pi'_{N-(i)} \sim \pi_{N-(i)}$, so wird, wie man aus (V 3) sofort erkennt, an der Auszahlung $H_i(\pi)$ nichts geändert. Die beste Antwort $\alpha_i(\pi)$ ist deshalb eine Funktion der Aggressivität $s_{N-(i)}(\pi_{N-(i)})$. Wir können diese Aggressivität auch durch

$$S_i(\pi) = S(\pi) - s_i(\pi_i) \qquad \text{mit } \pi_i \text{ in } \pi \tag{530}$$

zum Ausdruck bringen. Da $\alpha_i(\pi)$ eine Funktion von $S_i(\pi)$ ist, kann auch die i-te Komponente von $\varphi(s(\pi)) = s(\alpha(\pi))$ als eine Funktion von $S_i(\pi)$ aufgefaßt werden. Wir bezeichnen die durch

$$\varphi_i(S_i(\pi)) = s_i(\alpha_i(\pi)) \tag{531}$$

definierte Funktion φ_i als die „Reaktionsfunktion des Spielers i"[3]. Zwischen den Reaktionsfunktionen φ_i und der bereits in Abschnitt 8.4 eingeführten Reaktionsfunktion φ besteht ein enger Zusammenhang, der in der Gleichung

$$\varphi(s(\pi)) = (\varphi_1(S_1(\pi)), \ldots, \varphi_n(S_n(\pi))) \tag{532}$$

zum Ausdruck kommt.

Da die Aggressivitäten $s_i(\pi_i)$ in den Intervallen $0 \leq s_i(\pi_i) \leq \bar{s}_i$ liegen, ist 0 die untere und

$$\bar{S} = \sum_{i=1}^{n} \bar{s}_i \tag{533}$$

die obere Grenze der Gesamtaggressivität $S(\pi)$. Die oberen Grenzen $\bar{S} - \bar{s}_i$ der $S_i(\pi)$ bezeichnen wir mit $\bar{S}_i$. Da $S_i(\pi)$ ein stetiger Aggressivitätsindex für die in π enthaltene Koalitionsstrategie $\pi_{N-(i)}$ ist, ist die Funktion $\varphi_i(S_i)$ eine auf dem Intervall $0 \leq S_i \leq \bar{S}_i$ überall erklärte und stetige Funktion.

Für den weiteren Ausbau unserer Theorie müssen wir die Voraussetzungen (V 1) bis (V 4) durch eine fünfte Annahme ergänzen, die sich auf die Reaktionsfunktionen φ_i bezieht. Um den Inhalt dieser Annahme deutlich werden zu lassen, wollen wir den Übergang von einer Koalitionsstrategie $\pi_{N-(i)}$ zu einer Koalitionsstrategie $\pi'_{N-(i)}$ als eine „Aktion" der Koalition $N - (i)$ bezeichnen. Es seien π_i und π'_i die besten Antworten des Spielers i auf $\pi_{N-(i)}$ bzw. $\pi'_{N-(i)}$. Geht man von der Vorstellung aus, daß der Spieler i, wie es der Annahme des autonomen Verhaltens entspricht, immer bemüht ist, die beste Antwort auf die Koalitionsstrategie von $N - (i)$ zu spielen, so liegt es nahe, den

---

[3] Wir haben es im Abschnitt 8.4 absichtlich vermieden, das Symbol „φ_i" in der eigentlich naheliegenden Weise zur Kennzeichnung der Komponenten der Vektorfunktion φ zu verwenden, da es dem Sprachgebrauch der ökonomischen Theorie besser entspricht, die Reaktionsfunktion des Spielers i durch (531) zu definieren.

Übergang von π_i zu π_i' als die „Reaktion" auf den Übergang von $\pi_{N-(i)}$ zu $\pi_{N-(i)}'$ zu bezeichnen. Es seien S_i und S_i' die Aggressivitätswerte von $\pi_{N-(i)}$ und $\pi_{N-(i)}'$. Offensichtlich sind dann $\varphi_i(S_i)$ und $\varphi_i(S_i')$ die Aggressivitätswerte von π_i und π_i'. Wir können $S_i' - S_i$ als ein Maß für die Stärke der Aktion und $\varphi_i(S_i') - \varphi_i(S_i)$ als ein Maß für die Stärke der Reaktion auffassen. Hat $\varphi_i(S_i') - \varphi_i(S_i)$ dasselbe Vorzeichen wie $S_i' - S_i$, so wollen wir von einer „gleichgerichteten" Reaktion sprechen; haben dagegen $S_i' - S_i$ und $\varphi_i(S_i') - \varphi_i(S_i)$ entgegengesetzte Vorzeichen, so soll von „gegengerichteten" Reaktionen die Rede sein.

Die zusätzliche Annahme, die wir für den weiteren Ausbau unserer Theorie benötigen, besteht darin, daß, gemessen an den Absolutbeträgen der Aggressivitätsdifferenzen, eine gegengerichtete Reaktion stets hinter der zugehörigen Aktion zurückbleibt. Wir können diese Annahme folgendermaßen formulieren:

(V5) Zurückbleiben einer gegengerichteten Reaktion hinter der Aktion. Die normierten additiven Aggressivitätsindices können so festgelegt werden, daß für $i = 1, \ldots, n$ folgendes richtig ist: Für je zwei voneinander verschiedene Werte S_i und S_i' mit $0 \leq S_i \leq \overline{S}_i$ besteht die Ungleichung

$$\frac{\varphi_i(S_i') - \varphi_i(S_i)}{S_i' - S_i} > -1 . \qquad (534)$$

Vergleiche zwischen Aggressivitätsdifferenzen sind eigentlich nur dann sinnvoll, wenn die Aggressivitäten im Sinne des Satzes 3 kardinal meßbar sind. In diesem Falle kommt es für die Gültigkeit von (534) auch gar nicht auf die Art der Festlegung der normierten additiven Aggressivitäten an, denn die linke Seite von (534) bleibt unverändert, wenn die Aggressivitätsindices einem System von linearen Transformationen von der Art (508) unterworfen werden. Wenn aber die Voraussetzungen (V 1) bis (V 4) erfüllt sind, ohne daß die Behauptung des Satzes 3 zutrifft, hängt es möglicherweise von der Art der Festlegung der normierten additiven Aggressivitätsindices ab, ob (534) stets richtig ist oder nicht. Diese Situation liegt im allgemeinen für $n = 2$ vor, weil hier die Bedingung (528) für zwei beliebige stetige Aggressivitätsindices s_1 und s_2 stets erfüllt ist.

Da wir im folgenden immer davon ausgehen werden, daß die Voraussetzungen (V 1) bis (V 5) zutreffen, werden wir uns die normierten additiven Aggressivitäten stets im Sinne der Annahme (V 5) festgelegt denken.

Die Voraussetzung (V 5) scheint uns für statische Oligopolmodelle vor allem deshalb plausibel zu sein, weil die beste Antwort eines Oli-

gopolisten von Kostenfaktoren mitbestimmt wird, die bei einer Ver-
änderung des Konkurrenzverhaltens unverändert bleiben. Schon von
daher werden dem Bereich, in dem die beste Antwort variieren kann,
oft verhältnismäßig enge Grenzen gesetzt sein. Dieses Argument spricht
allerdings nicht nur für ein Zurückbleiben gegengerichteter, sondern
ebenso auch für ein Zurückbleiben gleichgerichteter Reaktionen hinter
der Aktion. Es ist aber für unsere Theorie nicht erforderlich, Oligopolmodelle von der Betrachtung auszuschließen, in denen gleichgerichtete
Reaktionen vorkommen können, die stärker sind als die zugehörigen
Aktionen.

Zugunsten der Annahme (V 5) kann auch angeführt werden, daß
das Cournotsche Mengenvariationsmodell, wie wir noch sehen werden,
diese Eigenschaft hat, wenn die Nachfragefunktion und die Kostenfunktionen einige schwache Verlaufsbedingungen erfüllen.

Spiele, die die Voraussetzungen (V 1) bis (V 5) erfüllen, werden von
uns als „strategisch aggregierbare Spiele" bezeichnet. Der Grund für
diese Bezeichnung besteht darin, daß es für derartige Spiele möglich ist,
eine „Gesamteinpassungsfunktion" η zu konstruieren, die wichtige
Eigenschaften der strategischen Situation des Spieles aggregativ zusammenfaßt. Die Gesamteinpassungsfunktion η setzt sich additiv aus
„Einpassungsfunktionen" η_i für die einzelnen Spieler zusammen. Wie
wir noch zeigen werden, gibt es zu jedem S in einem Bereich $\underline{e}_i \leqq S \leqq \bar{e}_i$
genau einen Wert S_i, für den die Gleichung

$$\varphi_i(S_i) + S_i = S \qquad (535)$$

erfüllt ist. Die Einpassungsfunktion η_i des Spielers i ordnet jedem S in
dem Bereich $\underline{e}_i \leqq S \leqq \bar{e}_i$ den Wert

$$\eta_i(S) = \varphi_i(S_i) \qquad (536)$$

zu, der der Lösung S_i von (535) entspricht. Abb. 17 zeigt, wie die Werte
$\eta_i(S)$ mit Hilfe der Reaktionsfunktion φ_i des Spielers i graphisch ermittelt werden kann. Die in dem Diagramm eingezeichnete Kurve stellt
die über dem auf der Abszisse abgetragenen Intervall $0 \leqq S_i \leqq \bar{S}_i$ erklärte Reaktionsfunktion φ_i des Spielers i dar; die Werte $\varphi_i(S_i)$ können
auf der Ordinate abgelesen werden. Zur Ermittlung von $\eta_i(S)$ bringt
man die negativ geneigte 45°-Linie, die durch den Punkt der Abszisse
geht, der dem Wert S entspricht, mit der Reaktionsfunktion φ_i zum
Schnitt. Die Lösung S_i von (535) ist die Abszisse und $\eta_i(S) = \varphi_i(S_i)$ ist
die Ordinate des Schnittpunkts. Wie man aus Abb. 18 erkennt, kann
die zu S gehörige 45°-Linie die Reaktionsfunktion φ_i nur dann mehrmals schneiden, wenn die Voraussetzung (V 5) verletzt ist. Für die
Abszissen S_i und S_i' von zwei verschiedenen zu demselben S gehörigen

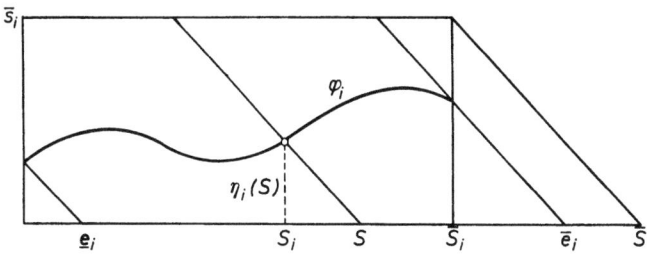

Abb. 17. Graphische Ermittlung von η_i

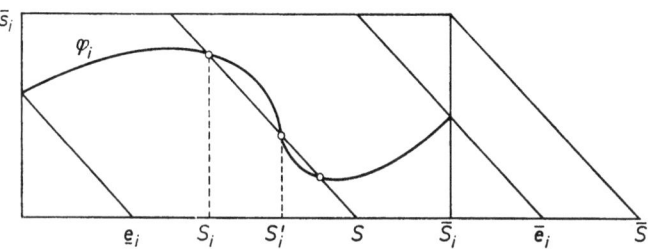

Abb. 18. Der durch (V 5) ausgeschlossene Fall mehrerer Schnittpunkte der 45°-Linie mit φ_i

Schnittpunkten muß nämlich stets

$$\frac{\varphi_i(S_i') - \varphi_i(S_i)}{S_i' - S_i} = -1 \tag{537}$$

gelten.

Der Bereich $\underline{e}_i \leq S \leq \bar{e}_i$, für den die Einpassungsfunktion $\eta_i(S)$ definiert ist, hat offenbar die folgenden Grenzen:

$$\underline{e}_i = \varphi_i(0), \tag{538}$$

$$\bar{e}_i = \overline{S}_i + \varphi_i(\overline{S}_i). \tag{539}$$

Die Gesamteinpassungsfunktion

$$\eta(S) = \sum_{i=1}^{n} \eta_i(S) \tag{540}$$

ist für den Bereich $\underline{e} \leq S \leq \bar{e}$ mit

$$\underline{e} = \max_{i=1,\ldots,n} \underline{e}_i \tag{541}$$

und

$$\bar{e} = \min_{i=1,\ldots,n} \bar{e}_i \tag{542}$$

definiert. Die Einpassungsfunktionen η_i und die Gesamteinpassungs-funktion η sind aufgrund ihrer Konstruktion überall dort, wo sie definiert sind, auch stetig.

Wir haben für die Funktionen η_i den Namen „Einpassungsfunktion" gewählt, weil sie im Rahmen eines statischen Oligopolmodells die folgende Deutung zulassen: Es ist denkbar, daß ein Oligopolist i glaubt, sich eher von der zukünftigen Gesamtlage des Marktes ein Bild machen zu können, als von dem zukünftigen Verhalten seiner Konkurrenten. Er kann diesem Umstand dadurch Rechnung tragen, daß er zunächst eine Erwartung über die Gesamtaggressivität S bildet und dann, ausgehend von dem erwarteten Wert S, die Frage stellt: Wie groß muß die Aggressivität s_i der eigenen Strategie gewählt werden, wenn sie gegenüber der Aggressivität $S_i = S - s_i$ des ganzen übrigen Marktes optimal sein soll? Die Antwort auf diese Frage ist natürlich $s_i = \eta_i(S)$. Mit dieser Aggressivität paßt sich der Oligopolist sozusagen in die erwartete Gesamtaggressivität ein.

Wir werden im folgenden nicht unterstellen, daß die Oligopolisten sich in dieser Weise verhalten. Unsere Überlegungen sollten nur dem Zweck dienen, den Begriff der Einpassungsfunktion zu veranschaulichen.

9.3 Die Existenz eines besten Gleichgewichtspunktes

Wenn π^* ein Gleichgewichtspunkt ist, so muß wegen $\pi^* = \alpha(\pi^*)$ für $i = 1, \ldots, n$ stets

$$\eta_i\big(S_i(\pi^*)\big) + S_i(\pi^*) = S(\pi^*) \tag{543}$$

gelten. Da die Gleichung

$$\varphi_i(S_i) + S_i = S \tag{544}$$

außerhalb des Bereichs $\varrho_i \leqq S \leqq \bar{e}_i$ keine Lösungen besitzt, muß deshalb die zu einem Gleichgewichtspunkt π^* gehörige Gesamtaggressivität $S(\pi^*)$ in jedem der Intervalle $\varrho_i \leqq S \leqq \bar{e}_i$ und deshalb auch in dem Bereich $\varrho \leqq S \leqq \bar{e}$ liegen. Aus (543) ergibt sich, daß für jeden Gleichgewichtspunkt π^*

$$\eta_i\big(S(\pi^*)\big) = \varphi_i\big(S_i(\pi^*)\big) = s_i(\pi_i^*) \qquad \text{mit } \pi_i^* \text{ in } \pi^* \tag{545}$$

und infolgedessen auch

$$\eta\big(S(\pi^*)\big) = S(\pi^*) \tag{546}$$

gilt. In dem „Einpassungsdiagramm" der Abb. 19 ist die Gesamteinpassungsfunktion η dargestellt. Außerdem ist in Abb. 19 die 45°-Linie eingezeichnet, auf der die Punkte mit $\eta(S) = S$ liegen müssen. Aus (546) folgt, daß die Gesamtaggressivität $S(\pi^*)$ eines Gleichgewichtspunktes π^* in diesem Diagramm stets die Abszisse (und gleichzeitig die Ordinate) eines Schnittpunkts von η mit der 45°-Linie sein muß. Es ist auch richtig, daß jedem dieser Schnittpunkte genau ein Gleichgewicht entspricht. Wenn nämlich S^* eine Gesamtaggressivität mit $S^* = \eta(S^*)$

ist, so ist

$$s^* = (s_1^*, \ldots, s_n^*) \quad \text{mit} \quad s_i^* = \eta_i(S^*) \quad \text{für} \quad i = 1, \ldots, n \qquad (547)$$

offensichtlich eine Aggressivitätenkombination, die die Bedingung

$$s^* = \varphi(s^*) \qquad (548)$$

erfüllt. Aus der Anmerkung zu Satz 2 in Abschnitt 9.1 ist zu entnehmen, daß zu jedem s^* mit (548) genau ein Gleichgewichtspunkt

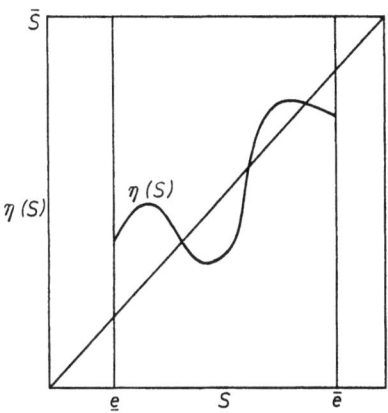

Abb. 19. Das Einpassungsdiagramm

gehört. Aus dem Bisherigen ergibt sich die Richtigkeit des folgenden Satzes:

Satz 3. *Die Gleichgewichtspunkte eines strategisch aggregierbaren Spiels sind eineindeutig den Gesamtaggressivitätswerten S^* mit $S^* = \eta(S^*)$ zugeordnet; für den zu S^* gehörigen Gleichgewichtspunkt π^* gilt hierbei $S^* = S(\pi^*)$.*
Dieser Satz stellt eine eineindeutige Zuordnung zwischen den Gleichgewichtspunkten eines strategisch aggregierbaren Spiels und den Schnittpunkten des Einpassungsdiagramms her. Ein Gleichgewichtspunkt ist um so aggressiver, je weiter rechts der zugehörige Schnittpunkt im Einpassungsdiagramm liegt. Wir werden nun einen Satz beweisen, aus dem hervorgeht, daß die Gleichgewichtsauszahlungen für alle Spieler um so größer sind, je weniger aggressiv der Gleichgewichtspunkt ist. Dieser Satz gibt uns die Möglichkeit, unter den Gleichgewichtspunkten einen „besten" Gleichgewichtspunkt auszusondern, der für alle Spieler mit einer höheren Gleichgewichtsauszahlung verbunden ist als jeder andere Gleichgewichtspunkt. Es ist dies der Gleichgewichtspunkt mit der geringsten Gesamtaggressivität, der zu dem am weitesten links liegenden Schnittpunkt im Einpassungsdiagramm gehört.

Satz 4. *In einem strategisch aggregierbaren Spiel* $\Gamma = (\Pi, H)$ *gilt für je zwei Gleichgewichtspunkte* π' *und* π'' *mit* $S(\pi') < S(\pi'')$ *stets*

$$H_i(\pi') > H_i(\pi'') \qquad \text{für } i = 1, \ldots, n. \tag{549}$$

Beweis. Wir zeigen zunächst, daß für $i = 1, \ldots, n$

$$S_i(\pi') < S_i(\pi'') \tag{550}$$

gilt. Wenn es ein j mit

$$S_j(\pi') = S_j(\pi'') = S_j^* \tag{551}$$

gäbe, so müßte für die Komponenten π_j' und π_j'' von π' und π'' die Gleichung

$$s_j(\pi_j') = s_j(\pi_j'') = \varphi_j(S_j^*) \tag{552}$$

bestehen. Da stets

$$S(\pi) = s_j(\pi_j) = S_j(\pi) \qquad \text{mit } \pi_j \text{ in } \pi \tag{553}$$

gilt, müßte dann auch $S(\pi') = S(\pi'')$ richtig sein, was voraussetzungs-gemäß nicht der Fall ist. Wenn (550) nicht zutrifft, muß also für $i = 1, \ldots, n$

$$S_i(\pi') > S_i(\pi'') \tag{554}$$

gelten. Aus

$$\frac{s_i(\pi_i'') - s_i(\pi_i')}{S_i(\pi'') - S_i(\pi')} = \frac{S(\pi'') - S(\pi') - S_i(\pi'') + S_i(\pi')}{S_i(\pi'') - S_i(\pi')} \tag{555}$$

folgt

$$\frac{s_i(\pi_i'') - s_i(\pi_i')}{S_i(\pi'') - S_i(\pi')} = -1 + \frac{S(\pi'') - S(\pi')}{S_i(\pi'') - S_i(\pi')}. \tag{556}$$

Wäre (554) richtig, so wäre der Nenner des Bruches auf der rechten Seite von (556) negativ. Da der Zähler dieses Bruches voraussetzungs-gemäß positiv ist, müßte dann der Ausdruck auf der rechten Seite von (556) kleiner als -1 sein. Da dies der Voraussetzung (V 5) widerspricht, muß also (554) falsch und infolgedessen (550) richtig sein.

Aus (550) ergibt sich, daß für alle $\pi_i \in \Pi_i$

$$H_i(\pi'/\pi_i) > H_i(\pi''/\pi_i) \tag{557}$$

gilt. Die Maxima, die $H_i(\pi'/\pi_i)$ und $H_i(\pi''/\pi_i)$ in dem Bereich $\pi_i \in \Pi_i$ annehmen, sind die Gleichgewichtsauszahlungen $H_i(\pi')$ und $H_i(\pi'')$. Wegen (557) ist infolgedessen (549) richtig. Damit ist der Satz bewiesen.

Da wegen Satz 4 jedes strategisch aggregierbare Spiel mindestens einen Gleichgewichtspunkt hat, hat die Gesamteinpassungsfunktion mindestens einen Schnittpunkt mit der 45°-Linie. Wir werden nun einen Satz beweisen, der es uns erlaubt, darüber hinaus noch etwas mehr über den Verlauf der Gesamteinpassungsfunktion zu sagen.

Satz 5. *Für die Gesamteinpassungsfunktion η eines strategisch aggregierbaren Spiels gilt stets*

$$\eta(\underline{e}) \geqq \underline{e} \tag{558}$$

und

$$\eta(\bar{e}) \leqq \bar{e}. \tag{559}$$

Hierbei sind $\underline{e}$ und $\bar{e}$ die durch (538), (539), (541) und (542) definierten Grenzen des Definitionsbereichs der Gesamteinpassungsfunktion.

Beweis. Aus Abb. 17 in 9.2 erkennt man ohne weiteres, daß

$$\eta_i(\underline{e}_i) = \underline{e}_i \qquad \text{für } i = 1, \ldots, n \tag{560}$$

richtig ist. Es gibt daher mindestens ein j mit

$$\eta_j(\underline{e}_j) = \underline{e}. \tag{561}$$

Wegen (540) ist infolgedessen (558) richtig. Aus Abb. 17 in 9.2 ist auch zu erkennen, daß für $i = 1, \ldots, n$

$$\bar{s}_i - \eta_i(\bar{e}_i) = \bar{S} - \bar{e}_i \tag{562}$$

gilt. Für mindestens ein j gilt daher

$$\bar{s}_j - \eta_j(\bar{e}) = \bar{S} - \bar{e}. \tag{563}$$

Da $\bar{s}_i - \eta_i(\bar{e})$ für $i = 1, \ldots, n$ nichtnegativ ist, ergibt sich daraus

$$\bar{S} - \eta(\bar{e}) = \sum_{i=1}^{n} (s_i - \eta_i(\bar{e})) \geqq \bar{S} - \bar{e}. \tag{564}$$

Aus (564) folgt (559). Damit ist der Satz bewiesen.

Satz 5 zeigt, daß die Einpassungsfunktion im Einpassungsdiagramm (Abb. 19) nicht unterhalb der 45°-Linie beginnen und nicht oberhalb der 45°-Linie enden kann. Aus dieser Tatsache ergibt sich sofort ein weiterer Beweis dafür, daß die Einpassungsfunktion die 45°-Linie mindestens in einem Punkt schneiden muß und daß deshalb jedes strategisch aggregierbare Spiel mindestens einen Gleichgewichtspunkt in reinen Strategien hat.

Ein Schnittpunkt der Gesamteinpassungsfunktion mit der 45°-Linie soll ein Schnittpunkt „von oben nach unten" heißen, wenn er nicht am Rande des Intervalls $\underline{e} \leqq S \leqq \bar{e}$ liegt und wenn die Gesamteinpassungsfunktion in einer hinreichend kleinen Umgebung des Schnittpunkts links von dem Schnittpunkt oberhalb und rechts von dem Schnittpunkt unterhalb der 45°-Linie verläuft; ein nicht am Rande des Intervalls $\underline{e} \leqq S \leqq \bar{e}$ liegender Schnittpunkt, für den stattdessen die Einpassungsfunktion in einer hinreichend kleinen Umgebung auf der linken Seite unterhalb und auf der rechten Seite oberhalb der 45°-Linie verläuft, soll ganz entsprechend ein Schnittpunkt „von unten nach oben" genannt werden. Mit Hilfe dieser Begriffsbildungen werden wir nun eine Annahme über den Verlauf der Gesamteinpassungsfunktion formulieren, die zwar gewisse Extrem- und Randfälle ausschließt, von der aber zu vermuten ist, daß sie für strategisch aggregierbare statische Oligopolmodelle im allgemeinen erfüllt sein dürfte.

(V 6) **Normaler Verlauf der Gesamteinpassungsfunktion.** Die Gesamteinpassungsfunktion hat endlich viele Schnittpunkte mit der 45°-Linie des Einpassungsdiagramms; jeder dieser Schnittpunkte ist entweder ein Schnittpunkt von oben nach unten oder ein Schnittpunkt von unten nach oben.

Wenn die Gesamteinpassungsfunktion im Sinne von (V 6) normal verläuft, so beginnt sie oberhalb und so endet sie unterhalb der 45°-Linie. Der am weitesten links liegende Schnittpunkt, der dem besten Gleichgewicht entspricht, muß dann ein Schnittpunkt von oben nach unten sein. Sind mehrere Schnittpunkte vorhanden, so trifft man von links nach rechts fortschreitend abwechselnd auf Schnittpunkte von oben nach unten und Schnittpunkte von unten nach oben. Der am weitesten rechts befindliche Schnittpunkt ist ein Schnittpunkt von oben nach unten. Aus dieser Sachlage ergibt sich, daß die Zahl der Schnittpunkte und damit auch die Anzahl der Gleichgewichtspunkte ungerade ist. Ein strategisch aggregierbares Spiel mit einer im Sinne von (V 6) normal verlaufenden Gesamteinpassungsfunktion hat also eine ungerade Anzahl von Gleichgewichtspunkten in reinen Strategien.

9.4 Das Cournotsche Mengenmodell als Beispiel eines strategisch aggregierbaren Oligopolmodells

Die Art und Weise, in der wir uns dem Problem des Mehrproduktenmonopols nähern, weicht insofern von der traditionellen Oligopoltheorie ab, als wir auf die Behandlung spezieller Oligopolmodelle weitgehend verzichten; unsere Theorie geht von sehr allgemeinen Annahmen über nicht näher spezifizierte statische Oligopolmodelle aus und kommt auf dieser Grundlage zu Ergebnissen, die für eine Vielfalt von möglichen Modellen von Bedeutung sind. Wenn wir uns in diesem Abschnitt mit dem Cournotschen Mengenoligopol beschäftigen, das ja als Einprodukentenmodell im Rahmen dieser Arbeit eigentlich nicht von Interesse ist, so geschieht das vor allem deshalb, weil gezeigt werden soll, wie sich dieses älteste und gebräuchlichste Oligopolmodell unserer Theorie unterordnet.

Das Cournotsche Mengenmodell verbindet den Preis p mit der von den n Anbietern $1, \ldots, n$ insgesamt angebotenen Menge x durch eine

Nachfragefunktion

$$p = h(x) \tag{565}$$

von der wir annehmen wollen, daß sie zweimal stetig differenzierbar ist, daß sie für $x \geqq 0$ überall positiv ist und streng monoton fällt und daß sie die Bedingung der Umsatzkonvexität in ihrer verschärften Form erfüllt[4].

Infolgedessen gilt

$$h'(x) < 0 \tag{566}$$

und

$$\frac{d^2 U}{d x^2} = x h''(x) + 2 h'(x) < 0. \tag{567}$$

Es sei x_i die Angebotsmenge und es sei $K_i(x_i)$ die Kostenfunktion des Spielers i. Wir nehmen an, daß $K_i(x_i)$ zweimal stetig differenzierbar ist und die Forderung der Kostenkonvexität erfüllt. Das bedeutet, daß für die zweite Ableitung von $K_i(x_i)$

$$K_i''(x_i) \geqq 0 \tag{568}$$

gilt. Für den Gewinn G_i des Anbieters i ergibt sich die Gleichung

$$G_i = x_i h(x) - K_i(x_i). \tag{569}$$

Es soll weiterhin angenommen werden, daß jeder der Anbieter i seine Angebotsmenge in einem Intervall $0 \leqq x_i \leqq \bar{x}_i$ frei wählen kann. $\bar{x}_i$ ist die Kapazitätsgrenze des Anbieters i.

Es ist ohne weiteres zu sehen, daß das soeben beschriebene Cournotsche Mengenmodell ein Kontinuumsspiel ist. Es ist

$$\frac{\partial^2 G_i}{\partial x_i^2} = x_i h''(x) + 2 h'(x) - K_i''(x_i). \tag{570}$$

Falls $h''(x)$ nicht positiv ist, so ist $\partial^2 G_i / \partial x_i$ negativ, denn $h'(x)$ ist negativ und $-K_i''(x_i)$ ist nicht positiv. Ist dagegen $h''(x)$ positiv, so gilt wegen (567) und $x_i \leqq x$ erst recht

$$x_i h''(x) + 2 h'(x) < 0. \tag{571}$$

Auch dann ist also $\partial^2 G_i / \partial x_i$ negativ. Es gilt also stets

$$\frac{\partial^2 G}{\partial x_i^2} < 0. \tag{572}$$

Aus (572) ergibt sich, daß die Voraussetzung der Eingipfligkeit für das Cournotsche Mengenoligopol erfüllt ist.

Aus (569) ist zu erkennen, daß das Cournotsche Mengenmodell auch die Gleichmäßigkeitsannahme (V 3) und die Voraussetzung (V 4) er-

---

[4] Vgl. hierzu Abschnitt 1.5.

füllt. Man kann nämlich die Angebotsmengen x_i als normierte additive Aggressivitäten der betreffenden Spieler betrachten. Erhöht sich die Angebotsmenge

$$x_C = \sum_{i \in C} x_i \qquad (573)$$

einer Koalition C, so sinken wegen (566) die Gewinne der Spieler aus $N - C$. Da die x_i als normierte additive Aggressivitäten angesehen werden können, ist auch (V 4) erfüllt.

Es bleibt noch die Frage offen, ob auch (V 5) auf das Cournotsche Mengenoligopol zutrifft. Wir werden diese Frage nur unter zwei zusätzlichen Voraussetzungen beantworten, die dazu dienen, bestimmte mit

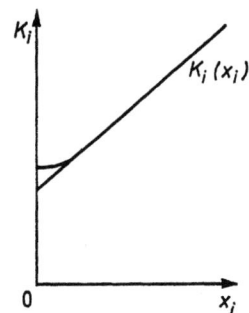

Abb. 20. Abänderung von K_i

dem Auftreten von Randoptima verbundene Schwierigkeiten zu vermeiden. Wir werden annehmen, daß die Kosten K_i in der Nähe der Kapazitätsgrenze $\bar{x}_i$ so stark steigen, daß

$$h(\bar{x}_i) < K'_i(\bar{x}_i) \quad \text{für } i = 1, \dots, n \qquad (574)$$

richtig ist[5]. Außerdem setzen wir voraus, daß

$$K'_i(0) = 0 \quad \text{für } i = 1, \dots, n \qquad (575)$$

gilt. Man kann jede Kostenfunktion K_i durch eine beliebig kleine Änderung in einer beliebig kleinen Umgebung von $x_i = 0$ so abändern, daß nach der Abänderung (575) erfüllt ist. Wie eine solche Abänderung vorzunehmen ist, haben wir in der Abb. 20 angedeutet.

(575) ist daher als Annahme über die Kostenfunktion nicht so einschneidend, wie es zunächst den Anschein haben könnte.

Aus (574) folgt, daß die im Sinne der besten Antwort optimale Menge $\tilde{x}_i$ nicht an der Kapazitätsgrenze $\bar{x}_i$ liegen kann, weil dort wegen

---

[5] Aus den Bemerkungen, die wir im Zusammenhang mit den Abb. 8 und 9 in Abschnitt 3.2 gemacht haben, erkennt man, daß diese Bedingung keine einschneidende Annahme darstellt.

$h' < 0$ und $x \gtreqqless \bar{x}_i$ $\qquad p = h(x) \leqq h(\bar{x}_i) < K'(\bar{x}_i)$ (576)

gelten muß und deshalb die Grenzkosten höher sind als der Preis, der ja stets größer ist als der Grenzerlös. Aus (575) folgt, daß $\tilde{x}_i$ nicht 0 sein kann, weil für $\tilde{x}_i = 0$ der Grenzgewinn

$$\frac{\partial G_i}{\partial x_i} = x_i h'(x) + h(x) - K_i(x_i) \qquad (577)$$

an der Stelle $x_i = 0$ nicht positiv sein dürfte; wegen (575) nimmt jedoch $\partial G_i / \partial x_i$ an der Stelle $x_i = 0$ den positiven Wert $h(x)$ an. Für die im Sinne der besten Antwort optimale Menge $\tilde{x}_i$ gilt also stets

$$0 < \tilde{x}_i < \bar{x}_i \quad \text{für } i = 1, \ldots, n. \qquad (578)$$

Da Randoptima durch (578) ausgeschlossen sind, ist wegen (577) die folgende Marginalbedingung stets erfüllt:

$$\tilde{x}_i h'(x) + h(x) - K_i'(\tilde{x}_i) = 0. \qquad (579)$$

Bezeichnet man mit x^i die von den anderen Anbietern insgesamt angebotene Menge $x - \tilde{x}_i$, so hat die Reaktionsfunktion des Spielers i die Form

$$\tilde{x}_i = \varphi_i(x^i). \qquad (580)$$

Differenziert man (579) nach x^i, so erhält man die folgende Beziehung für die Ableitung φ_i' der Reaktionsfunktion des Spielers i:

$$\varphi_i' h' + \tilde{x}_i h'' [1 + \varphi_i'] + h' [1 + \varphi_i'] - K_i'' \varphi_i' = 0. \qquad (581)$$

Hierbei sind der Einfachheit halber die Argumente der Funktionen φ_i', h', h'' und K_i'' weggelassen worden. Aus (581) ergibt sich

$$\varphi_i' = -\frac{h' + \tilde{x}_i h''}{2h' + \tilde{x}_i h'' - K_i''}. \qquad (582)$$

Der Nenner des Bruches auf der rechten Seite von (582) ist nichts anderes als $\partial^2 G_i / \partial x_i^2$ an der Stelle $x_i = \tilde{x}_i$ und ist deshalb wegen (572) negativ. Wegen (566) und (568) gilt

$$2h' + \tilde{x}_i h'' - K_i'' < h' + \tilde{x}_i h''. \qquad (583)$$

Falls φ_i' negativ ist, ist daher der Zähler des Bruches auf der rechten Seite von (582) dem Betrage nach kleiner als der Nenner. Daraus ergibt sich

$$\varphi_i' > -1. \qquad (584)$$

Aus (584) folgt, daß die Voraussetzung (V 5) erfüllt ist. Das Cournotsche Mengenmodell ist also unter den hier gemachten Annahmen über die Nachfragefunktion und die Kostenfunktionen strategisch aggregierbar. Wir können die Ergebnisse unserer Theorie auf dieses Modell anwenden. Insbesondere ergibt sich aus Satz 4 die Existenz eines eindeutig bestimmten besten Gleichgewichtspunktes in reinen Strategien.

10 Anwendung der nichtkooperativen Theorie gleichmäßiger Mehrproduktenoligopole auf ein spezielles Mehrproduktenmodell

In diesem Kapitel sollen die Ergebnisse der beiden vorangehenden Kapitel auf ein verhältnismäßig einfaches Modell eines Mehrproduktenoligopols mit Preisvariation angewandt werden. Das Modell stellt einen Markt mit einfacher Nachfrageverbundenheit und mehreren Anbietern dar. Jede der Absatzmengen hängt von dem eigenen Preis und von einem Preisindex ab, der das Preisniveau des gesamten Marktes beschreibt. Es braucht nicht vorausgesetzt zu werden, daß die Nachfrageverbundenheit entweder vollsubstitutional oder vollkomplementär ist; diese beiden Spezialfälle sind aber von der Interpretation des Modelles her von besonderer Bedeutung.

Bei vollsubstitutionaler Nachfrageverbundenheit kann das Modell z.B. als ein Markenartikelmarkt interpretiert werden, auf dem eine Gruppe von Gütern angeboten wird, die alle dasselbe Bedürfnis befriedigen und deshalb in einer engen Substitutionsbeziehung zueinander stehen; es muß sich dabei um einen Markt handeln, auf dem die Kunden Präferenzen für bestimmte Marken, nicht aber für bestimmte Anbieter haben, denn der Absatz einer Marke hängt nur vom eigenen Preis und dem Preisniveau des gesamten Marktes ab.

Bei vollkomplementärer Nachfrageverbundenheit kann man z.B. an ein Einkaufszentrum denken, in dem mehrere Anbieter örtlich zusammengefaßt sind, deren Sortimente sich nicht überschneiden. In derartigen Fällen ist es denkbar, daß das Gesamtpreisniveau die Zahl der Kunden bestimmt, die das Einkaufszentrum auf sich zieht und so zu dem entscheidenden Faktor für die Nachfrageverbundenheit wird.

10.1 Das Modell

Wir bezeichnen mit n die Zahl der Anbieter und mit m_i die Zahl der von dem Oligopolisten i angebotenen Güter. x_{ij} ist die Absatzmenge und p_{ij} ist der Preis des j-ten Gutes des Anbieters i. Wir gehen davon aus, daß die Absatzmengen durch Gleichungen von der Form

$$x_{ij} = f_{ij}(p_{ij}) L(\bar{p}) \qquad (585)$$

bestimmt sind. Hierbei ist $\bar{p}$ der Preisindex

$$\bar{p} = \sum_{i=1}^{n} \sum_{j=1}^{m_i} q_{ij} p_{ij}.$$ (586)

Von den Gewichten q_{ij} setzen wir voraus, daß es zu jedem i mindestens ein von Null verschiedenes q_{ij} gibt. Die Quadratsummen

$$Q_i = \sum_{j=1}^{m_i} q_{ij}^2$$ (587)

sind also für $i = 1, \dots, n$ positiv.

Wenn man an das Beispiel des Einkaufszentrums denkt, so kann man $L(\bar{p})$ als die Kundenzahl und $f_{ij}(p_{ij})$ als Einkaufsmenge eines einzelnen Kunden interpretieren. Wir nehmen an, daß f_{ij} und L lineare Funktionen sind:

$$f_{ij}(p_{ij}) = d_{ij} - p_{ij},$$ (588)

$$L(\bar{p}) = L_0 + w\bar{p}.$$ (589)

Hierbei sind die d_{ij} und L_0 positive Konstanten. In (589) ist davon Gebrauch gemacht worden, daß man den Anstieg von f_{ij} durch eine geeignete Wahl der Mengeneinheit für x_{ij} ohne Einschränkung der Allgemeinheit zu -1 normieren kann. w ist eine von Null verschiedene Konstante.

Die Kostenfunktionen werden als linear vorausgesetzt:

$$K_i = \sum_{j=1}^{m_i} k_{ij} x_{ij}.$$ (590)

Hierbei sind die k_{ij} positive Konstanten. Wir verzichten auf die Berücksichtigung eines Fixkostenanteils, der ja für die Bestimmung des Optimums ohne Bedeutung ist.

Die Gln. (585), (586), (588) und (589) beschreiben den Verlauf des Nachfragezusammenhangs in dem durch die Intervalle

$$0 \leqq p_{ij} \leqq d_{ij}$$ (591)

abgegrenzten Bereich. Wir gehen davon aus, daß für $p_{ij} > d_{ij}$ der Preis p_{ij} bei der Ermittlung aller Absatzmengen in (586) und (588) durch d_{ij} zu ersetzen ist. Ein oberhalb von d_{ij} festgesetzter Preis p_{ij} wirkt sich deshalb in jeder Hinsicht genau so aus wie $p_{ij} = d_{ij}$. Wir können infolgedessen den Fall $p_{ij} > d_{ij}$ von der Betrachtung ausschließen, ohne dadurch den strategischen Bewegungsspielraum der Oligopolisten einzuengen. Wir betrachten daher die Menge P_i aller m_i-

dimensionalen Spaltenvektoren

$$p_i = \begin{pmatrix} p_{i_1} \\ \vdots \\ p_{i m_i} \end{pmatrix}, \tag{592}$$

deren Komponenten die Bedingung (591) erfüllen, als die Strategien-menge des Oligopolisten i.

Die Gewinne der Oligopolisten i können leicht als Funktionen der hier auch als Stückgewinne bezeichneten Gewinnspannen

$$g_{ij} = p_{ij} - k_{ij} \tag{593}$$

zum Ausdruck gebracht werden. Hierzu führen wir die folgenden Be-zeichnungen ein:

$$b_{ij} = d_{ij} - k_{ij}, \tag{594}$$

$$\bar{g} = \sum_{i=1}^{n} \sum_{j=1}^{m_i} q_{ij} g_{ij}, \tag{595}$$

$$\bar{k} = \sum_{i=1}^{n} \sum_{j=1}^{m_i} q_{ij} k_{ij}, \tag{596}$$

$$L_1 = L_0 + w \bar{k}. \tag{597}$$

Wir setzen voraus, daß stets

$$d_{ij} > k_{ij} \tag{598}$$

gilt. Die Konstanten b_{ij} sind daher sämtlich positiv. Die Gln. (588) und (589) können auf die folgende Form gebracht werden:

$$f_{ij} = b_{ij} - g_{ij}, \tag{599}$$

$$L = L_1 + w \bar{g}. \tag{600}$$

Wir führen die Hilfsgröße

$$V_i = \sum_{j=1}^{m_i} g_{ij} (b_{ij} - g_{ij}) \tag{601}$$

ein, die es uns wegen (585), (591) und (596) ermöglicht, den Gewinn

$$G_i = \sum_{j=1}^{m_i} g_{ij} x_{ij} \tag{602}$$

des Oligopolisten i auf die Form

$$G_i = L V_i \tag{603}$$

zu bringen.

Es sei L_2 das Minimum, das L in dem durch die Intervalle (591) ab-gegrenzten Bereich annimmt. Da das Modell nur dann sinnvoll ist, wenn L stets positiv ist, setzen wir voraus, daß die Parameter des Modells so beschaffen sind, daß sich für L_2 ein positiver Wert ergibt.

Das Modell muß noch durch zwei Annahmen ergänzt werden, die die Stärke der durch L entstehenden Nachfrageverbundenheit beschränken. Die erste der beiden Annahmen besteht darin, daß die Ungleichung

$$|w\, q_{hr}| < \frac{L_2(d_{hr}+k_{hr})}{\sum\limits_{i=1}^{n} \sum\limits_{j=1}^{m_i} (d_{ij}+k_{ij})^2} \tag{604}$$

für $h=1, \dots, n$ und $r=1, \dots, m_h$ als richtig vorausgesetzt wird. Wie wir im nächsten Abschnitt sehen werden, ist (604) eine hinreichende Bedingung dafür, daß der Gewinn G_i der Oligopolisten i als Funktion der Preise p_{ij} streng konvex nach oben ist. Die zweite Annahme verlangt, daß die Ungleichung

$$w\, q_{hr} \leqq \frac{4\, L_2}{\sum\limits_{i=1}^{n} \sum\limits_{j=1}^{m_i} b_{ij}^2}\, b_{hr} \tag{605}$$

für $h=1, \dots, n$ und $r=1, \dots, m_h$ richtig ist. Wir benötigen diese Annahme, um sicherzustellen, daß die im Sinne der besten Antwort optimalen Preisvektoren niemals am Rande der Strategienmengen liegen. Aus beweistechnischen Gründen ist uns daran gelegen, Randoptima nach Möglichkeit zu vermeiden.

Der auf der linken Seite von (604) und (605) auftretende Ausdruck $w\, q_{hr}$ ist nichts anderes als der Differentialquotient $\partial L/\partial p_{hr}$. In (604) und (605) wird verlangt, daß dieser Differentialquotient weder zu stark negativ noch zu stark positiv ist. Die Abweichung von dem unverbundenen Nachfragezusammenhang, der sich bei $w=0$ ergeben würde, darf also nicht zu stark sein.

Wir werden in diesem Kapitel immer voraussetzen, daß die Ungleichungen (604) und (605) richtig sind.

10.2 Das reduzierte Modell

Der Preisindex $\bar{p}$ kann als Summe von n Preisindices

$$\bar{p}_i = \sum_{j=1}^{m_i} q_{ij} p_{ij} \tag{606}$$

für die einzelnen Oligopolisten aufgefaßt werden. Der Einfluß, den die Konkurrenzpreise auf die Absatzmengen und auf den Gewinn des Oligopolisten i ausüben, hängt offensichtlich nur von dem „Konkurrenzpreisindex"

$$\hat{p}_i = \bar{p} - \bar{p}_i = \sum_{\substack{h=1 \\ h \neq i}}^{n} \sum_{j=1}^{m_i} q_{ij} p_{ij} \tag{607}$$

ab. Mit $\bar{g}_i$ und $\hat{g}_i$ bezeichnen wir die zu $\bar{p}_i$ und $\hat{p}_i$ gehörigen Stück-gewinnindices

$$\bar{g} = \sum_{j=1}^{m_i} q_{ij} g_{ij}, \tag{608}$$

$$\hat{g}_i = \bar{g} - \bar{g}_i = \sum_{\substack{h=1 \\ h \neq i}}^{n} \sum_{j=1}^{m_i} q_{ij} g_{ij}. \tag{609}$$

Da die Preisbereiche P_i Kontinuen sind und die Gewinne G_i stetige Funktionen der Preise sind, ist das Modell ein Kontinuumsspiel. Mit Hilfe von (604) werden wir auch zeigen können, daß dieses Kontinuums-spiel eingipflig ist. Wie wir sehen werden, gibt es in P_i zu jedem im Rahmen der Bedingungen (591) möglichen Konkurrenzpreisvektor $\hat{p}_i$ einen eindeutig bestimmten, im Sinne der besten Antwort optimalen Preisvektor $\tilde{p}_i(\hat{p}_i)$ für den Oligopolisten i. Das Modell hat also die Eigenschaften (V 1) und (V 2). Für die Anwendung unserer Theorie benötigen wir auch die Gleichmäßigkeitseigenschaft (V 3). Diese Vor-aussetzung ist aber für unser Modell nicht gegeben, denn eine Ver-änderung von $\hat{p}_i$, die für $V_i > 0$ den Gewinn G_i erhöht, vermindert G_i, wenn p_i so festgesetzt wird, daß $V_i < 0$ gilt. Der Fall $V_i < 0$ ist in unserem Modell möglich, da ein Oligopolist jeden seiner Preise p_{ij} unterhalb der zugehörigen Grenzkosten k_{ij} wählen kann. Diese Schwierigkeit kann jedoch dadurch behoben werden, daß wir die Theorie der beiden voran-gehenden Kapitel nicht auf das Modell selbst, sondern statt dessen auf ein „reduziertes Modell" anwenden. In dem reduzierten Modell wird die Strategienwahl der Oligopolisten durch die Bedingung

$$V_i \geqq \mathscr{E}_i \tag{610}$$

eingeschränkt. Hierbei ist $\mathscr{E}_i$ eine positive Zahl, die in einem noch näher zu bestimmenden Sinne hinreichend klein ist. Die Strategienmenge des Oligopolisten i im reduzierten Modell ist also die Menge P_i' aller $p_i \in P_i$, für die die Bedingung (610) erfüllt ist. Hierbei ist es von Bedeutung, daß V_i, wie man aus (601) erkennt, nur von den Preisen des Oligopolisten i abhängt. Abgesehen davon, daß die „reduzierten Strategienmengen" P_i' kleiner sind als die Preisbereiche P_i, besteht kein Unterschied zwi-schen dem eigentlichen und dem reduzierten Modell.

Wegen (610) und wegen $L > 0$ wirkt sich eine Änderung von $\hat{p}_i$ im reduzierten Modell immer in der selben Richtung auf den Gewinn G_i aus. Das reduzierte Modell hat daher die Gleichmäßigkeitseigenschaft (V 3). Es ist auch leicht zu sehen, daß die Voraussetzung (V 4) auf das reduzierte Modell zutrifft. Bezeichnet man mit T_i das Maximum und mit t_i das Minimum, das $\bar{p}_i$ für $p_i \in P_i'$ annimmt, so kann man, je nach-dem, ob $w > 0$ oder $w < 0$ gilt, die normierten additiven Aggressivitäten

s_i durch die Gleichungen

$$s_i = T_i - \bar{p}_i \quad \text{für } w > 0 \tag{611}$$

und

$$s_i = \bar{p}_i - t_i \quad \text{für } w < 0 \tag{612}$$

festlegen. In den Spezialfällen der vollsubstitutionalen und der vollkomplementären Nachfrageverbundenheit kann man ohne Einschränkung der Allgemeinheit voraussetzen, daß alle q_{ij} nichtnegativ sind und daß infolgedessen bei Vollsubstitutionalität $w > 0$ und bei Vollkomplementarität $w < 0$ gilt. Es ist daher verständlich, daß die Aggressivitäten s_i für $w > 0$ anders festzusetzen sind als für $w < 0$, denn eine generelle Preiserhöhung bedeutet bei Vollkomplementarität eine Erhöhung und bei Vollsubstitutionalität eine Verminderung der Aggressivität.

Es soll nun gezeigt werden, daß bei geeigneter Wahl der $\mathscr{E}_i$ jeder Gleichgewichtspunkt des eigentlichen Modells ein Gleichgewichtspunkt des reduzierten Modells und jeder Gleichgewichtspunkt des reduzierten Modells ein Gleichgewichtspunkt des eigentlichen Modells ist. Diese Übereinstimmung in der Menge der Gleichgewichtspunkte ermöglicht es uns, die Untersuchung des eigentlichen Modells im Hinblick auf unsere Fragestellung durch die Untersuchung des reduzierten Modells zu ersetzen.

Es sei

$$B_i = \sum_{j=1}^{m_i} b_{ij}^2. \tag{613}$$

Diese Hilfsgröße ist für uns deshalb von Bedeutung, weil der Oligopolist i mit den zu den Gewinnspannen

$$g_{ij} = \frac{b_{ij}}{2} \tag{614}$$

gehörenden Preisen erreichen kann, daß sein Gewinn G_i ganz unabhängig von dem Konkurrenzpreisindex $\hat{p}_i$ im eigentlichen Modell die Bedingung

$$G_i \geqq L_2 \frac{B_i}{4} \tag{615}$$

erfüllt. Wenn für die Gewinnspannen (614) gilt, ergibt sich nämlich für V_i wegen (601) nichts anderes als $B_i/4$. Außerdem gilt stets $L \geqq L_2$. Es sei $\tilde{p}_i(\hat{p}_i)$ ein im Sinne der besten Antwort auf $\hat{p}_i$ optimaler Preisvektor für das eigentliche Modell. [Die eindeutige Bestimmtheit von $\tilde{p}_i(\hat{p}_i)$ wird hier nicht vorausgesetzt.] Es sei weiter $\tilde{G}_i(\hat{p}_i)$ der aus $\tilde{p}_i$ und $\tilde{p}_i(\hat{p}_i)$ berechnete optimale Gewinn des Oligopolisten i. Aus (615) folgt

$$\tilde{G}_i(\hat{p}_i) \geqq L_2 \frac{B_i}{4}. \tag{616}$$

Wir bezeichnen die mit den Gewinnspannen

$$\tilde{g}_{ij}(\hat{p}_i) = \tilde{p}_{ij}(\hat{p}_i) - k_{ij} \tag{617}$$

berechnete Hilfsgröße V_i mit $\tilde{V}_i(\hat{p}_i)$. Es sei L_3 das Maximum, das L in dem durch die Strategienmengen P_i beschriebenen Bereich annehmen kann. Offenbar gilt:

$$\tilde{V}_i(\hat{p}_i) \geqq \frac{1}{L_3} \tilde{G}_i(\hat{p}_i). \tag{618}$$

Aus (616) und (618) folgt

$$\tilde{V}_i(\hat{p}_i) \geqq \frac{L_2}{L_3} \frac{B_i}{4}. \tag{619}$$

Die $\mathscr{E}_i$ in (610) seien nun so gewählt, daß

$$0 < \mathscr{E}_i < \frac{L_2}{L_3} \frac{B_i}{4} \tag{620}$$

gilt. Aus (619) und (620) ergibt sich

$$\tilde{V}_i(\hat{p}_i) > \mathscr{E}_i. \tag{621}$$

Das bedeutet, daß für einen optimalen Preisvektor $\tilde{p}_i(\hat{p}_i)$ die Bedingung (610) stets erfüllt ist. Die im reduzierten Modell nicht zugelassenen Strategien können also niemals im Sinne der besten Antwort optimal sein. Außerdem muß eine Strategie, die im reduzierten Modell im Sinne der besten Antwort optimal ist, gegen dieselben Strategien der anderen Spieler auch im eigentlichen Modell optimal sein. Der Übergang zum reduzierten Modell läßt infolgedessen die Menge der Gleichgewichtspunkte unverändert.

Wir werden von jetzt ab immer voraussetzen, daß die $\mathscr{E}_i$ im Einklang mit der Ungleichung (620) festgelegt sind.

Aus (621) ist auch zu entnehmen, daß an einer Stelle, an der die Preise des Oligopolisten i in bezug auf einen Konkurrenzpreisvektor $\hat{p}_i$ im Sinne der besten Antwort optimal sind, die Bedingung (610) mit dem Zeichen „$>$" anstelle von „$\geqq$" erfüllt ist.

Ergebnis. (a) Jeder Gleichgewichtspunkt des eigentlichen Modells ist ein Gleichgewichtspunkt des reduzierten Modells. (b) Jeder Gleichgewichtspunkt des reduzierten Modells ist ein Gleichgewichtspunkt des eigentlichen Modells. (c) Eine Strategie eines Oligopolisten i, die im reduzierten Modell gegenüber einem System von Strategien für die anderen Spieler im Sinne der besten Antwort optimal ist, ist auch im eigentlichen Modell gegenüber denselben Strategien für die anderen Spieler im Sinne der besten Antwort optimal. (d) An einer Stelle, an der die Preise des Oligopolisten i im eigentlichen Modell im Sinne der besten Antwort optimal sind, gilt $V_i > \mathscr{E}_i$.

10.3 Die Eingipfligkeit des reduzierten Modells

Da wir die Theorie der Kapitel 8 und 9 auf das reduzierte Modell anwenden wollen, müssen wir nachweisen, daß das reduzierte Modell ein strategisch aggregierbares Spiel ist. Dieser Abschnitt wird hauptsächlich dem Beweis der Eingipfligkeitsvoraussetzung (V 2) gewidmet sein.

Es ist noch nicht bewiesen worden, daß das reduzierte Modell ebenso wie das eigentliche Modell ein Kontinuumsspiel ist. Hierzu muß gezeigt werden, daß die reduzierten Strategienmengen P'_i Kontinuen sind. Die P'_i sind offenbar beschränkt und abgeschlossen. Daß die P'_i auch zusammenhängend sind, erkennt man leicht, wenn man berücksichtigt, daß die Bedingung (610) wegen

$$g_{ij}(b_{ij} - g_{ij}) = \frac{b_{ij}^2}{4} - \left(\frac{b_{ij}}{2} - g_{ij}\right)^2 \tag{622}$$

auf die Form

$$\sum_{j=1}^{m_i}\left(\frac{b_{ij}}{2} - g_{ij}\right)^2 \leqq \frac{B_i}{4} - \mathscr{E}_i \tag{623}$$

gebracht werden kann. (623) ist gleichbedeutend mit

$$\sum_{j=1}^{m_i}\left(\frac{d_{ij} + k_{ij}}{2} - p_{ij}\right)^2 \leqq \frac{B_i}{4} - \mathscr{E}_i. \tag{624}$$

Aus (624) ergibt sich, daß der durch (610) im Raum der Preisvektoren p_i abgegrenzte Bereich eine m_i-dimensionale Hyperkugel ist. P'_i ist der Durchschnitt dieser Hyperkugel mit P_i. Die Strategienmenge P'_i ist als Durchschnitt zweier zusammenhängender Bereiche ebenfalls zusammenhängend. Das reduzierte Modell erfüllt also die Voraussetzung (V 1).

Aus dem vorigen Abschnitt wissen wir bereits, daß das reduzierte Modell die Eigenschaften (V 3) und (V 4) hat. Da es unser Ziel ist, die strategische Aggregierbarkeit des reduzierten Modells zu beweisen, müssen wir noch zeigen, daß es auch die Voraussetzungen (V 2) und (V 5) erfüllt. Mit (V 5) werden wir uns jedoch erst im Abschnitt 10.5 beschäftigen.

Wir werden die Richtigkeit der Eingipfligkeitsvoraussetzung (V 2) für das eigentliche Modell beweisen. Aus dem Teilergebnis (c) des letzten Abschnitts ist zu erkennen, daß die Eingipfligkeit des reduzierten Modells aus der Eingipfligkeit des eigentlichen Modells folgt.

Wir beweisen die Eingipfligkeit, indem wir zeigen, daß die folgende Behauptung richtig ist: Bei beliebig fest vorgegebenen Preisvektoren $p_j \in P_j$ für die Konkurrenten j eines Oligopolisten i ist der Gewinn G_i des Oligopolisten i als Funktion der Preise $p_{i1}, \ldots, p_{im_i}$ im Bereich P_i streng konvex nach oben. — Da P_i ein konvexer Bereich ist und eine

Funktion, die über einem konvexen Bereich streng konvex nach oben ist, dort nur an einer Stelle ein Maximum annehmen kann, folgt aus dieser Behauptung die Eingipfligkeit des eigentlichen Modells.

Die Behauptung ist richtig, wenn für $i = 1, \ldots, n$ die Matrix der $\partial^2 G_i / \partial p_{ij} \partial p_{ih}$ in dem eigentlichen Modell überall negativ definit ist. Da zwischen $\partial^2 G_i / \partial p_{ij} \partial p_{ih}$ und $\partial^2 G_i / \partial g_{ij} \partial g_{ih}$ kein Unterschied besteht, können wir anstelle der Matrix der zweiten Ableitungen nach den Preisen die Matrix der zweiten Ableitungen nach den Gewinnspannen untersuchen. Aus (600), (601) und (603) folgt

$$\frac{\partial G_i}{\partial g_{ij}} = L(b_{ij} - 2g_{ij}) + wq_{ij}V_i. \tag{625}$$

Daraus ergibt sich für $j \neq h$

$$\frac{\partial^2 G_i}{\partial g_{ij}\partial g_{ih}} = wq_{ij}(b_{ih} - 2g_{ih}) + wq_{ih}(b_{ij} - 2g_{ij}). \tag{626}$$

Für die Elemente auf der Hauptdiagonalen erhalten wir

$$\frac{\partial^2 G_i}{\partial g_{ij}^2} = -2L + 2wq_{ij}(b_{ij} - 2g_{ij}). \tag{627}$$

Der Gewinn G_i ist eine lineare Funktion der Konkurrenzgewinne. Infolgedessen gilt für $r \neq i$

$$\frac{\partial^2 G_r}{\partial g_{ij}\partial g_{ih}} = 0. \tag{628}$$

Differenziert man den Gesamtgewinn

$$G = \sum_{r=1}^{n} G_r \tag{629}$$

partiell nach g_{ij} und g_{ih}, so erhält man deshalb

$$\frac{\partial^2 G}{\partial g_{ij}\partial g_{ih}} = \frac{\partial^2 G_i}{\partial g_{ij}\partial g_{ih}}. \tag{630}$$

Aus (630) ist zu erkennen, daß die Matrix der $\partial^2 G_i / \partial h_{ij} \partial g_{ir}$ eine Hauptuntermatrix der Matrix der $\partial^2 G / \partial g_{ij} \partial g_{hr}$ ist. Wir können daher die Richtigkeit unserer Behauptung beweisen, indem wir zeigen, daß die Matrix der zweiten Ableitungen des Gesamtgewinns G nach den Gewinnspannen aller Oligopolisten negativ definit ist. Es sei

$$V = \sum_{i=1}^{n} V_i = \sum_{i=1}^{n} \sum_{j=1}^{m_i} h_{ij}(b_{ij} - g_{ij}). \tag{631}$$

Aus (603) und (629) ergibt sich

$$G = LV. \tag{632}$$

Differenziert man G partiell nach g_{ij}, so erhält man

$$\frac{\partial G}{\partial g_{ij}} = L(b_{ij} - 2g_{ij}) + wq_{ij}V_i. \tag{633}$$

Aus (633) folgt für $i \neq h$

$$\frac{\partial^2 G}{\partial g_{ij}\partial g_{hr}} = wq_{ij}(b_{hr} - 2g_{hr}) + wq_{hr}(b_{ij} - 2g_{ij}). \tag{634}$$

Diese Formel gilt auch für $i = h$ und $j \neq r$. Lediglich die zweiten Ableitungen von der Form

$$\frac{\partial^2 G}{\partial g_{ij}^2} = 2L + 2wq_{ij}(b_{ij} - 2g_{ij}) \tag{635}$$

werden von (634) nicht erfaßt. Es sei

$$m = \sum_{i=1}^{n} m_i \tag{636}$$

die Gesamtzahl der angebotenen Güter. Die Matrix der $\partial^2 G/\partial g_{ij}\partial g_{hr}$ ist eine m-reihige symmetrische quadratische Matrix. Wir denken uns diese Matrix so angeordnet, daß die m_1 ersten Zeilen den Gütern des Anbieters 1, die darauffolgenden m_2 Zeilen den Gütern des Anbieters 2 und in dieser Weise fortlaufend schließlich die letzten m_n Zeilen den Gütern des Anbieters n zugeordnet sind. Für die Spalten gilt natürlich entsprechendes. Wir bezeichnen den m-gliedrigen Spaltenvektor, der in derselben Reihenfolge die Absolutbeträge $|q_{ij}|$ der Gewichte q_{ij} als Komponenten enthält, mit $|q|$. Ganz entsprechend verstehen wir unter b, d, g und k die ebenso angeordneten m-gliedrigen Spaltenvektoren der b_{ij}, g_{ij}, d_{ij} bzw. k_{ij}. Die m-reihige Einheitsmatrix, deren Elemente auf der Hauptdiagonale gleich 1 und überall sonst gleich 0 sind, bezeichnen wir mit E.

Aus (634) und (635) ergibt sich, daß die Matrix der zweiten Ableitungen von G nach den Gewinnspannen die folgende Form hat:

$$\left(\frac{\partial^2 G}{\partial g_{ij}\partial g_{hr}}\right) = -2LE + wq(b - 2g)^T + w(b - 2g)q^T. \tag{637}$$

Aus (D2) in Abschnitt 1.4 folgt, daß diese Matrix jedenfalls dann negativ definit ist, wenn es einen m-gliedrigen Spaltenvektor μ mit $\mu > 0$ gibt, für den die Vektorengleichung

$$-2LE\mu + |w|\,|q|\,|b - 2g|^T\mu + |w|\,|b - 2g|\,|q|^T\mu < 0 \tag{638}$$

stets richtig ist. Hierbei ist $|b - 2g|$ der m-gliedrige Spaltenvektor, der in der oben beschriebenen Reihenfolge die Absolutbeträge $|b_{ij} - 2g_{ij}|$ als Komponenten enthält. Wenn es ein derartiges μ gibt, so ist die Matrix (637) eine Matrix mit überwiegender negativer Diagonale und infolgedessen negativ definit. Wir werden nun zeigen, daß die Ungleichung (638) für

$$\mu = d + k \tag{639}$$

richtig ist. Wegen $L_2 \leqq L$ und wegen

$$|b_{ij} - 2g_{ij}| = |d_{ij} + k_{ij} - p_{ij}| \leqq d_{ij} + k_{ij} \tag{640}$$

vergrößern wir alle Komponenten des Spaltenvektors auf der linken Seite von (638), wenn wir L durch L_2 und $|b - 2g|$ durch $d + k$ ersetzen. Um zu zeigen, daß die Bedingung (638) für $\mu = d + k$ erfüllt ist, genügt es also, die Richtigkeit der Ungleichung

$$-2L_2(d+k) + |w||q|(d+k)^T(d+k) + |w|(d+k)|q|^T(d+k) < 0 \tag{641}$$

nachzuweisen. Wir können die Annahme (604) in Vektorschreibweise folgendermaßen zum Ausdruck bringen:

$$|w||q|(d+k)^T(d+k) < L_2(d+k). \tag{642}$$

Multipliziert man (642) von links mit $(d+k)^T$, so erhält man

$$|w|(d+k)^T|q|(d+k)^T(d+k) < L_2(d+k)^T(d+k). \tag{643}$$

Das ist gleichbedeutend mit

$$|w||q|^T(d+k) < L_2. \tag{644}$$

Mit Hilfe von (642) und (644) sieht man leicht, daß (641) richtig ist. Damit ist die Behauptung bewiesen, auf die wir die Eingipfligkeit des eigentlichen Modells und des reduzierten Modells zurückgeführt haben.

Ergebnis. (a) Das reduzierte Modell hat die Eigenschaften (V1), (V2), (V3) und (V4). (b) Bei beliebig fest vorgegebenen Preisvektoren $p_j \in P_j$ für die Konkurrenten j eines Oligopolisten i ist der Gewinn des Oligopolisten i als Funktion der Preise $p_{i1}, \dots, p_{im_i}$ im Bereich P_i streng konvex nach oben. (c) Das eigentliche Modell ist eingipflig.

10.4 Die Marginalbedingungen erster Ordnung

In diesem Abschnitt sollen für beliebig fest vorgegebene Konkurrenzpreisvektoren $p_j \in P_j$ die im Sinne der besten Antwort optimalen Preise $\tilde{p}_{ij}(\hat{p}_i)$ bestimmt werden. Hierbei ist $\hat{p}_i$ der aus den Konkurrenzpreisvektoren $p_j \in P_j$ gemäß (607) berechnete Konkurrenzpreisindex. Der optimale Preisvektor $\tilde{p}_i(\hat{p}_i)$ mit den Komponenten $\tilde{p}_{ij}(\hat{p}_i)$ liegt genau dann an einer Stelle p_i im Inneren von P_i, wenn an dieser Stelle die Marginalbedingungen

$$\frac{\partial G_i}{\partial g_{ij}} = L(b_{ij} - 2g_{ij}) + wq_{ij}V_i = 0 \tag{645}$$

für $j = 1, \ldots, m_i$ und mit

$$L = L_1 + w \overline{g}_i + w \hat{g}_i \qquad (646)$$

erfüllt sind; hierbei sind $\overline{g}_i$ und $\hat{g}_i$ die zu p_i und $\hat{p}_i$ gehörigen Stückgewinnindices. — Die Richtigkeit dieser Behauptung ergibt sich aus den Teilergebnissen (b) und (c) des vorigen Abschnitts.

Im folgenden werden wir für beliebig fest vorgegebene Konkurrenzpreisvektoren $p_j \in P_j$ einen Preisvektor p_i^* berechnen, für den die Marginalbedingungen (626) erfüllt sind. Außerdem werden wir mit Hilfe der Annahmen (604) und (605) nachweisen, daß p_i^* im Inneren von P_i liegt und infolgedessen der gesuchte optimale Preisvektor $\tilde{p}_i(\hat{p}_i)$ ist.

(645) ist gleichbedeutend mit

$$g_{ij} = \frac{b_{ij}}{2} + \frac{w q_{ij}}{2L} V_i \qquad (647)$$

und mit

$$b_{ij} - g_{ij} = \frac{b_{ij}}{2} - \frac{w q_{ij}}{2L} V_i. \qquad (648)$$

Um V_i mit dem Stückgewinnindex $\overline{g}_i$ in Verbindung zu bringen, führen wir die Hilfsgröße

$$\overline{b}_i = \sum_{j=1}^{m_i} q_{ij} b_{ij} \qquad (649)$$

ein. Multipliziert man jede der Gleichungen (647) mit dem zugehörigen q_{ij} und addiert man dann die so entstehenden m_i Gleichungen, so erhält man

$$\overline{g}_i = \frac{\overline{b}_i}{2} + \frac{w Q_i}{2L} V_i. \qquad (650)$$

Aus (650) folgt

$$V_i = -\frac{2L}{w Q_i} \left(\frac{\overline{b}_i}{2} - \overline{g}_i \right). \qquad (651)$$

Setzt man die rechte Seite von (651) in (647) und (648) für V_i ein, so ergeben sich die folgenden Gleichungen:

$$g_{ij} = \frac{b_{ij}}{2} - \frac{q_{ii}}{Q_i} \left(\frac{\overline{b}_i}{2} - \overline{g}_i \right). \qquad (652)$$

$$b_i - g_{ij} = \frac{b_{ij}}{2} + \frac{q_{ij}}{Q_i} \left(\frac{\overline{b}_i}{2} - \overline{g}_i \right). \qquad (653)$$

An einer Stelle, an der die Marginalbedingungen (645) erfüllt sind, müssen also auch (652) und (653) richtig sein. Ersetzt man in der Gleichung (601), durch die V_i definiert ist, g_{ij} und $b_{ij} - g_{ij}$ durch die rechten Seiten von (652) und (653), so erhält man mit Hilfe von (613)

$$V_i = \frac{B_i}{4} - \frac{1}{Q_i} \left(\frac{\overline{b}_i}{2} - \overline{g}_i \right)^2. \qquad (654)$$

Multipliziert man jede der Gln. (645) mit dem zugehörigen q_{ij} und summiert man dann über j, so ergibt sich

$$2L\left(\frac{\bar{b}_i}{2}-\bar{g}_i\right)+wQ_iV_i=0.$$ (655)

Wir führen nun die Hilfsvariable

$$u_i=\frac{\bar{b}_i}{2}-\bar{g}_i$$ (656)

ein. Setzt man die rechte Seite von (654) in (655) für V_i ein, so nimmt (655) die Form

$$2Lu_i+w\frac{Q_iB_i}{4}-wu_i^2=0$$ (657)

an. Aus (646) und (656) folgt

$$L=L_1+w\hat{g}_i+w\frac{\bar{b}_i}{2}-wu_i.$$ (658)

Um (658) kürzer zum Ausdruck bringen zu können, bedienen wir uns der Bezeichnungsweise:

$$\hat{L}_i=L_1+w\hat{g}_i+w\frac{\bar{b}_i}{2}.$$ (659)

Dadurch entsteht aus (658)

$$L=\hat{L}_i-wu_i.$$ (660)

Die Gl. (657) ist also gleichbedeutend mit

$$2(\hat{L}_i-wu_i)u_i+w\frac{Q_iB_i}{4}-wu_i^2=0.$$ (661)

Diese quadratische Gleichung für u_i kann auf die Form

$$u_i^2-\frac{2\hat{L}_i}{3w}u_i-\frac{Q_iB_i}{12}=0$$ (662)

gebracht werden. Die Auflösung nach u_i ergibt

$$u_i=\frac{\hat{L}_i}{3w}\pm\sqrt{\frac{\hat{L}_i^2}{9w^2}+\frac{Q_iB_i}{12}}.$$ (663)

Wir bezeichnen die dem Betrage nach kleinere Wurzel der Gl. (662) mit u_i^*. Nur diese Wurzel wird im folgenden für uns von Interesse sein. Wegen (652) und (656) hängen die Gewinnspannen g_{ij} folgendermaßen von u_i ab:

$$g_{ij}=\frac{b_{ij}}{2}-\frac{q_{ij}}{Q_i}u_i.$$ (664)

Wie wir sehen werden, kann man leicht nachprüfen, daß die Gewinnspannen

$$g_{ij}^*=\frac{b_{ij}}{2}-\frac{q_{ij}}{Q_i}u_i^*$$ (665)

gerade so bestimmt sind, daß sie die Marginalbedingungen (645) erfüllen. An der Stelle $g_{ij} = g_{ij}^*$ hat $\bar{g}_i$ den Wert

$$\bar{g}_i^* = \frac{\bar{b}_i}{2} - u_i^* . \tag{666}$$

Es gilt dort wegen (646) und (660)

$$L = \hat{L}_i - w u_i^* . \tag{667}$$

Aus der Definition von V_i und aus (666) folgt, daß diese Variable an der
Stelle $g_{ij} = g_{ij}^*$ den Wert

$$V_i^* = \frac{B_i}{4} - \frac{1}{Q_i} (u_i^*)^2 \tag{668}$$

hat. Die Marginalbedingungen (645) nehmen also an dieser Stelle wegen
(665), (667) und (668) die Form

$$(\hat{L}_i - w u_i^*) 2 \frac{q_{ij}}{Q_i} u_i^* + w q_{ij} \Big(\frac{B_i}{4} - \frac{1}{Q_i} (u_i^*)^2 \Big) = 0 \tag{669}$$

an. (669) ist genau dann erfüllt, wenn

$$2 (\hat{L}_i - w u_i^*) u_i^* + w \frac{B_i Q_i}{4} - w (u_i^*)^2 = 0 \tag{670}$$

gilt. Da u_i^* eine Lösung der Gl. (661) ist, ist (670) richtig.

Wir werden nun zeigen, daß die Gewinnspannen g_{ij}^* einem Preisvektor
p_i^* entsprechen, der im Inneren des Preisbereichs P_i liegt. Hierzu müssen
wir nachweisen, daß stets

$$-k_{ij} < g_{ij}^* < b_{ij} \tag{671}$$

gilt.

Indem man beide Seiten von

$$\sqrt{\frac{\hat{L}_i^2}{9 w^2} + \frac{Q_i B_i}{12}} < \frac{\hat{L}_i}{3 w} + \frac{Q_i B_i}{8 \hat{L}_i} |w| \tag{672}$$

quadriert, erkennt man leicht, daß (672) richtig ist. Da u_i^* die absolut
kleinere der beiden Wurzeln von (662) ist, folgt aus (663) und (672)

$$u_i^* < \frac{Q_i B_i}{8 \hat{L}_i} |w| . \tag{673}$$

$\hat{L}_i$ ist nichts anderes als der Wert, den L annimmt, wenn alle g_{ij} den
ihnen entsprechenden Werten $b_{ij}/2$ gleichgesetzt werden. Da infolgedessen

$$\hat{L}_i \geq L_2 \tag{674}$$

gilt, folgt aus (673):

$$u_i^* < \frac{Q_i B_i}{8 \hat{L}_2} |w| . \tag{675}$$

Aus (663) ist zu erkennen, daß u_i^* als die absolut kleinere Wurzel von (662) für $w < 0$ mit dem Pluszeichen und für $w > 0$ mit dem Minuszeichen vor der Wurzel zu berechnen ist. Infolgedessen ist u_i^* für $w < 0$ positiv und für $w > 0$ negativ.

Wir beweisen (671) zunächst für den Fall $w q_{ij} \leqq 0$. Da w und u_i^* entgegengesetzte Vorzeichen haben, gilt in diesem Falle $q_{ij} u_i^* \geqq 0$. Das hat wegen (665) und (675) zur Folge, daß

$$\frac{b_{ij}}{2} + \frac{w q_{ij} B_i}{8 L_2} < g_{ij}^* \leqq \frac{b_{ij}}{2} \qquad (676)$$

gilt. Da b_{ij} kleiner ist als $d_{ij} + k_{ij}$, ist die Ungleichung

$$B_i < \sum_{i=1}^{n} \sum_{j=1}^{m_i} (k_{ij} + d_{ij})^2 \qquad (677)$$

richtig. Wir können in der Annahme (604) den auf der rechten Seite im Nenner stehenden Ausdruck durch B_i ersetzen und erhalten so

$$w q_{ij} > - \frac{L_2}{B_i} (k_{ij} + d_{ij}). \qquad (678)$$

Aus (676) und (678) folgt

$$\frac{b_{ij}}{2} - \frac{1}{8} (k_{ij} + d_{ij}) < g_{ij}^* \leqq \frac{b_{ij}}{2}. \qquad (679)$$

Das ist gleichbedeutend mit

$$\frac{3}{8} d_{ij} - \frac{5}{8} k_{ij} < g_{ij}^* \leqq \frac{b_{ij}}{2}. \qquad (680)$$

Es ist zwar nicht ausgeschlossen, daß g_{ij}^* negativ sein kann, aber aus (680) ergibt sich, daß (671) richtig ist.

Wir betrachten nun den Fall $w q_{ij} \geqq 0$. Da w und u_i^* entgegengesetzte Vorzeichen haben, gilt in diesem Falle $q_{ij} u_i^* \leqq 0$. Wegen (665) und (675) hat das zur Folge, daß

$$\frac{b_{ij}}{2} \leqq g_{ij}^* < \frac{b_{ij}}{2} + \frac{w q_{ij} B_i}{8 L_2} \qquad (681)$$

richtig ist. Aus der Annahme (605) ist zu entnehmen, daß

$$w q_{ij} \leqq \frac{4 L_2}{B_i} b_{ij} \qquad (682)$$

gilt. Aus (681) und (682) folgt

$$\frac{b_{ij}}{2} \leqq g_{ij}^* < b_{ij}. \qquad (683)$$

Damit ist gezeigt, daß (671) auch für $q_{ij} w \geqq 0$ richtig ist. Der zu den g_{ij}^* gehörige Preisvektor p_i^* liegt also im Inneren von P_i und ist deshalb der im Sinne der besten Antwort optimale Preisvektor $\tilde{p}_i(\hat{p}_i)$. Aus dem

Teilergebnis (d) des Abschnitts 10.2 folgt, daß $\tilde{p}_i(\hat{p}_i)$ nicht nur im Inneren von P_i, sondern sogar im Inneren von P_i' liegt.

Da die Konkurrenzpreise p_{jh} in den Intervallen $0 \leqq p_{jh} \leqq d_{jh}$ liegen, ist im eigentlichen Modell das Intervall

$$0 \leqq \hat{p}_i \leqq \hat{d}_i \qquad (684)$$

mit

$$\hat{d}_i = \sum_{\substack{j=1 \\ j \neq i}}^{n} \sum_{h=1}^{m_i} q_{jh} d_{jh} \qquad (685)$$

der Bereich, in dem sich der Konkurrenzpreisindex $\hat{p}_i$ bewegen kann. Da u_i^* eine differenzierbare Funktion von $\hat{L}_i$ und $\hat{L}_i$ eine differenzierbare Funktion von $\hat{p}_i$ ist, folgt aus (665), daß jede der Funktionen $\tilde{p}_{ij}(\hat{p}_i)$ in dem Bereich (684) überall differenzierbar ist. Diese Tatsache ist für den nächsten Abschnitt von Bedeutung.

Ergebnis. (a) Bei beliebig vorgegebenen Konkurrenzpreisvektoren $p_j \epsilon P_j$ liegt der im Sinne der besten Antwort optimale Preisvektor $\tilde{p}_i(\hat{p}_i)$ im Inneren von P_i'. (b) An der Stelle $p_i = \tilde{p}_i(\hat{p}_i)$ sind die Marginalbedingungen (645) erfüllt. (c) Die im Sinne der besten Antwort optimalen Preise $\tilde{p}_{ij}(\hat{p}_i)$ sind in dem Bereich (684), in dem $\hat{p}_i$ im eigentlichen Modell liegen muß, nach $\hat{p}_i$ differenzierbar.

10.5 Die strategische Aggregierbarkeit des reduzierten Modells

Da bereits bewiesen worden ist, daß das reduzierte Modell die Eigenschaften (V1), (V2), (V3) und (V4) hat, muß für den Nachweis der strategischen Aggregierbarkeit des reduzierten Modells nur noch die Richtigkeit von (V5) gezeigt werden.

Das Teilergebnis (c) des letzten Abschnitts verschafft uns die Möglichkeit, den Beweis für die Gültigkeit von (V5) mit Hilfe der Differentialquotienten φ_i' der Reaktionsfunktionen φ_i zu führen.

Wenn φ_i' für $i = 1, \ldots, n$ überall größer als -1 ist, so ist (V5) richtig.

Die Reaktionsfunktion φ_i verbindet die im Sinne der besten Antwort optimale Aggressivität $\tilde{S}_i$ des Oligopolisten i mit der Summe S_i der Aggressivitäten seiner Konkurrenten. Denkt man sich die normierten additiven Aggressivitäten in der in 10.2 angegebenen Weise festgelegt, so folgt aus (611) und (612):

$$\frac{ds_i}{d\bar{p}_i} = -1 \quad \text{für } w > 0, \qquad (686)$$

$$\frac{ds_i}{d\bar{p}_i} = +1 \quad \text{für } w < 0. \qquad (687)$$

Da $\hat{p}_i$ die Summe aller $\bar{p}_j$ mit $j \neq i$ ist, gilt wegen (611) und (612) auch

$$\frac{d\hat{p}_i}{dS_i} = -1 \quad \text{für} \quad w > 0 \tag{688}$$

und

$$\frac{d\hat{p}_i}{dS_i} = +1 \quad \text{für} \quad w < 0. \tag{689}$$

Es sei $\bar{p}_i^*$ der Wert, den $\bar{p}_i$ an der Stelle $p_i = \tilde{p}_i(\hat{p}_i)$ annimmt. Aus den Gln. (686) bis (689) ist zu entnehmen, daß sowohl für $w > 0$ als auch für $w < 0$

$$\varphi_i' = \frac{ds_i}{d\bar{p}_i} \frac{d\bar{p}_i^*}{d\hat{p}_i} \frac{d\hat{p}_i}{dS_i} = \frac{d\bar{p}_i^*}{d\hat{p}_i} \tag{690}$$

richtig ist. Aus dem Teilergebnis (c) des letzten Abschnitts ergibt sich die Existenz von $d\bar{p}_i^*/d\hat{p}_i$ und damit auch die Existenz von φ_i'. Da sich die zu $\bar{p}_i^*$ und $\hat{p}_i$ gehörigen Stückgewinnindices $\bar{g}_i^*$ und $\hat{g}_i$ nur durch additive Konstanten von diesen Preisindices unterscheiden, folgt aus (690)

$$\varphi_i' = \frac{d\bar{g}_i^*}{d\hat{g}_i} . \tag{691}$$

Der Wert, den $\bar{g}_i$ an der Stelle $p_i = \tilde{p}_i(\hat{p}_i)$ annimmt, ist bereits im vorigen Abschnitt mit $\bar{g}_i^*$ bezeichnet worden. $\bar{g}_i^*$ ist zwar ursprünglich anders definiert worden, aber es hat sich später herausgestellt, daß $\bar{g}_i^*$ dieser Wert ist. Wir können daher auf die Gl. (666) zurückgreifen, der zu entnehmen ist, daß

$$\frac{d\bar{g}_i^*}{du_i^*} = -1 \tag{692}$$

gilt. u_i^* ist eine Lösung der Gleichung (662). Ersetzt man in dieser Gleichung u_i durch u_i^* und differenziert man dann nach $\hat{g}_i$, so ergibt sich

$$2u_i^* \frac{du_i^*}{d\hat{g}_i} - \frac{2}{3w} u_i^* \frac{d\hat{L}_i}{d\hat{g}_i} - \frac{2\hat{L}_i}{3w} \frac{du_i^*}{d\hat{g}_i} = 0. \tag{693}$$

Aus (659) folgt

$$\frac{d\hat{L}_i}{d\hat{g}_i} = w. \tag{694}$$

Multipliziert man (693) mit $3w/2$, so erhält man unter Berücksichtigung von (694)

$$(3wu_i^* - \hat{L}_i) \frac{du_i^*}{d\hat{g}_i} = wu_i^*. \tag{695}$$

Da u_i^* die absolut kleinere der beiden Wurzeln von (662) ist, ergibt sich aus (662), daß u_i^* für $w > 0$ negativ und für $w < 0$ positiv ist. Infolgedessen gilt sowohl für $w > 0$ als auch für $w < 0$

$$wu_i^* < 0. \tag{696}$$

Da $\hat{L}_i$ wegen (674) positiv ist, ergibt sich aus (696), daß der Ausdruck $3wu_i^* - \hat{L}_i$ negativ ist. Aus (695) folgt

$$\frac{du_i^*}{d\hat{g}_i} = \frac{wu_i^*}{3wu_i^* - \hat{L}_i}. \tag{697}$$

Da der Zähler und der Nenner des Bruches auf der rechten Seite von (697) negativ sind, ist $du_i^*/d\hat{g}_i$ positiv. Wenn man bedenkt, daß $\hat{L}_i$ positiv ist, erkennt man, daß

$$0 < \frac{du_i^*}{d\hat{g}_i} < \frac{1}{3} \tag{698}$$

richtig ist. Wegen

$$\varphi_i' = \frac{d\bar{g}_i^*}{d\hat{g}_i} = \frac{d\bar{g}_i^*}{du_i^*}\frac{du_i^*}{d\hat{g}_i} = -\frac{du_i^*}{d\hat{g}_i} \tag{699}$$

gilt also

$$-\tfrac{1}{3} < \varphi_i' < 0. \tag{700}$$

Aus (700) folgt, daß (V 5) richtig ist. Das reduzierte Modell ist infolgedessen strategisch aggregierbar.

Aus (700) geht auch hervor, daß die Reaktionsfunktionen φ_i streng monoton fallend verlaufen. Man braucht sich nur das in der Abb. 17 des Abschnitts 9.2 veranschaulichte graphische Verfahren zur Ermittlung der Einpassungsfunktionen η_i vor Augen zu halten, um zu erkennen, daß auch die η_i streng monoton fallend verlaufen, wenn das für die φ_i der Fall ist. Die Gesamteinpassungsfunktion η ist infolgedessen ebenfalls streng monoton fallend und kann daher die 45°-Linie des Einpassungsdiagramms (Abb. 19) nur in einem Punkt schneiden. Aus den Sätzen 2 und 3 des Kapitels 9 ist daher zu entnehmen, daß das reduzierte Modell genau einen Gleichgewichtspunkt hat. Wie wir in 10.2 gesehen haben, stimmen die Gleichgewichtspunktmengen des reduzierten und des eigentlichen Modells überein. Der eindeutig bestimmte Gleichgewichtspunkt des reduzierten Modells ist daher zugleich der eindeutig bestimmte Gleichgewichtspunkt des eigentlichen Modells.

Es ist eine bemerkenswerte Tatsache, daß die Reaktionsfunktionen φ_i ganz unabhängig davon, ob der Nachfragezusammenhang überwiegend substitutional oder überwiegend komplementär ist, streng monoton fallend verlaufen. Es liegt eigentlich nahe zu vermuten, daß bei vollsubstitutionaler Nachfrageverbundenheit die im Sinne der besten Antwort optimalen Preise um so höher sind, je höher die Konkurrenzpreise sind. In dem hier untersuchten Modell ist aber das Gegenteil der Fall.

Ergebnis. (a) Das reduzierte Modell ist strategisch aggregierbar. (b) Die Reaktionsfunktionen verlaufen streng monoton fallend. (c) Das reduzierte Modell hat einen eindeutig bestimmten Gleichgewichtspunkt in reinen Strategien. (d) Dieser Gleichgewichtspunkt ist auch der eindeutig bestimmte Gleichgewichtspunkt in reinen Strategien für das eigentliche Modell.

10.6 Eigenschaften des Gleichgewichtspunkts

Man kann den eindeutig bestimmten Gleichgewichtspunkt im Prinzip dadurch ermitteln, daß man aus den Reaktionsfunktionen φ_i die Einpassungsfunktionen η_i und die Gesamteinpassungsfunktionen η berechnet und dann die Gesamteinpassungsfunktion η mit der 45°-Linie zum Schnitt bringt. Es ist jedoch vermutlich nur für Spezialfälle möglich, auf diesem oder einem anderen Wege zu expliziten Formeln für die Gleichgewichtspreise zu gelangen. Man könnte z.B. versuchen, die Gl. (657) zum Ausgangspunkt der Bestimmung der Werte zu machen, die die Größen u_i im Gleichgewichtspunkt annehmen. Da L eine lineare Funktion der u_i ist, ist (657) ein System von n quadratischen Gleichungen für die u_i. Für numerische Spezialfälle ist es natürlich immer möglich, die Lösung dieses Systems durch geeignete Approximationsverfahren zu berechnen; es ist aber nicht zu sehen, wie man zu allgemeinen Lösungsformeln kommen könnte.

Glücklicherweise kann man bei der Beantwortung von Fragen, die die Abhängigkeit des Gleichgewichtspunktes von den Parametern des Modells betreffen, auch ohne ein System von expliziten Bestimmungsformeln für die Gleichgewichtspreise auskommen.

Einige interessante Eigenschaften der Gleichgewichtspreise ergeben sich einfach daraus, daß diese Preise die Marginalbedingungen erster Ordnung für die Optimalität im Sinne der besten Antwort erfüllen. Im Zusammenhang mit dem Nachweis der Ungleichung (671) haben wir in 10.4 festgestellt, daß wegen

$$g_{ij}^* = \frac{b_{ij}}{2} - \frac{q_{ij}}{Q_i} u_i^* \text{ [1]} \tag{701}$$

für die optimale Gewinnspanne g_{ij}^*

$$g_{ij}^* \leqq \frac{b_{ij}}{2} \quad \text{für } w q_{ij} \leqq 0 \tag{702}$$

und

$$g_{ij}^* \geqq \frac{b_{ij}}{2} \quad \text{für } w q_{ij} \geqq 0 \tag{703}$$

gilt. g_{ij}^* kann also nur dann negativ sein, wenn der Differentialquotient

$$\frac{\partial L}{\partial p_{ij}} = w q_{ij} \tag{704}$$

negativ ist. Ein niedriger Preis p_{ij} hat dann einen günstigen Einfluß auf die Absatzmengen aller angebotenen Güter. Ganz ähnlich wie in

---

[1] Diese Gleichung hatte in 10.4 die Nummer (665).

Abschnitt 6.4 können wir mit Hilfe von (701) zwei Artikel eines Anbieters i miteinander vergleichen, die sich nur hinsichtlich eines der beiden Parameter b_{ij} und q_{ij} unterscheiden. Die Gewinnspanne ist bei übereinstimmendem q_{ij} für denjenigen Artikel niedriger, der mit dem kleineren b_{ij} verbunden ist. Bei übereinstimmendem b_{ij} hat für $w < 0$ wegen $u_i^* > 0$ derjenige die niedrigere Gewinnspanne, für den q_{ij} größer ist; für $w > 0$ hat umgekehrt der Artikel mit dem kleineren q_{ij} die kleinere Gewinnspanne. Hier wie im folgenden wollen wir uns bei der Interpretation unserer Ergebnisse auf die besonders interessanten Spezialfälle der Vollsubstitutionalität und der Vollkomplementarität beschränken und dementsprechend voraussetzen, daß alle q_{ij} nichtnegativ sind. Die Nachfrageverbundenheit ist dann für $w > 0$ vollsubstitutional und für $w < 0$ vollkomplementär.

Der Vergleich zweier Artikel, die sich nur hinsichtlich eines Parameters unterscheiden, fällt ganz ähnlich aus wie in 6.4. Auch hier hat wegen $b_{ij} = d_{ij} - k_{ij}$ derjenige Artikel die höhere optimale Gewinnspanne, der mit dem kleineren proportionalen Kostensatz oder mit dem größeren Nachfragepotential d_{ij} verbunden ist. Die optimale Gewinnspanne ist bei demjenigen Artikel niedriger, der die Absatzmengen der anderen Artikel schwächer substitutional oder stärker komplementär beeinflußt. Wenn man davon absieht, daß die Parameter r_i des in 6.4 behandelten linear-quadratischen Modells mit einfacher Nachfrageverbundenheit in dem Oligopolmodell dieses Kapitels keine Entsprechung finden, liegt also im Hinblick auf das Problem des Zugartikels hier im wesentlichen dieselbe Situation vor wie in 6.4.

Es soll nun untersucht werden, wie sich eine Änderung des Parameters w, in dem die Stärke der Nachfrageverbundenheit zum Ausdruck kommt, auf die Gleichgewichtspreise auswirkt. Wir werden diese Frage beantworten, indem wir zeigen, daß der im Sinne der besten Antwort auf einen festen Konkurrenzpreisindex $\hat{p}_i$ optimale Stückgewinnindex $\bar{g}_i^*$ größer wird, wenn w erhöht wird und daß dadurch die Gesamteinpassungsfunktion so verschoben wird, daß sich im Gleichgewichtspunkt ein höherer Gesamtpreisindex ergibt. Da u_i^* eine Lösung von (662) ist, gilt

$$(u_i^*)^2 - \frac{2\hat{L}_i}{3w} u_i^* - \frac{Q_i B_i}{12} = 0. \tag{706}$$

Differenziert man diese Gleichung partiell nach w, so ergibt sich mit Hilfe von (659)

$$2u_i^* \frac{\partial u_i^*}{\partial w} - \frac{2\hat{L}_i}{3w} \frac{\partial u_i^*}{\partial w} - \frac{2}{3} \frac{w\hat{g}_i - \hat{L}_i}{w^2} u_i^* = 0. \tag{707}$$

Aus (659) folgt

$$\hat{L}_i - w\hat{g}_i = L_1 + w \frac{\bar{b}_i}{2}. \tag{708}$$

Die rechte Seite von (708) ist der Wert, den L annimmt, wenn $\bar{g}_i = \bar{b}_i/2$ und $\hat{g}_i = 0$ gilt. Dieser Ausdruck ist also als ein möglicher Wert von L positiv. Aus (707) und (708) folgt

$$\frac{\partial u_i^*}{\partial w} = -\frac{2}{3}\frac{\hat{L}_i - w\hat{g}_i}{w^2(2wu_i^* - \frac{2}{3}\hat{L}_i)}. \tag{709}$$

Wegen (696) ist der Nenner des Bruches auf der rechten Seite negativ; da der Zähler positiv ist und wu_i^* negativ ist, gilt also

$$\frac{\partial u_i^*}{\partial w} < 0. \tag{710}$$

Aus (692) und (710) folgt

$$\frac{\partial \bar{g}_i^*}{\partial w} > 0. \tag{711}$$

Es spielt hier eigentlich gar keine Rolle, daß wegen (711) und wegen der unterschiedlichen Definition der Aggressivitäten für $w > 0$ und $w < 0$ eine hinreichend kleine Erhöhung von w die Reaktionsfunktion φ_i für $w > 0$ nach oben und für $w < 0$ nach unten verschiebt. Wichtig ist, daß φ_i so verschoben wird, daß nach der Verschiebung demselben $\hat{g}_i$ ein höheres $\bar{g}_i^*$ entspricht. Das durch die Abb. 17 des Abschnitts 9.2 veranschaulichte graphische Verfahren zur Ermittlung der Einpassungs- funktionen läßt erkennen, daß sich die Einpassungsfunktionen in dieselbe Richtung verschieben wie die Reaktionsfunktionen. Daher wird auch die Gesamteinpassungsfunktion so verschoben, daß den zu den Ab- szissenwerten gehörigen Gesamtstückgewinnindices nach der Verschie- bung kleinere zu den Ordinatenwerten gehörige Gesamtstückgewinn- indices entsprechen als vorher. Da sich der Gleichgewichtspunkt in derselben Richtung verschiebt wie die Gesamteinpassungsfunktion, be- wirkt also eine Erhöhung von w eine Erhöhung des Wertes, den der Gesamtstückgewinnindex im Gleichgewichtspunkt annimmt. Infolge- dessen ist der Gesamtpreisindex im Gleichgewichtspunkt um so höher, je größer ceteris paribus w ist. Es ist jedoch zu beachten, daß ein hoher Gesamtpreisindex nur dann ohne Gefahr einer Fehldeutung im Sinne eines hohen Preisniveaus interpretiert werden darf, wenn alle q_{ij} nicht- negativ sind. Wenn das der Fall ist, kann man sagen, daß in dem vor- liegenden Modell eine Abschwächung der Substitutionalität oder eine Verstärkung der Komplementarität das Niveau der Gleichgewichts- preise herabdrückt[2].

Wir wenden uns nun der Frage nach dem Einfluß zu, den das Aus- maß der Konzentration des Angebots auf das Gleichgewichtspreisniveau ausübt. In unserem Modell ist es möglich, zwei Anbieter zu einer Unter- nehmung zusammenzufassen, ohne daß dabei an den Parametern k_{ij}, d_{ij}, q_{ij}, L_0 und w irgendetwas geändert wird. Auf diese Weise kann

---

[2] Das Ergebnis (e) des Abschnitts 6.4 findet hier seine Entsprechung.

ein sinnvoller Vergleich zwischen Marktsituationen vorgenommen werden, die sich nur durch das Ausmaß der Konzentration auf der Angebotsseite unterscheiden.

Die Gesamteinpassungsfunktion η ordnet jeder Gesamtaggressivität S eine Gesamtaggressivität $\eta(S)$ zu. Es sei $\bar{g}$ der zu S gehörige und

$$\bar{g}^* = \gamma(\bar{g}) \tag{712}$$

der zu $\eta(S)$ gehörige Gesamtstückgewinnindex. Die durch (712) definierte Funktion γ soll wegen ihres engen Zusammenhangs mit η im folgenden als stückgewinnbezogene Gesamteinpassungsfunktion bezeichnet werden. Mit Hilfe der zu den $\eta_i(S)$ gehörigen Stückgewinnindices

$$\bar{g}_i^* = \gamma_i(\bar{g}) \tag{713}$$

definieren wir ganz in derselben Weise stückgewinnbezogene Einpassungsfunktionen für die einzelnen Oligopolisten. Wir können uns γ in ein „stückgewinnbezogenes" Einpassungsdiagramm eingezeichnet denken. Auch hier entspricht der Schnittpunkt mit der 45°-Linie dem Gleichgewichtspunkt.

Mit Hilfe der stückgewinnbezogenen Einpassungsfunktionen soll nun untersucht werden, wie sich ein Zusammenschluß von zwei Anbietern auf den Gesamtpreisindex des Gleichgewichtspunktes auswirkt. Wir können ohne Einschränkung der Allgemeinheit annehmen, daß die beiden Anbieter, die zu einer Unternehmung vereinigt werden, die Oligopolisten 1 und 2 sind.

Der Zusammenschluß läßt die stückgewinnbezogenen Einpassungsfunktionen der Oligopolisten i mit $i = 3, \ldots, n$ unverändert; es besteht weiterhin derselbe Zusammenhang zwischen dem Konkurrenzstückgewinnindex $\hat{g}_i$ und dem im Sinne der besten Antwort optimalen Stückgewinnindex $\bar{g}_i^*$. Die stückgewinnbezogene Gesamteinpassungsfunktion ändert sich nur dadurch, daß in

$$\gamma(\bar{g}) = \sum_{i=1}^{n} \gamma_i(\bar{g}) \tag{714}$$

die Summe $\gamma_1(\bar{g}) + \gamma_2(\bar{g})$ durch die stückgewinnbezogene Einpassungsfunktion der Koalition der Oligopolisten 1 und 2 ersetzt wird. Wir bezeichnen diese Koalition mit C und verwenden für die Einpassungsfunktion von C das Symbol γ_C. Nach dem Zusammenschluß hat die stückgewinnbezogene Gesamteinpassungsfunktion die Gestalt

$$\gamma(\bar{g}) = \gamma_C(\bar{g}) + \sum_{i=3}^{n} \gamma_i(\bar{g}). \tag{715}$$

Wir werden zeigen, daß die stückgewinnbezogene Gesamteinpassungsfunktion sich durch den Zusammenschluß für $w > 0$ nach oben und für $w < 0$ nach unten verschiebt.

Der Stückgewinnindex $\bar{g}_i^* = \gamma_i(\bar{g})$ kann für jedes vorgegebene $\bar{g}$ berechnet werden. Hierzu fassen wir u_i^* als eine Funktion von $\bar{g}$ auf. Da u_i^* die Gl. (657) erfüllen muß, gilt

$$(w u_i^*)^2 - 2 L w u_i^* - w^2 \frac{Q_i B_i}{4} = 0. \tag{716}$$

Wegen $w u_i^* < 0$ folgt aus (716)

$$w u_i^* = L - \sqrt{L^2 + w^2 \frac{Q_i B_i}{4}}. \tag{717}$$

Da L eine Funktion von $\bar{g}$ ist, kann mit Hilfe von (717) zu jedem $\bar{g}$ das zugehörige u_i^* berechnet werden. $\gamma_i(\bar{g})$ ergibt sich dann aus der Formel

$$\bar{g}_i^* = \frac{b_i^-}{2} - u_i^*, \tag{718}$$

die in 10.4 die Nummer (666) hatte. In derselben Weise kann auch

$$\bar{g}_C^* = \gamma_C(\bar{g}) \tag{719}$$

ermittelt werden. Die für einen Oligopolisten i richtigen Formeln können nämlich sinngemäß auf die Koalition C übertragen werden. Der Gl. (716) entspricht die Gleichung

$$(w u_C^*)^2 - 2 L w u_C^* - w^2 \frac{Q_C B_C}{4} = 0. \tag{720}$$

Hierbei ist

$$Q_C = \sum_{i=1}^{2} \sum_{j=1}^{m_i} q_{ij}^2 = Q_1 + Q_2 \tag{721}$$

und

$$B_C = \sum_{i=1}^{2} \sum_{j=1}^{m_i} b_{ij}^2 = B_1 + B_2. \tag{722}$$

Natürlich muß auch $w u_C^*$ negativ sein. Aus (720) folgt

$$w u_C^* = L - \sqrt{L^2 + w^2 \frac{Q_C B_C}{4}}. \tag{723}$$

Addiert man die beiden Gleichungen, die man erhält, wenn in (716) für den Index i die Zahlen 1 und 2 eingesetzt werden, so ergibt sich eine Gleichung, die auf die folgende Form gebracht werden kann:

$$w^2 (u_1^* + u_2^*)^2 - 2 L w (u_1^* + u_2^*) - w^2 \frac{Q_1 B_1 + Q_2 B_2}{4} - 2 w^2 u_1^* u_2^* = 0. \tag{724}$$

Berücksichtigt man, daß $w u_1^*$ und $w u_2^*$ beide negativ sind, so erkennt man aus (724), daß

$$w (u_1^* + u_2^*) = L - \sqrt{L^2 + w^2 \frac{Q_1 B_1 + Q_2 B_2}{4} - 2 w^2 u_1^* u_2^*} \tag{725}$$

gilt. Es soll nun gezeigt werden, daß die Ungleichung

$$w u_C^* < w (u_1^* + u_2^*) \tag{726}$$

richtig ist. Aus (723) und (725) geht hervor, daß das dann der Fall ist, wenn

$$\frac{Q_C B_C}{4} > \frac{Q_1 B_1 + Q_2 B_2}{4} + 2 u_1^* u_2^* \tag{727}$$

gilt. Wegen (721) und (722) ist das gleichbedeutend mit

$$\frac{Q_1 B_2 + Q_2 B_1}{4} > 2 u_1^* u_2^* . \tag{728}$$

Wir können hier auf die Abschätzung (675) zurückgreifen. Aus (675) folgt

$$u_1^* u_2^* < w^2 \frac{Q_1 B_1 Q_2 B_2}{64 L_2^2} . \tag{729}$$

Quadriert man beide Seiten der Annahme (604) und summiert man dann über r, so erhält man

$$w^2 Q_h < \frac{L_2^2 \sum\limits_{r=1}^{m_h} (d_{hr} + k_{hr})^2}{\left[\sum\limits_{i=1}^{n} \sum\limits_{j=1}^{m_i} (d_{ij} + k_{ij})^2 \right]^2} . \tag{730}$$

Wegen $b_{ij} < d_{ij} + k_{ij}$ ist jedes der B_i kleiner als die Doppelsumme im Nenner der rechten Seite von (730). Die Summe im Zähler ist nicht größer als diese Doppelsumme. Multipliziert man (730) mit B_i, so ergibt sich infolgedessen auf der rechten Seite ein Ausdruck, der kleiner ist als L_2^2. Aus (730) folgt deshalb

$$w^2 Q_h B_i < L_2^2 . \tag{731}$$

Wir vergrößern deshalb die rechte Seite von (729), wenn wir $w^2 Q_1 B_2$ oder $w^2 Q_2 B_1$ durch L_2^2 ersetzen. Wir erhalten so die Ungleichungen

$$u_1^* u_2^* < \frac{Q_1 B_2}{64} \tag{732}$$

und

$$u_1^* u_2^* < \frac{Q_2 B_1}{64} . \tag{733}$$

Aus (732) und (733) folgt, daß (728) richtig ist. Infolgedessen gilt auch (726).

Aus (718) ergibt sich

$$\gamma_1(\bar{g}) + \gamma_2(\bar{g}) = \frac{\bar{b}_1 + \bar{b}_2}{2} - u_1^* - u_2^* . \tag{734}$$

Eine der Gl. (718) entsprechende Beziehung besteht natürlich auch für die Koalition C. Daher gilt:

$$\bar{g}_C^* = \gamma_C(\bar{g}) = \frac{\bar{b}_C}{2} - u_C^* . \tag{735}$$

Hierbei ist

$$\bar{b}_C = \sum_{i=1}^{2} \sum_{j=1}^{m_i} q_{ij} b_{ij} = \bar{b}_1 + \bar{b}_2.$$

(736)

Wegen

$$\gamma(\bar{g}) - \gamma(\bar{g}) = \gamma_C(\bar{g}) - \gamma_1(\bar{g}) - \gamma_2(\bar{g})$$

(737)

folgt aus (734), (735) und (736)

$$\gamma(\bar{g}) - \gamma(\bar{g}) = u_1^* + u_2^* - u_C^*.$$

(738)

Wegen (726) ist die rechte Seite von (738) für $w > 0$ positiv und für $w < 0$ negativ. Die stückgewinnbezogene Gesamteinpassungsfunktion wird daher durch den Zusammenschluß für $w > 0$ nach oben und für $w < 0$ nach unten verschoben. Der Schnittpunkt der stückgewinn-bezogenen Gesamteinpassungsfunktion mit der 45°-Linie verschiebt sich dabei in derselben Richtung. Der Gesamtpreisindex des Gleichgewichts-punktes ist infolgedessen nach dem Zusammenschluß für $w > 0$ höher und für $w < 0$ niedriger, als vor dem Zusammenschluß. Bei Vollsub-stitutionalität wird also das Preisniveau des Gleichgewichtspunktes durch die Fusion zweier Anbieter angehoben; wenn die Nachfrage-verbundenheit vollkomplementär ist, hat jedoch ganz im Gegenteil dazu eine Fusion zweier Anbieter eine Senkung des Preisniveaus im Gleich-gewichtspunkt zur Folge.

Der Einfluß, den das Ausmaß der Konzentration des Angebots auf das Preisniveau des Marktes hat, hängt offensichtlich ganz entscheidend von der Art der Nachfrageverbundenheit ab. Während bei vollsub-stitutionaler Nachfrageverbundenheit das optimale Preisniveau eines alle Anbieter umfassenden Monopols höher sein würde als das Preisniveau des Oligopolgleichgewichts, ist bemerkenswerterweise bei vollkomple-mentärer Nachfrageverbundenheit das Gegenteil der Fall.

Ergebnis. (a) Von zwei Artikeln eines Oligopolisten i, die sich nur hinsichtlich eines der beiden Parameter b_{ij} und q_{ij} voneinander unter-scheiden, hat derjenige im Gleichgewichtspunkt die höhere Gewinn-spanne, der mit dem größeren b_{ij} verbunden ist; für $w > 0$ hat der Artikel mit dem größeren q_{ij} und für $w < 0$ hat der Artikel mit dem kleineren q_{ij} die höhere Gewinnspanne. (b) Wenn alle q_{ij} nichtnegativ sind, ist das in dem Gesamtpreisindex zum Ausdruck kommende Preis-niveau im Gleichgewichtspunkt um so höher, je größer w ist. (Mit wachsendem w nimmt für $w < 0$ die Komplementarität ab und für $w > 0$ die Substitutionalität zu.) (c) Durch den Zusammenschluß zweier Anbieter wird das in dem Gesamtpreisindex zum Ausdruck kommende Preisniveau des Gleichgewichtspunkts bei Vollsubstitutionalität erhöht und bei Vollkomplementarität gesenkt.

Literaturverzeichnis

AMOROSO, L.: La Curva statica di offerta. In: Giornale degli economisti **70**, 1—26 (1930).

ANGERMANN, A.: Gleichgewichtskalkulation, Untersuchung zur Maximalgewinnrechnung des Betriebes. Meisenheim am Glan 1952.

AUMANN, R. J., MASCHLER, M.: The bargaining set for cooperative games. In: M. DRESHER, L. S. SHAPLEY and A. W. TUCKER (Herausgeber), Advances in game theory. Annals of Mathematics Studies No. 52, p. 443—476. Princeton, N. J. 1964.

BAILEY, M. J.: Edgeworth's taxation paradox and the nature of demand functions. In: Econometrica **22**, 22—76 (1954).

— Price and output determination by a firm selling related products. In: Amer. Economic Review **44**, 82—93 (1954).

BARONE, E.: I costi connessi e l'économia dei trasporti. In: Giornale degli economisti **61**, 56—84 (1921).

BECKMANN, M. J.: Edgeworth-Bertrand duopoly revisited. In: RUDOLF HENN (Herausgeber), Operations Research Verfahren III, S. 55—68. Meisenheim am Glan 1967.

BERTRAND, J.: Théorie mathématique de la richesse sociale (Buchbesprechung). In: J. Savants **1883**, 499—508.

BOHR, K.: Zur Produktionstheorie der Mehrproduktunternehmung. Köln und Opladen 1967.

BORCHARDT, K.: Preisbildung und Konkurrenz im Einzelhandel unter besonderer Berücksichtigung des Problems der Mehrproduktenunternehmung. In: Jahrbücher für Nationalökonomie und Statistik **172**, 32—57 (1960).

BURGER, E.: Einführung in die Theorie der Spiele. Berlin 1958.

CARLSON, S.: A study on the pure theory of production. New York 1956 (1. Aufl. London 1939).

CASSEL, G.: Grundsätze für die Bildung der Personentarife auf den Eisenbahnen. In: Arch. Eisenbahnwesen **23**, 116—146, 402—424 (1900).

CLEMENS, E.: Price discrimination and the multiple-product firm. In: Rev. Economic Studies **19**, 1—11 (1950/51). Wiederabgedruckt in: R. HEFLEBOWER and G. STOCKING (Herausgeber), Readings in industrial organization and public policy, p. 262—276. Homewood, Ill. 1958.

COASE, R. S.: Monopoly pricing with interrelated costs and demands. In: Economica, N. S. **13**, 278—294 (1946).

COLBERG, M. R.: Monopoly prices under joint costs and fixed proportions. In: J. Political Economy **49**, 103—110 (1941).

COURNOT, A.: Recherches sur les principes mathématiques de la théorie des richesses. Paris 1838. Deutsche Übersetzung von W. WAFFENSCHMIDT: Untersuchungen über die mathematischen Grundlagen der Theorie des Reichtums. Jena 1924.

DEAN, J.: Managerial economics, 9. Aufl. Englewood Cliffs, N. J. 1959.

DEBREU, G.: Representation of a preference ordering by a numerical function. In: R. M. THRALL, C. H. COOMBS and R. L. DAVIS (Herausgeber), Decision processes, p. 159—165. Stanford, Cal. 1954.

DEBREU, G.: Theory of value, an axiomatic analysis of economic equilibrium. Cowles Foundation Monograph 17, New York-London 1959.

— Topological methods in cardinal utility theory. In: K. J. ARROW, S. KARLIN, and P. SUPPES (Herausgeber), Mathematical methods in the social sciences 1959. Proceedings of the First Stanford Symposium, Stanford Mathematical Studies in the Social Sciences IV, Stanford, Cal., 1960, p. 16—26.

DUPUIT, J.: De la mesure de l'utilité des travaux publics. In: Annales des Ponts et Chaussées, 1844. Englische Übersetzung: On the measurement of the utility of public works. In: Internat. Economic Papers 2, 83—110 (1952).

— De l'influence des péages sur l'utilité des voies des communication, vierter Teil, Des péages. In: Ann. Ponts et Chaussées 1849, 207—248. Englische Übersetzung: On tolls and transport charges. In: Internat. Economic Papers 11, 7—31 (1962).

Edgeworth, F. Y.: The pure theory of monopoly. In: F. Y. EDGEWORTH, Papers relating to political economy, vol. I, p. 111—142. London 1925. (Italienische Fassung in: Giornale degli Economisti 1897.)

— Professor Seligmann on the theory of monopoly. In: F. Y. EDGEWORTH, Papers relating to political economy, vol. I, p. 143—171. London 1925. (Aus Economic J. 1897.)

— Railway rates. In: F. Y. EDGEWORTH, Papers relating to political economy, vol. I, p. 172—191. London 1925. (Aus Economic J. 1912.)

— Application of probabilities to economics. In: F. Y. EDGEWORTH, Papers relating to political economy, vol. II, p. 387—428. London 1925. (Aus Economic J. 1910.)

FERGUSON, CH. E.: Modified Edgeworth phenomena and the nature of related commodities. In: R. W. PFOUTS (Herausgeber), Essays in economics and econometrics, a volume in honor of Harold Hotelling, p. 178—187. Chapel Hill 1960.

FOG, B.: Industrial pricing policies. Amsterdam 1960.

FRANK, CH., QUANDT, R. E.: On the existence of cournot equilibrium. Internat. Economic Review 4, 92—96 (1963).

FRANZ, W.: Topologie. I. Allgemeine Topologie. Berlin 1960.

FRISCH, R.: Monopole, polypole, la notion de force dans l'économie politique. In: Nationaløkonomisk Tidsskrift 71 (1933), Suppl. Englische Übersetzung: Monopoly — polypoly — the concept of force in the economy. In: Internat. Economic Papers 1, 23—36 (1951).

— Theory of production. Dordrecht-Holland 1965.

GALE, D., NIKAIDÔ, H.: The Jacobian matrix and global univalence of mappings. In: Math. Ann. 159, 81—93 (1965).

GARVER, R.: The Edgeworth taxation phenomenon. In: Econometrica 1, 402—407 (1933).

GUTENBERG, E.: Grundlagen der Betriebswirtschaftslehre, Bd. II, Der Absatz, 6. Aufl. Berlin-Göttingen-Heidelberg 1963.

HEERTJE, A.: De prijsvorming van consumtiegoederen op oligopolistische markten. Leiden 1960.

HICKS, J. R.: Value and capital. Oxford 1939.

— Annual survey of economic theory: The theory of monopoly. In: G. STIGLER and K. BOULDING (Herausgeber), Readings in price theory, p. 361—383. Chicago-Homewood, Ill. 1952. [Zuerst abgedruckt in: Econometrica 3, 1—20 (1935).)

— ALLEN, R. G. D.: A reconsideration of the theory of value. Economica 14, 52—76, 196—219 (1934).

HOLDREN, B. R.: The structure of a retail market and the market behavior of retail units. Englewood Cliffs, N. J. 1960.

HOLT, CH. C., MODIGLIANI, F., MUTH, J. F., SIMON, H. A.: Planning production, inventories, and work force. Englewood Cliffs, N. J. 1960.

HOTELLING, H.: Edgeworth's taxation paradox and the nature of demand and supply functions. In: J. Political Economy 40, 577—616 (1932).

— Note on Edgeworth's taxation phenomenon and Professor Garver's additional condition on demand functions. In: Econometrica 1, 408—409 (1933).

HUMBEL, P.: Preispolitische Gewinndifferenzierung im Einzelhandel. Zürich 1958.

KILGER, W.: Die quantitative Ableitung polypolistischer Preisabsatzfunktionen aus den Heterogenitätsbedingungen atomistischer Märkte. In: HELMUT KOCH (Herausgeber), Zur Theorie der Unternehmung. Festschrift zum 65. Geburtstag von ERICH GUTENBERG, Wiesbaden 1962, S. 269—306.

KNAUTH, O.: Considerations in setting of retail prices. In: J. Marketing 14, 1—12 (1949/50).

KRELLE, W.: Preistheorie. Tübingen und Zürich 1961.

KÜNZI, H. P., KRELLE, W.: Nichtlineare Programmierung. Berlin-Göttingen-Heidelberg 1962.

LASSMANN, G.: Die Produktionsfunktion und ihre Bedeutung für die betriebs-wirtschaftliche Kostentheorie. Köln und Opladen 1958.

LEFSCHETZ, S.: Introduction to topology. Princeton, N. J. 1949.

LUCE, R. D., RAIFFA, H.: Games and decisions. New York 1957.

MAYBERRY, J. P., NASH, J. F., SHUBIK, M.: A comparison of treatments of a duopoly situation. In: Econometrica 21, 141—154 (1953).

MCKENZIE, L.: Matrices with dominant diagonals and economic theory. In: K. J. ARROW, S. KARLIN and P. SUPPES (Herausgeber), Mathematical methods in the social sciences, 1959. Proceedings of the First Stanford Symposium, Stanford Mathematical Studies in the Social Sciences IV, Stanford, Cal., 1960, p. 47—62.

MCMANUS, M.: Numbers and size in oligopoly. In: Yorkshire Bull. Economic and Social Research 14, 14—22 (1966).

— QUANDT, R. E.: Comments on the stability of the Cournot oligopoly model. In: Review Economic Studies 28, 136—139 (1961).

MICHEL, M.: Strategie du marché — théorie de la firme et vente sous marque. Paris 1961.

MORISHIMA, M.: Equilibrium stability, and growth. Oxford 1964.

NASH, J. F.: Equilibrium points in N-person games. In: Proc. Nat. Acad. Sci. U. S. A. 36, 48—49 (1950).

NEUMANN, J. v.: Zur Theorie der Gesellschaftsspiele. In: Math. Ann. 100, 295—320 (1928).

— MORGENSTERN, O.: Theory of games and economic behavior. Princeton, N. J. 1944.

NIEHANS, J.: Preistheoretischer Leitfaden für Verkehrswissenschaftler. In: Schweiz. Arch. Verkehrswissenschaft und Verkehrspolitik 11, 293—320 (1956).

OTT, A.: Ein statisches Modell der Preisbildung im Einzelhandel. In: Jahrbücher für Nationalökonomie und Statistik 172, 1—31 (1960).

PARETO, V.: Manuel d'économie politique. Paris 1906.

PFANZAGL, J.: Die axiomatischen Grundlagen einer allgemeinen Theorie des Messens, 2. Aufl. Würzburg 1962 (1. Aufl. 1959).

REDER, M. W.: Intertemporal relations of demand and supply within the firm. In: Canad. J. Economy and Political Science 7, 25—38 (1941).

REICHARDT, R.: Competition through the introduction of new products. In: Z. Nationalökonomie **22**, 41—84 (1962).

RICHTER, R.: Das Konkurrenzproblem im Oligopol. Berlin 1954.

— Preistheorie. Wiesbaden 1963.

RIEBEL, P.: Die Kuppelproduktion. Köln und Opladen 1955.

ROOS, CH. F.: Dynamic economics, theoretical and statistical studies of demand, production and prices. Bloomington, Indiana 1934.

SAMUELSON, P. A.: Prices of factors and goods in general equilibrium. In: Rev. Economic Studies **21**, 1—20 (1953).

— Foundations of economic analysis, sixth printing. Cambridge, Mass. 1961 (1. Aufl. 1947).

SCHELLING, TH. C.: The strategy of conflict. Cambridge, Mass. 1960.

SCHNEIDER, E.: Reine Theorie monopolistischer Wirtschaftsformen. Tübingen 1932.

— Einführung in die Wirtschaftstheorie, II. Teil, 7. Aufl. Tübingen 1961.

SCHULTZ, H.: The theory and measurement of demand, second impression. Chicago, Ill. 1957 (1. Aufl. 1938).

SCHUMPETER, J. A.: Zur Einführung der folgenden Arbeit KNUT WICKSELLS. In: Arch. Sozialwissenschaft und Sozialpolitik **58**, 238—251 (1927).

SCITKOVSKI, T.: Welfare and competition. Chicago, Ill. 1951.

SELTEN, R.: Spieltheoretische Behandlung eines Oligopolmodells mit Nachfrageträgheit — Teil I: Bestimmung des dynamischen Preisgleichgewichts. In: Z. ges. Staatswissenschaft **121**, 301—324 (1965).

— Spieltheoretische Behandlung eines Oligopolmodells mit Nachfrageträgheit — Teil II: Eigenschaften des dynamischen Preisgleichgewichts. In: Z. ges. Staatswissenschaft **121**, 667—689 (1965).

SHAPLEY, L. S.: A duopoly model with price competition (abstract). In: Econometrica **25**, 354—355 (1957).

SHEPHARD, R. W.: Cost and Production Functions. Princeton, N. J. 1953.

SHUBIK, M.: A comparison of treatments of a duopoly situation, Part II. In: Econometrica **23**, 417—431 (1955).

— Strategy and market structure. New York-London 1959.

SMITH, H.: Retail distribution. A critical analysis, 2. Aufl. Oxford 1948.

STACKELBERG, H. V.: Grundlagen einer reinen Kostentheorie. In: Z. Nationalökonomie **3**, 333—367, 552—590 (1932).

STIGLER, G. J.: A theory of oligopoly. In: J. Political Economy **72**, 44—61 (1964).

THEIL, H.: Linear aggregation of economic relations. Amsterdam 1954.

THEOCHARIS, R. D.: On the stability of the Cournot solution on the oligopoly problem. In: Rev. Economic Studies **27**, 133—134 (1960).

TIETZ, R.: Simulation eingeschränkt rationaler Investitionsstrategien in einer dynamischen Oligopolsituation. In: HEINZ SAUERMANN (Herausgeber), Beiträge zur experimentellen Wirtschaftsforschung, S. 169—225. Tübingen 1967.

TOLLEY, G. S., GIESEMANN, R. W.: Consumer demand explained by measurable utility changes. In: Econometrica **31**, 499—513 (1963).

WICKSELL, K.: Mathematische Nationalökonomie. Arch. Sozialwissenschaft und Sozialpolitik **58**, 252—281 (1927).

Namen- und Sachverzeichnis

Universitätsdruckerei H. Stürtz AG Würzburg

Ökonometrie und Unternehmensforschung
Econometrics and Operations Research